지식재산레슨

생각과 표현을 보호하는

정우성

정우성 | 변리사, 편집자. 특허법인 임앤정에서 공동대표로 일하고 있다. 숭실대학교 국제법무학과 겸임교수로 학생들에게 지식재산법을 가르쳤다. 난해한 지식을 평범한 우리말로 표현하는 언어 활동을 한다. 〈특허문서론〉, 〈논증과설득〉, 〈목돈사회〉 등 다수의 책을 썼다. 제2회 정문술과학저널리즘상 수상(인터넷 부문). 고려대학교 전기공학과 졸업.

생각과 표현을 보호하는
지식재산레슨

발행일 | 2022년 10월 15일 1판 1쇄

지은이 | 정우성
편집 | 마담쿠, 코디정
디자인 | 정우성
마케팅 | 우섭결
보자기 아트 | Machitori Masayo | Across the Nus

펴낸곳 | 이소노미아
　　　　서울시 종로구 율곡로 2길7 서머셋팰리스 303호
　　　　T | 010 2607 5523　　F | 02-568-2502
　　　　Contact | h.ku@isonomiabook.com
펴낸이 | 구명진

ISBN 979-11-90844-37-6

저작권 ©정우성

생각과 표현을 보호하는
지식재산레슨

정우성

나무의 목숨이 헛되지 않는 이소노미아의 책

하나의 사랑과 세계의 이웃에게
웃는 새와 사슴벌레에게

여기, 너희들이 자라나는 동안에
함께 풍성해진 이야기들이 있다.

목차

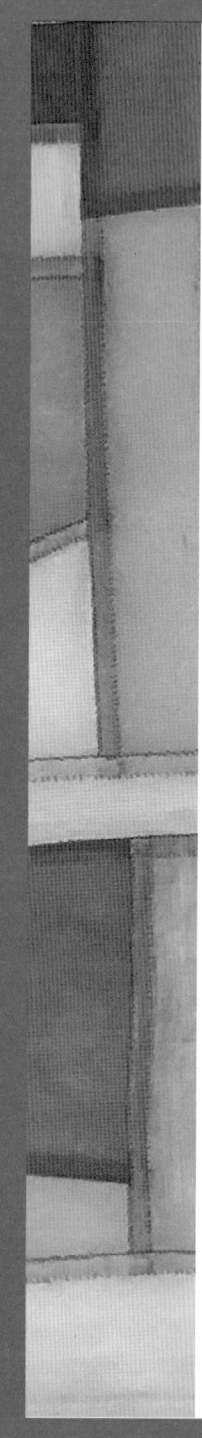

들어가며 | 16

제1부 인간의 법
　1강 법이란 무엇인가? | 24
　2강 법의 지평선 | 34

제2부 내 마음속 생각을 세상 밖으로 표현할 때
　3강 권리의 탄생, 저작권 | 52
　4강 권리의 탄생, 산업재산권 | 72

제3부 내 마음속 생각을 세상 밖으로 표현해서는 안 될 때
　5강 나와 우리는 어떤 관계인가? (영업비밀) | 88
　6강 나와 우리는 어떤 관계인가? (부정경쟁행위) | 98

제4부 권리는 어떻게 소멸하는가?
　7강 법률의 관점에서 권리 소멸 | 118
　8강 시장의 관점에서 권리 소멸 | 128

제5부 국제조약
　9강 국제조약의 탄생 | 146
　10강 좀더 세련된 그러나 복잡한 국제조약 | 158

목차

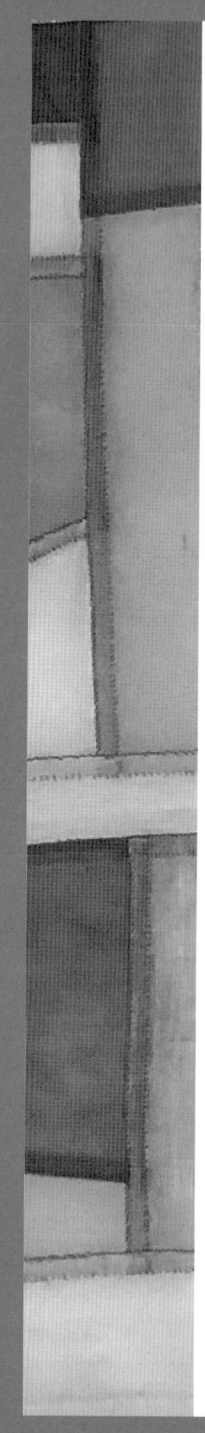

제6부 브랜딩

11강 브랜딩과 상표권 | 171

12강 상표 모의 실험 | 182

연습문제 | 186

제7부 법무실무자들

13강 사내 법무실무자들 | 212

14강 기업지단에서의 지식재산 실무 | 224

15강 사외 지식재산 실무자들 | 232

16강 사외 실무자들이 해야 할 역할 | 244

제8부 지식재산 통계

17강 지식재산을 통찰하는 통계 | 256

18강 시장 상황을 체감하는 통계 | 270

목차

제9부 특허문서론

19강 특허란 무엇인가 | 280

20강 청구항 한 개 | 306

21강 특허문서 찾기 | 322

제10부 상표권은 어떻게 해석하는가?

22강 상표권의 권리범위 | 340

23강 상표의 유사 | 354

제11부 특허권, 어떤 전략이 필요한가?

24강 특허권자의 전략 | 366

25강 상대방의 전략 | 376

26강 싸우지 않고 해결하기 | 382

에필로그 | 396

들어가며

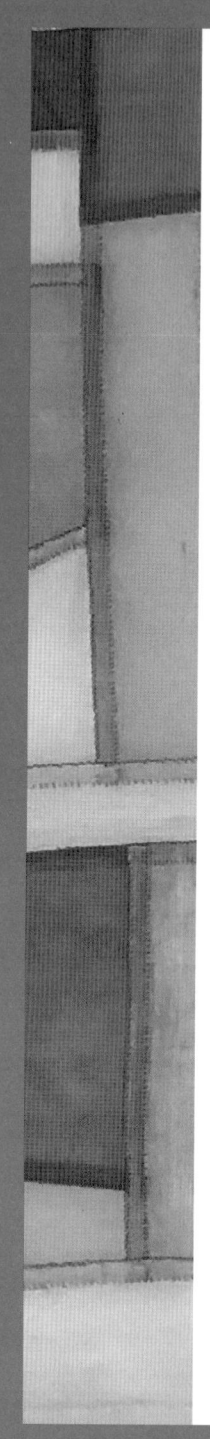

이 책은 2022년 1학기 동안 숭실대학교 국제법무학과 4학년 전공선택 과목으로 학생들에게 강의한 내용을 기초로 묶은 책이다. 십여 년 전, 모 대학에서 학점 강의를 맡아달라는 부탁을 받은 적이 있었지만, 나는 변리사로서 지식재산법에 관련한 실무자이지 학자가 아니기 때문에 '학점 강의'를 맡을 자격이 없다는 이유로 거절한 적이 있었다. 그러다가 2021년 말 숭실대학교 국제법무학과 박완규 교수께서 지식재산법 강의를 제안하셨는데, 역시 같은 이유로 정중히 거절했다. 그러자 박 교수께서는 현장 지식을 잘 아는 실무자이기 때문에 학생들에게 더욱 도움이 되리라는 말씀을 내게 하셨다. 교수님의 논리를 곰곰이 생각해 봤다. 나는 지난 20년간 지식재산 분야에서 좌고우면하지 않고 실무를 했다. 영업은 잘 못하지만 실무만큼은 잘한다. 돈 버는 일에는 어둡지만, 지식재산법의 현장 지식에는 밝다. 영업과 돈을 배우는 게 아니라 실무와 일을 배우는 것이라면, 학생들이 졸업 후 어디에서 활약하든 나와 같은 사람을 만나기 어렵겠다는 생각이 들었고, 실무자와의 만남이 학생들에게 무조건 유리하고 유용한 일이라고 판단했다. 나름 큰 결심 끝에 정해진 절차에 따라 겸임교수에 응모하고 합격한 후 강의를 준비했다.

강의 준비가 쉽지 않았다. 지식재산법의 체제와 법리는 다른 법률과 달리 전체적으로 완성되어 있지 않다. 학문적으로도 그렇고 실무적으로도 그렇다. 부분적으로 보면 제법 체계가 잡혀 있지만, 전체적인 윤곽을 그리기 어려운 분야이다. 예컨대 저작권과 특허권 사이의 간격이 매우 넓고 상당히 다름에도 지식재산법의 테두리 안에 있다. 상표법과 영업비밀은 전혀 다른 내용과 형식을 갖고 있지만 마찬가지로 지식재산법으로 함께 분류된다. 막상 법령의 규정과 절차를 펼쳐 놓으면 지식재산법의 정신과 대강이 오히려 이해되지 않고 이해할 수도 없는 복잡함과 난해함이 생긴다. 그 까닭은 이 법이 시장의 필요에 부응하기 위해 정책적으로 입법되었기 때문인데, 그러므로 지식재산법 분야의 리걸 마인드는 다양하게 변모하는 시장을 함께 통찰하는 것이 필수적이기 때문이기도 하다. 지식재산법을 잘 모르는 학생들에게 한 학기 동안의 수업을 통해 어떻게 하면 이 법의 전체적인 윤곽을 쉽게 보여주면서 이 법을 추동한 시장을 느끼도록 할 것인지, 그것이 나의 고민이었다. 고민 끝에 '생각'과 '표현'이라는 두 단어를 이용하여 지식재산법의 얼개를 짜 봤다. 그 결과가 지난 강의였고 또한 이 책이다. '달'을 충분히 감상해야 할 상황에서 그 달을 조망하는 '망원경'의 구조를 탐구하는 것은 아무래도 목적과 어긋난 일이라고 생각하므로, 지식재산법의 세세한 규정과 절차에 대한 설명은 과감하게 생략했다. 이것이 독자를 위한 나의 균형 감각이지만, 이 책을 통해 어떻게 하면 달을 더 자세히 관찰할 수 있을지 궁금해진 독자가 생긴다면 좋겠고, 그때 그분들이 스스로 망원경의 구조를 찾아 나설 것이라는 생각에 나는 지금 안심한다.

학생들 덕분에 지식재산법의 전체적인 대강을 알고 싶어하는 독자들에게 좋은 선물이 만들어진 것 같다. 지금껏 우리나라에서는 특허권에서 저작권까지, 상표법에서 영업비밀까지 지식재산법의 개요와 다양한 사례를 한 권의 책으로 체계적으로 묶은 예는 거의 없었기 때문이다. 이 책은 전문적인 지식을 요구하지 않는다. 독자 여러분께서는 마음 편하게 읽어 주시기 바란다. 이 책에는 여러 사례를 통해 홍길동, 임꺽정, 장길산, 성춘향, 황진이가 다양하게 등장한다. 이들 사례는 실제 시장에서 드라마틱하게 벌어진 시나리오이다. 오십 개가 넘는 드라마를 잘 살펴보는 것만으로도 지식재산법의 대강을 혼자서도 흡수하실 수 있으리라 생각한다.

가능하다면, 이 책이 이 나라에서 지식재산법 강의가 있는 곳이라면 어느 곳에서든지 유용하게 활용되기를 희망한다. 이 책은 총 26개의 강의가 독립한 모듈로 구성되어 있다. 어떤 강의는 좀 더 심화해서 다룰 수 있도록 편재되어 있고, 강의자가 필요에 따라 자료를 추가하면서 법리적으로 혹은 사례로 강의를 보충할 수 있다. 한편 이 책 12강 다음에 객관식 연습문제를 수록했다. 실제로 중간고사를 객관식으로 출제했기 때문이다. 그러나 13~26강에 대한 연습문제는 수록하지 않았다. 기말고사를 논술식으로 출제했기 때문이기도 하지만, 이 책의 후반부에 수록된 내용이 객관식 연습문제와는 어울리지 않기 때문이다.

끝으로 이토록 훌륭한 학생들을 만날 기회를 제안해 주신 숭실대학교 국제법무학과 박완규 교수께 진심을 담아 감사의 마음을 전한다. 또한 이 책의 근간이 되는 강의에 함께 참여한 학생들, 김정균, 최명혜, 김경민, 김예원, 양예은, 정혜린, 조건호, 최대호, 응우엔푸엉, 김재훈, 박준영, 제갈지현, 채시은, 김혜연, 선우양건, 신현용, 김건희, 강동우, 변준섭, 임보라, 김도현, 유창용, 박혜빈, 설재훈, 윤영원 님의 미래에 항상 빛이 함께하기를 축원한다.

1

인간의 법

1강 법이란 무엇인가?

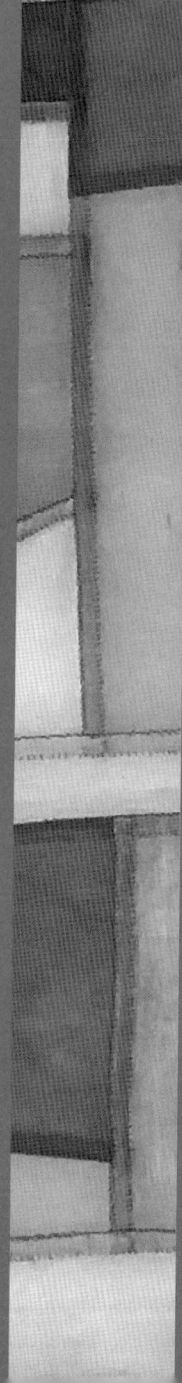

인간은 법 안팎에서 살아갑니다. 법을 지키면 올바르다고 하고 사람들이 칭찬합니다. 법을 어기면 잘못됐다고 하며 징벌합니다. 법은 인간의 활동을 자극, 권면, 진흥하거나 제한, 금지, 처벌합니다. 시장에서 활동하는 사람도 마찬가지입니다. 그들은 수많은 법령에 둘러싸여 활동하면서 이익을 얻고 성공을 거두며, 손해를 보고 도산하기도 합니다. 나는 이 책을 통해 법에 관한 이야기를 하려고 합니다. 법제처 통계에 따르면 2022년 현재 공포된 대한민국 법령은 80,851건에 이릅니다. 이 모든 '실정법' 중에서도 지식재산에 관련한 법령을 다룹니다. 지식재산법의 규정 하나하나를 살펴보면서 그 법체계를 자세하게 설명하지는 않을 생각입니다. 그런 정도의 지식은 법 전공자 중에서도 이론과 실무를 겸비한 혹은 겸비해야 하는 사람들이 짊어질 무게이기 때문입니다. 시장에서 활동하는 사람이라면 누구든지, 언젠가는, 특허, 상표권, 저작권 이슈에 부딪히고 맙니다. 그도 그럴 것이 지식재산법은 시장의 필요에 따라 '필연적으로' 만들어진 법령이기 때문입니다. 인류 역사 태동기부터 혹은 고대부터 있었던 법은 아닙니다. 그러나 현대적 의미의 시장이 탄생하면서 생겨났습니다. 시장이 발전하면 할수록, 기업이 성장하면 할수록, 이 '최신' 법령은 우리 삶에 아주 밀접하게 관여합니다. 그래서 피해갈 수가 없습니다. 지식재산법으로부터 도망칠 수 없다면, 또 시장에서 활동하는 한 우리가 그것을 외면하지도 못한다면, 특허, 상표권, 저작권 이슈가 있더라도 당황하지 않고 올바르게 생각하며 바람직하게 행동하도록 우리를 이끌어줄 지식이 필요합니다. 그런 지식에 관한 이야기를 하려고 합니다. '지식재산법'을 말하기 전에 먼저 '법'에 관한 이야기에서 시작해 볼까 합니다. 법이란 무엇입니까?

법은 우리의 행동을 규제하는 원리principle입니다. 내 마음속에서 내 행동을 규제하는 원리도 있습니다. 그걸 영어로 'maxim'이라 하고, 한국어로는 '준칙'이라고 번역하고, '법'이라고 하지는 않습니다. '좌우명'이라고 이해하면 적당합니다. 이런 건 저마다 다양하고 또 달라서 일단 논의에서 제외합니다. 법은 사회 관점을 전제하는 원리입니다. 그런 원리로는 세 가지 영어 단어가 있습니다. 우리가 흔히 법이라고 부르는 'law', 그리고 'regulation'과 'rule'입니다. 이 세 가지의 단어의 차이점은 무엇일까요?

'법'의 의미를 몰라도 인생을 살아가는 데 큰 지장은 없습니다. 그냥 실정법만을 알고 그걸 지키면 그만일 수도 있습니다. 법의 의미를 생각해 보지 않고도 법무 분야에서 이런저런 일을 잘할 수도 있습니다. 하지만 어느 단계 이상으로는 성장하지 못합니다. 법의 의미를 제대로 알아야 통찰력과 유연성을 획득합니다. 그런 사람은 **통찰력**과 **유연성**이 있으므로 더 창조적으로 문제를 해결하고, 또 여러 사람과 협업을 잘해낼 수 있으며, 조직에서도 쉽게 능력을 인정받을 수 있을 뿐더러, 인생 자체가 한 차원 달라집니다. 그러므로 법의 의미를 한 번쯤은 궁리해 봐야 합니다.

중력의 법칙을 영어로 뭐라 합니까? 〈the law of gravity〉입니다. 인과법칙은 〈the law of causality〉라고 합니다. 여러분이 법률이라고 번역하는

'law'라는 단어가 이번에는 **법칙**으로 번역됐습니다. 이런 자연법칙을 통해 우리는 'law'의 가장 중요한 기본적인 속성을 하나 뽑아낼 수 있습니다. 그걸 영어로 'Universal'이라고 하고, 우리말로는 '보편'이라고 합니다. 언제나, 어디에서나, 적용될 수 있는 원리는, 보편적이며, 따라서 그걸 우리는 법(법칙)이라 표현합니다. 고대 그리스 철학자 아리스토텔레스는 이런 속성을 일컬어 법의 제1원리라 하였습니다. 이처럼 자연의 삼라만상에는 섭리가 있고 그런 섭리를 오래전부터 우리 인류는 법(법칙)이라고 불렀습니다. 자연에 관한 이런 견해에 대해서는 이견이 없으리라 생각합니다. 인간 세계는 어떨까요? 고대 철학자들은 자연의 법칙처럼 인간 세계에도 법칙이 있으리라 생각했고 그걸 탐구했습니다. 그런 탐구를 한때는 종교라 불렀고, 학문적으로는 도덕철학이라거나 형이상학이라 칭했습니다. 존재론이니 우주론이니로 불리기도 했습니다. 철학자들의 오랜 관심을 한 줄로, '자연의 섭리와 같은 인간의 섭리를 찾고자 노력했노라', 이렇게 요약할 수 있겠습니다. 그 노력의 표현이 바로 '법'입니다. 핵심은 **보편성**입니다. 그것이 법의 정신입니다. 그래서 자연세계이든 인간세계이든 같은 영어 단어 'law'를 사용했던 것입니다. 법칙과 법률은 같은 뜻입니다. 하지만 인간 세계에서 '법률'의 탄생은 철학자의 노력 때문이라고 말하기는 좀 어렵지요. 그것보다 더 강력한 원인이 따로 있었습니다. 바로 권력입니다. 권력자의 권력의지에서 비롯되는 국가 정책도 포함되겠지요. 권력에 의해 인간 사회를 지배하는 법이 탄생합니다. 그걸 '실정법'이라고 합니다. 민주주의에 의해 뒷받침되는 좋은 권력이든 사람들의 자유를 억압하는 나쁜 권력이든 실정법은 권력에 기초합니다. 하지만 법의 정신은 보편성에 있으므로, 명칭에 현혹되지 마시고 잘 분별하는 것이 필요합니다. 권력이 법을 만들었고, 또 법이라고는 표현되어 있어도, 만약 그것에 보편성이 결여되어 있다면 사람들의 도전을 받을 수밖에 없습니다. 법의 정신과는 맞지 않아서 실정법이 악법으로 여겨지는 경우, 다소 시간이 걸리고 희생을 치르더라도 그 악법에 속박되기는커녕 그것을 알맞게 교정해 온 것이 우리 인류의 역사였습니다.

기원전 18세기 중반 바빌로니아 함무라비 왕은 샤마쉬 신에게서 법을 하사받아 그 법을 큰 돌에 새겼습니다. 282개 조항으로 구성된 큰 법률이었습니다. 그중 108조, 〈술집 여주인이 술값으로 곡물을 받지 않고 지나칠 정도로 돈을 요구하였거나 곡물의 양보다 더 적은 술을 내주었다면 그 여주인을 기소하여 그녀를 물속에 던져버린다.〉, 제109조 〈불량배들이 자기 술집에서 모의를 했음에도 여주인이 그들을 잡아서 궁으로 데려오지 않았다면 그 여주인을 사형에 처한다.〉 당시에도 술을 마셨고, 바가지가 있었으며, 술 마시면서 정부를 비판하는 사람들이 있었습니다. 자, 어떻습니까? 우리가 흔히 '함무라비 법전'이라고 부르는 이 규정은 오늘날 관점으로 보편적인 성격이 있습니까? 전혀 없지요. 술값을 좀 비싸게 받았다고 해서 주인을 물속에 빠트리다니요. 정부 비판을 신고하지 않았다고 사람을 죽이다니요. 이것은 법이 아닙니다. 그래서 오늘날 학문적으로 함무라비 법전은 'law'라고 칭하기보다는 code 혹은 codex라고 부릅니다. 기원전 18세기에서 다시 21세기로 돌아와 보지요.

여러분이 지금껏 배운 법률 중에서 어떤 법률이 그토록 보편적이었습니까? 곰곰이 생각해 보면 우리가 지금껏 배운 '상당수의 법률'은 그다지 보편적이지 않고, 임의규정에 불과하며, 계약에 의해 언제든지 무력화될 수 있고, 국회의 입법과 행정기관의 제정을 통해 언제든지 변경될 수 있었습니다. 인간 사회의 원리라는 것은 저마다 생각이 다르고 지역마다 시간마다 변화가 심하기 때문에 자연법칙과 같은 보편성은 많지 않습니다. 극단적으로 생각한다면 그런 보편적인 원리는 없고 상대적일 뿐이라는 주장도 가능합니다. 하지만 인간 세계에서 보편적인 원리는 진정 없는 것일까요? 그렇다면 어째서 'law'라는 단어를 그토록 많이 사용하면서 그걸 배우고 익히는 것일까요? 이 책에서 다루는 지식재산법은 서양에서 발명한 법 시스템이며 서양 법률의 역사 속에서 파생됐습니다. 그것이 국제조약으로 강력하게 뒷받침되어 있지요. 지식재산법이 아니더라도, 형법, 민법, 상법 등 다양한 법률도 서양의 정신세계사에서 눈부신 발전을 이룩한 성과입니다. 그런데 이런 법 체제에서 통용되는 그 수많은 규정이 정말 우리가 사용하는 'law'라는 그릇에 담길 수 있는 것인가요?

커피 이야기를 해보겠습니다. 저는 르완다 커피를 좋아합니다. 어떤 원두를 골라 커피를 내려 마실까 선택해야 한다면 저는 르완다 커피를 선택합니다. 사연이 있기 때문입니다. 제 정신세계의 성장과정에서 르완다라는 나라에 빚진 게 있기 때문입니다. 르완다는 아프리카에 있는 작은 나라입니다. 아프리카 대륙의 중앙 부근에 위치하고 적도 조금 아래쪽에 있으며 남쪽으로는 브룬디, 서쪽으로는 콩고민주공화국,

북쪽으로는 우간다, 동쪽으로는 탄자니아가 자리하고 있는 내륙 국가입니다. 1994년 이 나라에서 제노사이드가 발생했습니다. 한 종족이 다른 한 종족을 학살한 사건이었습니다. 1994년 4월 7일 다수 종족인 후투족이 소수 종족인 투치족을 죽이기 시작했습니다. 이웃집에 쳐들어가 죽였습니다. 환자가 의사를 죽이고, 교사가 학생을 죽이고, 신부가 교인을 죽였습니다. 1994년 5월 16일자 타임지 표지는 이렇게 타이틀을 달았습니다. 〈지옥에는 악마가 모두 자리를 비웠어요. 악마들은 전부 르완다에 있습니다There are no devils left in Hell. They are all in Rwanda.〉라는 문구였습니다. 100일 동안 80만 명이 학살당했습니다. 몇 해 전 1991년 소말리아 내전(영화 〈모가디슈〉의 배경이 된 그때 그 내전입니다)에 덴 국제 사회는 이 학살을 외면하고 방치했습니다.

이 잔혹한 제노사이드는 투치족 반군인 폴 카가메 장군이 국가를 전복함으로써 마침내 끝났습니다. 자, 여러분 이제 학살자들을 심판해야 합니다. 범죄로 체포된 사람이 13만 명입니다. 이들을 어떻게 처벌해야 합니까?

인간의 법률은 살인을 금지합니다. 이것은 인류의 보편적인 법률로 이해됩니다. 살인에 대한 처벌은 어떻습니까? 서양의 법률은 정해진 재판소를 통해 재판을 하라는 것입니다. 재판을 받을 권리를 보장하고, 처벌을 하더라도 정해진 절차에 따라 해야만 한다는 것입니다. '정해진 절차'는 무엇입니까? 여러분도 잘 알다시피, 재판관이 있어야 하고, 기소를 하는 검사와 변호를 하는 변호사가 있어야 하며, 배심원 제도를 둘 수도 있습니다. 이것이 여러분이 알고 있는, 소위 보편적인 법 상식입니다. 하지만 1994년 제노사이드에서는 판사, 검사, 변호사도 학살당했습니다. 판사와 변호사가 30명밖에 남아있지 않을 정도로 사법 시스템이 완전히 붕괴돼 버렸습니다. 13만 명을 재판하려면 100년이 넘게 걸립니다. 제대로 시설을 갖춘 수용 시설도 없었으므로 피고인들은 시설에서 전염병으로 죽을 위험도 있습니다. 그렇다고 살인자를 처벌하지 않을 수도 없습니다. 여러분이라면 어떻게 하겠습니까?

그때 르완다 정부는 이 문제를 서양식으로는 해결할 수 없다고 판단했습니다. 아프리카 문제는 아프리카 전통 방식으로 해결해야 한다고 생각했던 것입니다. 그래서 시행한 솔루션이 〈**가차차 재판**〉입니다. 가차차Gacaca는 '풀밭에서 재판'이라는 뜻입니다. 옛날 옛적 르완다의 지역사회에서 어떤 분란이 생기면 마을 어른들이 풀밭에 모여 당사자들의 이야기를 들으면서 마을공동체가 자체적으로 분란을 해결하는 전통이 있었다는 것이며, 그 전통으로 제노사이드가 일으킨 문제를 해결하자는 것이었습니다. 풀밭에서 하는 재판이라고 아무렇게나 한 것은 아닙니다. 9,000개가 넘는 가차차 셀과 1,500개가 넘는 가차차 섹터를 조직했습니다. ① 도대체 어떤 일이 있었는지 진실을 밝힐 것, ② 제노사이드 범죄를 저지른 사람에 대한 재판을 할 것, ③ 처벌할 일은 처벌할 것, ④ 화해와 통합으로 이끌 것, ⑤ 지역사회의 역량을 믿고 이용할 것 등의 원칙에 따라 재판했습니다. 그리고 르완다는 이 가차차 재판을 통해 사회통합을 이뤄내면서 지금은 제노사이드의 고통을 지워버리는 데 기적처럼 성공했습니다.

서양사람들이 보기에, 혹은 법률 전문가들이 보기에, 이런 가차차 재판은 볼품없습니다. 재판받을 권리를 해친다고 비난할 수 있습니다. 실제로도 그런 비판이 있었습니다. 주로 서양 사람들의 시각이었습니다. 국제사회를 지배하는 서양 법률에 따라 제노사이드 재판이 열리기는 했습니다. UN이 탄자니아에 마련한 르완다국제형사재판소 International Criminal Tribunal for Rwanda였지요. 아주 제대로 된 재판입니다. 문제는 이 재판소가 관할하는 사건은 리더급의 전범만을 다루며, 너무 느리다는 거였지요. 1994년 12월부터 2012년 12월까지 93명만 기소되었습니다. 감옥에 있는 13만 명의 피고인 문제는 해결할 수 없었습니다. 무엇보다 사회 통합에 아무런 기여를 못했습니다.

우리가 아는 법률이 이토록 무력하다는 것입니다. 르완다의 문제를 해결한 것은 아프리카 문화였습니다. 민간이 해결했습니다. 저는 이런 르완다의 현대사를 공부하면서 상당한 충격을 받았습니다. 그리고 지식재산 분야에서 제가 체험한 다양한 경험을 반추해 봤습니다. 특허법, 상표법, 디자인보호법, 저작권법, 영업비밀보호 및 부정경쟁행위에 관한 법률 등 다양한 법을 제가 압니다. 그런데 이들 법률과 관련된 시장에서 벌어지는 다양한 문제는 대부분 재판을 통해 해결되지 않습니다. 법의 규정에 의해 해결되는 게 아닙니다. **시장의 자생력**에 의해 해결됐습니다.

그렇다면 법이란 대체 무엇입니까?

법이라는 옷을 입은 실정법이 있지만 실제로는 법이라 할 수 없는 규정이 많습니다. 그걸 제대로 분별하는 것이 법무실무자의 역할이며 법을 다루는 사람들이 해야 하는 역할입니다. 법의 외형을 가졌지만 〈법이라 할 수 없는 규정〉이라 함은, 비록 법률로 규정되어 있어서, 지키는 게 바람직하지만, 실제 '보편적으로는' 통용되지 않는 규정을 뜻합니다. 그럴지라도 그것은 law 이거나 regulation이며, 국가기관이 직접 법제화한 rule입니다. 하지만 이 세상에 바람직한 rule은 매우 많습니다. 그런 rule들이 시장에 있습니다. 시장에서 뭔가를 팔고 사고 유통하는 수많은 사람이 알고 있는 그런 rule, 그것은 언제든지 실정법을 대체할 수 있습니다. 경험적으로 보면 그게 나쁘지도 않고, 나쁘기는커녕 올바르고 유용할 때가 많습니다. 이 세상은 실정법만으로는 충분하지 않습니다. 우리가 직면하는 세상은 법제화되어 있지 않는 수많은 rule의 세계입니다.

2강 법의 지평선

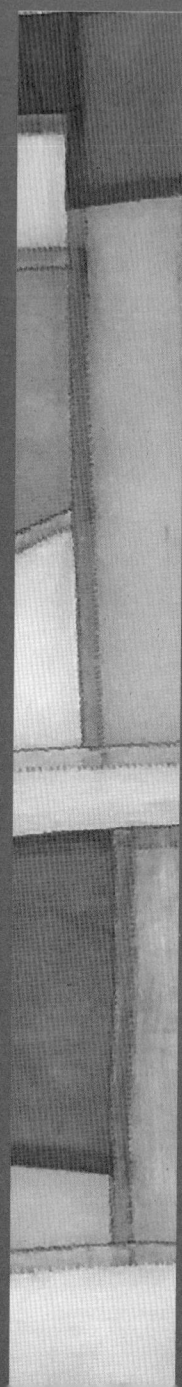

앞에서 우리는 법의 속성을 살펴봤습니다. 아주 완벽한 결론이나 정리는 아니었습니다. 그래도 한편으로는 자연법칙에서 '법칙'이라는 단어를 통해 법의 보편성Universal이라는 속성을 이해했습니다. 그러나 다른 한편으로는 우리가 배우고 상식처럼 알고 있는 수많은 '법률'이라는 것이 실제로는 '보편적'이지 않아서 그게 과연 '진짜 법'인지 의심된다는 이야기를 했습니다. 그런데 **의심해서 얻는 실익은 무엇입니까?** 법을 무시함으로써 얻는 자유일까요? 자유, 좋습니다. 그러나 법은 '의무'를 낳습니다. 법이 폐지되면 의무도 사라지니까 그만큼 자유가 확장됩니다. 하지만 유감스럽게도 현실은 그렇게 자유롭게 굴러가지 않습니다. 대학을 졸업해서 직장을 구하고 사회에 진입함으로써 우리는 비즈니스 세계에 입문합니다. 비즈니스는 자유로운 인간들의 활동이 아닙니다. 여전히 수많은 법률이 비즈니스를 제한합니다. 그리고 법을 좀 잘 아는 사람들은 자유의 전령 역할을 하는 게 아니라, 오히려 의무의 메신저 역할을 합니다.

우리가 지난 시간에 법의 속성을 따져 보면서 의심하는 작업을 했던 까닭은 법으로부터의 자유가 아니라 우리들 머릿속에 습관적으로, 관성적으로, 주입식으로 자리잡고 있는 **기계적인 생각으로부터의 자유를 얻고자** 함이었습니다. 즉, '법률 규정'의 권위에 무조건 따라야 한다는 꽉 막힌 사고에서 벗어나, 한편으로는 상황에 따라 다른 법이 먼저 적용될 수 있다는 **유연성**을 얻고, 다른 한편으로는 당면한 국면에서 가장 좋은 법이 무엇인지 스스로 찾아낼 수 있는 **통찰력**을 획득하기 위한 사전 작업이었습니다.

법의 지평선을 바라보십시오. 보편적인 법률이 있고, 그것을 우리가 잘 알고 또 잘 지키면서 생활한다면 문제될 게 없습니다. 무지 때문에 위법한 행위를 하지 않기 위해서라도 우리가 배웁니다. 지식을 공부하고, 인터넷에서 찾아보며, 전문가에게 조언을 구하고 도움을 받습니다. 이것은 마치 투수가 포수 미트 한복판을 향해 직구를 던지고, 타자가 그 직구를 받아치는 것과 같아서 그다지 어렵지 않습니다. 조금만 훈련하면 누구든지 혼자서도 잘할 수 있습니다. 변화가 없는 길은 어려움이 없습니다. 그런데 법의 지평선을 가다 보면 다양한 갈림길이 있습니다. 여기에서부터 우리가 좀 고민을 해야 합니다. **여섯 가지 갈림길입니다.**

① **(습관적인 위법)** 법률의 규정이 존재하고, 그 성격도 법의 보편성에 부합해서, 모두가 그 법을 지켜야 할 것 같지만, 묘하게도 사람들이 그 법을 습관적으로 지키지 않는 경우가 있더군요. ② **(시답잖지만 존중되는 법)** 법의 옷을 입고 있지만 보편적인 속성은 없어서 법이라고 부르기 민망한 규정이 있습니다. 그러나 여전히 우리의 행동을 제약하거나 권하는 규칙입니다. ③ **(실정법보다 더 중요한 법)** 법은 아니지만 보편적인 속성이 있어서 우리의 행동을 제약하거나 권하는 규칙이 있습니다. ④ **(실효적인 행정규칙)** 또 이번에는 행정규칙이나 사무규정 정도에 수준이어서 법이라고 칭할 수 없지만 우리의 활동을 실효적으로 지배하는 규칙도 있습니다. ⑤ **(심리 규칙)** 오늘날 심리학은 비즈니스 분야에서 강력한 영향력을 미치고 있지요. 심리학자들의 연구에 따르면 사람들은 시장에서 심리적으로, 다양한 편향을 보이면서 활

동한다는 것입니다. 그렇다면 법도 아니고 규칙도 아니지만 심리적인 고려 사항도 있을 수 있겠지요. (6) **(스스로 입법)** 마지막으로 우리 스스로 무엇이 바람직한가를 생각해서 그걸 따를 수도 있겠습니다. 그 성격과 수준이 어찌됐든 앞의 다섯 가지는 타인이 만들어 낸 규칙이었습니다. 우리 인간은 스스로 이성적으로 생각할 수 있으므로, 스스로 규칙을 만들어낼 수도 있지 않겠습니까?

이 여섯 가지 갈림길에서 만나는 여섯 가지 사례를 간략하게 소개합니다.

사례 1

홍길동은 자동차에서 사용하는 휴대용 통신장치와 내비게이션 디바이스를 제작하는 (주)홍길동을 경영했다. 좋은 시절이 있었다. 처음 스타트업을 한 다음 여러 곳에서 50억 원의 투자를 받았다. 투자금을 개발자의 채용과 연구 개발에 썼다. 그런데 돈은 생각보다 빨리 소모되었고 제품 개발은 생각보다 늦어졌다. 회사 사정이 어려워지면서 임금이 체불되기 시작했다. 개발자 **임꺽정**과 **장길산**의 급여도 체불되었다. 회사는 퇴직금을 줄 형편도 안 되었다. 그러자 홍길동은 회사를 생존시켜서 사업을 이어나가는 것이 더 이상 불가능하다고 판단했다. 개발자 임꺽정과 장길산은 대표이사인 홍길동에게 밀린 임금과 퇴직금을 요구하였으나, 자포자기 심정에 젖은 홍길동은 갖고 있는 돈이 없다고 미안하다고 말하는 한편, **회사에서 사용하던 컴퓨터를 퇴직금 조로 갖고 가서 알아서 사업을 해보라**고 말했다. 이에 임꺽정과 장길산은 퇴사하면서 자신들이 쓰고 있던 컴퓨터를 갖고 나갔다. 그 컴퓨터에는 (주)홍길동이 몇 년 동안 개발한 모든 데이터와 소프트웨어 코드가 들어 있었다. 임꺽정과 장길산은 투자자와 인맥이 있던 **황진이**를 만나 새로운 회사를 창업하고 전 직장인 (주)홍길동에서 근무하던 때부터 하던 개발작업을 진행했다. 제품도 출시했다. 황진이는 투자금을 유치했고, 언론사를 이용한 마케팅 기법으로 투자 유치와 신제품 출시가 기사화되었다. 이 회사가 성공하고 있다는 소문이 시장에 퍼졌다. 그건 소문에 불과했지만, 소문이 뉴스가 되어 홍길동에게도 전해졌다. 홍길동과 인연이 있던 소송 브로커 **성춘향**이 찾아와 임꺽정과 장길산을 상대로 소송을 걸면 큰돈을 벌 수 있다며 홍길동을 자극했다. 결국 홍길동은 임꺽정과 장길산을 상대로 (주)홍길동의 영업비밀을 침해하여 이익을 취했다는 이유로 영업비밀 침해행위로 형사 고소, 불법행위에 대한 손해배상과 부당이득을 반환하라는 민사소송을 제기하였다.

여러분이라면 이 사건을 어떻게 해석하고 누구의 편을 들겠습니까? 부정경쟁방지 및 영업비밀보호에 관한 법률이 있습니다. 비즈니스 현장에서 아주 강력한 법률이며 이 법에 관한 사례도 많습니다. 제2조 제2호는 〈"영업비밀"이란 공공연히 알려져 있지 아니하고 독립된 경제적 가치를 가지는 것으로서, 비밀로 관리된 생산방법, 판매방법, 그 밖에 영업활동에 유용한 기술상 또는 경영상의 정보를 말한다.〉라고 정의합니다. 이런 영업비밀 침해행위에 관한 형사적 징벌은 기본적으로 10년 이하의 징역입니다. 영업비밀로 성립되려면 비공지성, 경제적 유용성, 비밀관리성이 인정돼야 하는데, 판례는 이것을 매우 넓게 해석합니다. 위에서 소개한 사례에서 보면, 확실히 임꺽정과 장길산은 퇴직금 조로 컴퓨터를 갖고 퇴사했으며, 그건 홍길동이 그렇게 하라고 했다는 것입니다. 그런데 홍길동이 영업비밀침해를 주장했습니다. 이 사례에서 컴퓨터를 반출했다는 것은 당사자들이 인정하는 명백한 사실입니다. 그러나 컴퓨터가 퇴직금조였다는 사실은 증거가 필요합니다. 그런데 홍길동이 그 사실을 부인하고 있고 증거는 없습니다. 그렇다면 임꺽정과 장길산이 회사 컴퓨터를 갖고 퇴사했다는 사실만 남습니다. 이 사실을 부인할 수 없습니다. 컴퓨터에는 회사의 각종 영업비밀이 저장되어 있습니다. 그러므로 '선량한' 임꺽정과 장길산이 법을 위반한 사람으로 몰려 있는 것입니다. 사건은 이런 식으로 해결됐습니다. '사실 그 컴퓨터에 저장되어 있던 자료는 쓸모없었다.'

부정경쟁방지 및 영업비밀보호에 관한 법률은 다소 정책적이며 편의적인 요소가 없지는 않습니다. 그러나 이 법률은 회사(조직) 소유의 재산에 관해, 회사와 개인의 분별을 선언한 규범이며, 이것은 자본주의의 보편적인 규범으로 자리잡혀 있습니다(이에 대해서는 5강에서 자세히 설명합니다). 우리가 회사에 취직하면서 회사 재산을 내가 함부로 소유하겠다고 생각하지는 않잖습니까? 또 근로계약이라는 것은 급여를 받는 대신에 회사의 재산을 늘리는 데 기여하는 활동을 하겠다는 약속으로 해석됩니다. 특히 오늘날 날로 중요해지는 지식재산의 경우, 회사의 지식재산은 개인 것이 아니라 회사 것임을 선언합니다. 하지만 정말 잘 안 지켜지는 법률이기도 하고, 그래서 케이스가 많이 발생합니다. 나중에 다시 다루겠습니다.

사례 2

평소 과속을 증오하는 **홍길동**은 편도 3차선 고속도로에서 2차선으로 시속 75km로 안전하게 주행하고 있었다. 백미러를 보니 뒤에서 맹렬한 속도로 같은 차선을 달리는 차가 보였으나 비켜줄 마음이 들지는 않았다. 홍길동 뒤에서 주행하던 **임꺽정**은 느리게 주행하는 앞 차량에 답답한 마음에 경적을 울린 다음 홍길동의 '우측'으로 앞지르기를 하면서 다시 홍길동 앞으로 급하게 들어와 2차선을 달렸다.

지식재산법에 관련된 사례만 들면 머리가 복잡해지니까 우리 일상생활의 사례를 들어보았습니다. 도로교통법에 있는 상당수의 규정은 인간 행동의 자유를 제한합니다. 사람은 도로를 함부로 횡단하지 말아야 한다고 하고, 우측통행을 원칙으로 해야 하며, 차량 운전자는 앞차와 안전거리를 확보해야 하며, 뒤차가 빠른 속도로 다가오는 경우 도로의 우측으로 진로를 양보해야 하며, 앞지르기를 하려면 앞차의 좌측으로 앞지르기를 해야 한다는 등 시시콜콜하게 규정하고 있습니다. 이런 도로교통법 규정에 따르면 사례 2의 홍길동과 임꺽정 모두 법을 위반한 것입니다. 하지만 이런 법률은 정책적이고 편의적인 이유로 법을 제정해서 사람들에게 의무를 부여한 규칙입니다. 언제나 어디에서나 지켜야 하는 보편적인 룰은 아니어서 이걸 지키지 않았다고 해서 인격이 의심된다거나 그것만으로 형벌을 받는 것은 아닙니다. 그렇지만 우리는 몇몇 도로교통법 규정을 지키지 않는 경우, 서슴없이 도덕적 비난을 합니다. 그런 반응을 보이는 까닭은 우리들 마음속에서 그 규칙을 법으로 받아들이고 있기 때문이겠지요. 또한 우리는 안전을 위해서, 혹은 남한테 지적받기 싫어서, 또는 과태료를 물기 싫어서 그 규칙을 지킵니다. 이런 사항이 비즈니스에서도 중요합니다. 특히 조직이 큰 기업체일수록 중요한 사항이니 유념하시기 바랍니다. 설령 해당 규칙이 법이라고 보기 어렵지만, **안전을 위해서, 사회적 비난을 받기 싫**

어서, 혹은 징계를 받기 싫어서, 우리는 그 규칙을 지켜야 합니다. 법무실무자라면 더욱 그러하겠지요. 이런 이야기를 '법이라는 형식조차 없는 경우'까지 좀더 이어가겠습니다.

사례 3

새마을운동중앙회는 새마을운동을 상징하는 저명한 상표권을 보유하고 있었다. 노란색 바탕에 세 갈래의 초록색 뾰족 나뭇잎이 위로 펼쳐진 새마을운동 로고였다. 그런데 새마을운동중앙회에서 근무하는 **홍길동**이 조사해 보니 새마을운동 로고를 무단으로 사용해서 모자, 옷 등의 상품을 판매하는 업체가 물경 5,000곳을 넘었다. 이들의 행위는 분명 상표권을 침해하는 행위이며 불법행위였다. 홍길동은 이 문제를 해결하고 싶어 몇몇 대형 로펌에 찾아가 상담을 했다. 그러나 일을 의뢰하기는 어려웠다. 홍길동은 무슨 고민을 하고 있던 것일까?

상표권은 해당 상표를 업으로서 독점사용할 수 있는 권리입니다. 허락 없이 타인의 상표권을 침해하면 7년 이하의 징역에 처해질 수 있습니다. 이것이 우리가 아는 법입니다. 사례 3에서 홍길동이 로펌의 도움을 받기 어렵다고 생각한 까닭은 무엇이었을까요? 로펌이 제안하는 '합법적인 솔루션', 즉 형사고발이나 침해소송은 실정법의 세계에서는 맞겠지만 우리들 마음속에 자리잡고 있는 법의 정신에는 맞지 않기 때문이었습니다.

1972년 설립된 새마을운동중앙회는 비영리공익법인입니다. 우리나라 농촌의 발전을 이뤄낸 새마을운동을 상징하는 기관입니다. 새마을운동의 정신은 세계적인 모범이며, 그 기록물은 유네스코 세계기록유산에도 등재되어 있을 정도입니다. 이런 〈기관의 명예를 지키고 새마을운동의 공적 이미지가 훼손되지 않도록 하는 것〉이라는 규칙은 법이 아닙니다. 하지만 새마을운동이 변질되지 않고 더 발전해서 인류에 공헌하기를 희망한다면, 그런 규칙은 보편적인 속성을 지닙니다. 비록 실정법은 아니지만, 바로 우리들 마음을 차지하는 법이 되는 것이지요. 그런데 상표권을 침해했다고 소송을 하면 어찌되겠습니까? 게다가 무단으로 상표권을 사용하는 사람들은 대체로 영세한 처지에서 생업을 이어가는 사람들입니다. 〈약자의 생업을 공격해서 삶의 터전을 위협하는 것〉은 그 행위가 설령 정당하더라도 도덕적 비난을 피하기 어렵습니다. 법의 규정에 따라 적법하게 행동하는 데 어째서 도덕적 비난을 합니까? 그 까닭은 **〈약자의 생업을 공격해서 삶의 터전을 함부로 위협하지 말 것〉**이라는 규칙이 보편적인 속성을 갖는 마음속 법률로 자리잡고 있기 때문입니다.

자, 이런 경우에 여러분이 홍길동이거나 법무실무자라면 어떤 방향으로 사건을 해결하도록 의견을 내시겠습니까? 실제 케이스는 이랬습니다. '상표권 침해자의 선량한 마음에 의지하여 문제를 해결할 것, 악한 침해자가 나타나지 않는 한 소송은 하지 말 것'. 그래서 안내문을 보냈습니다. 그 실질은 상표권 행사였지만, 문서는 새마을운동중앙회의 명예를 지키고, 새마을운동의 이미지를 고양하면서도 약자의 생업을 공격하지 않는, 대단히 점잖은 요청문 스타일이었습니다. 결과는 어땠을까요? 이 문서를 받은 대다수의 업자는 자발적으로 상표 사용을 중지했습니다. 어째서 그들은 자발적으로 침해행위를 중단했을까요? 사람들은 자신의 행동이 잘못된 것임을 스스로 깨달을 수 있기 때문입니다.

사례 4

성춘향은 홈쇼핑방송 회사의 품질관리팀에서 일한다. 상품 MD **황진이**는 수입업자 **임꺽정**과 함께 이탈리아산 가죽 신발을 판매하는 프로젝트를 진행중이다. 그런데 유럽 표준으로 표시한 신발 사이즈를 한국 표준으로 바꿔서 표시하려고 하니, 소비자들의 실제 발 크기보다 좀 작았다. 유럽 38을 한국 표준으로 표시하면 240이 돼야 하는데 실제로는, 230 사이즈의 소비자의 발에 맞는다는 것. 그래서 황진이가 성춘향에게 묻고, 성춘향이 법무팀의 **홍길동**에게 문의했다. 상품특성을 고려해서 임의로 변환 사이즈로 상품 정보를 표현해도 법적으로 괜찮느냐는 문의였다.

여러분이 홍길동이라면 어떻게 성춘향에게 답하시겠습니까? 기술표준 혹은 산업표준이라는 말을 들어보셨을 겁니다. 오늘날 시장의 공존과 혁신, 그리고 소비자 이익 증진에 대단히 기여하는 제도입니다. 국제표준이 자리잡고 있기도 하지만, 나라마다 표준이 다릅니다. 신발치수의 표시도 산업표준에 해당합니다. 우리는 240mm 식으로 표현하는 표준을 택했습니다. 그걸 일컬어 '몬도포인트'라고 합니다. 유럽은 동일한 치수 신발에 대해 38로 표시합니다. 이탈리아산 38 가죽신발을 수입해서 홈쇼핑을 통해 한국에서 팔 때, 38로 표시해야 합니까, 아니면 변환 사이즈인 240mm로 표시해야 합니까? 브랜드 특성, 상품 특성 등등에 따라 변환 사이즈가 안 맞을 때가 종종 있습니다. 해당 제품은 230mm 신발을 신는 소비자의 발에 더 잘 맞다는 게 현장의 목소리입니다. 그렇다면 법무실무자 홍길동은 현장의 목소리를 승인해야 합니까, 아니면 행정규칙을 따라 안내하는 것이 좋을까요?

신발(구두 또는 운동화)은 가죽제품에 해당합니다. 가죽제품은 〈전기용품 및 생활용품 안전관리법〉 시행규칙 제3조 제7항 별표6에 따른 '안전기준준수대상생활용품'에 해당하므로, 신발의 제품 또는 포장에는 〈안전기준준수대상생활용품의 안전기준(국가기술표준원 고시 제2021-489호)〉 제2조 제2항 부속서3(가죽제품)의 안전기준 및 표시사항을 표시해야 합니다. 이 부속서는, "신발의 경우 치수를 표시해야 하며, 신발치수는 〈KS M 6681〉 또는 〈KS M ISO 9407〉에 따라 표시하고 기타 신체치수인 발길이(mm)를 표시하여야 한다"고 명시되어 있습니다. 그런데 국가표준인증 통합정보시스템의 한국산업표준인 〈KS M ISO 9407〉은 "다른 신발 치수 분류 체계는 서로 다른 크기를 신발에 가장 잘 맞는 발길이로 변환하여 몬도포인트 치수에 맞게 조정해야 한다. 몬도포인트와 영국, 미국 그리고 유럽의 사이즈와의 관계는 〈ISO/TS 19407〉을 준수해야 한다."고 기재되어 있습니다. 그리고 〈ISO/TS 19407〉에는 사이즈 변환표가 등재되어 있습니다.

이러한 규정은 모두 법률이 아닙니다. 국민을 법적으로 구속하지는 못하는 행정규칙이며 사무규정에 불과합니다. 그러나 시장을 실효적으로 지배하고 있지요. 법무실무자는 이런 실효적 지배를 존중하는 것이 좋습니다. 법무실무자가 속한 회사는 시장에서 활동하는 주체이기 때문입니다. 비록 이탈리아 신발을 규정된 변환표에 의해 몬도포인트로 변환하면 꽉 껴서 착용감이 좋지 않다는 소비자들의 불만이 발생할 우려가 있더라도, 법무실무자는 원칙대로 의견을 내야 합니다. EUR 38 사이즈의 해당 신발을 ISO 표준 몬도포인트 치수인 240으로 변환해서 표시하라고 말이지요. 소비자들의 불만이 발생하는 것을 예방하는 일은 법무실무자의 역할이 아니라, 현장의 책임자들의 역할입니다. 마케팅팀 혹은 판매팀에서 그런 일을 합니다. 그들이 문구를 넣을 겁니다. "평소 신는 신발보다 한 치수 큰 것을 구매하시는 게 좋습니다."

사례 5

홍길동은 진공압착판을 사용한 식품보관용기에 대해 디자인특허를 보유하고 있다. 그런데 경쟁자 임꺽정이 유사한 제품을 판매하고 있다는 사실을 확인하고, **임꺽정**과 임꺽정의 거래업체 **장길산**을 상대로, "피고 제품의 생산, 판매, 광고 등 일체의 행위를 금지할 것을 요구한다.", "전시 중인 제품이나 재고품을 일정한 장소에 보관하고, 그 보관장소 및 보관수량, 현재까지 양도한 제품의 수량 및 판매가를 서면으로 통지하라.", "권리자의 신용추락에 대한 사과 및 향후 침해하지 않겠다는 내용의 문서를 송부하라.", "이에 불응할 경우 민형사상 모든 조치를 취할 것이다."라는 주장이 담긴 내용증명을 발송했다. 이런 내용증명 문서를 전해받은 전문가 **성춘향**이 한숨을 쉰다.

성춘향은 어째서 한숨을 쉬게 됐을까요? 실제로 이런 사건이 많습니다. 이 사례에 대해 결과만 먼저 설명한다면 홍길동의 행위는 불법행위이며, 오히려 홍길동의 일련의 행위로 말미암아 임꺽정에게 손해가 발생했다면 홍길동이 그 손해를 배상해야 합니다. 만약 자기 권리가 침해당했다고 생각한다면 법원에 가처분을 구하는 등의 사법적 구제 절차를 밟으라는 것이 판례의 일관된 태도입니다(특허법원 2018. 10. 26. 선고 2017나2424 판결, 대전지방법원 2008가합7844판결, 서울중앙지방법원 2014가합551954판결, 서울고등법원 2016나2060356 판결 등). 판례는 위와 같은 홍길동의 일련의 행위는 자기구제 행위이며, 정당한 권리행사를 벗어나 고의 또는 과실로 위법하게 영업활동을 방해한 것으로 봅니다. 이에 대해서는 이 책 제11부에서 다시 살펴볼 생각이니, 여기에서는 이 정도로만 하겠습니다. 지금 중요한 것은 홍길동이 저 정도밖에 할 수 없었느냐는 것입니다. 협상과 타협의 케이스에서 중대하게 고려해야 할 사항이 바로 인간의 심리psychology입니다. 우리의 심리가 아니라 상대방 또는 제3자의 심리입니다. 성춘향이 한숨을 쉬는 이유는 홍길동이 권리자라는 사실에 취한 나머지 심리규칙을 전혀 생각하지 않았다는 것입니다. 홍길동을 도와준 법률 전문가가 있었을 텐데 싸움을 너무 좋아하면 안 됩니다. 전문가는 분쟁기관이 아니며, 싸움의 전령이 아닙니다. 그 반대로 불필요한 분쟁을 예방하면서 가장 좋은 해결책을 고안해 내는 사람들이 전문가입니다. 그러려면 협상을 이끌고 타협을 해야 합니다. 어떻게 해야 하겠습니까? 우선 나만이 옳다고 정신승리해서는 절대 안 되고, 타인의 심리를 고려해서 언행을 해야 합니다.

소송을 하기 전에 권리 침해사실을 적시한 경고장을 우체국을 통해 내용증명으로 보냅니다. 이론적으로는 한두 개의 문장만 써도 그만입니다. 내용증명의 역할은 침해행위에 고의가 있었음을 나중에 부인할 수 없도록 확실히 해두기 위함입니다. 그러므로 "저는 귀사가 판매하는 제품에 관해서 특허(제1234567호)를 보유하고 있으니 확인 바랍니다."라는 문장으로도 충분하며, 그런 문장은 상대방에 대한 불필요한 감정을 자극하지 않습니다. 그렇게 간단한 문장만 기재되어 있어도 내용증명 문서의 법적인 효과는 동일합니다. 그런데 실무적으로는 수십 장의 문서를 보내서 상대방을 압박합니다. 사례의 홍길동처럼 주장을 남발하면 듣는 상대방이 위축될까요? 그렇지 않습니다. 화가 날 뿐입니다. 근육질 문장으로 가득한 협박형 문서는 이제 통하지 않습니다. 국가기관은 무섭고 변호사는 적으며 인터넷이 아직 알려져 있지 않던 시절에서나 통했겠지요. 상대방이 감정적으로 반응하기 시작하면 분쟁은 필연적입니다. 자신의 모든 자원과 인맥과 정신을 동원해서 맞섭니다. '생업'에 관련한 분쟁은 쉽게 방치되지 않습니다. 상대방도 정성껏 싸웁니다.

물론 홍길동이 아주 강한 펀치의 '돌주먹 권리'를 갖고 있다면 KO시켜 버릴 수도 있겠지요. 하지만 비즈니스는 한판으로 승패가 정해지는 권투 경기가 아닙니다. 승리를 단언하면서 시장의 상상력을 함부로 제한하지 마십시오. 대체로 소송은 자원 낭비입니다. 타인의 이성에 호소하면 가장 저렴하게 분쟁을 해결할 수도 있습니다. 그러나 타인의 심리를 자극하면 원만한 대화로 경제적으로 문제를 해결할 기회를 상실합니다.

사례 6

홍길동은 <백산>이라는 오래전부터 상표권을 보유하고 있었다. 그런데 안경제조 100년의 역사를 갖고 있던 일본기업 **와타나베**는 <hakusan> 상표권을 보유하고 있다. 와타나베의 <hakusan>은 한자의 일본식 음역이었고 그 한자를 한국어로 읽으면 '백산'이었다. 한자는 서로 달랐다. 그런데 <hakusan>이 대한민국에서는 '하쿠산'으로 통용되는 게 아니라, '백산'으로 일컬어지고 있었다. 그 결과 두 브랜드의 호칭이 같아지고 말았다. 홍길동은 자신의 안경 브랜드에 대해 '짝퉁'이라는 비난을 들을 때마다 스트레스와 불쾌감에 시달렸다. 한편, **임꺽정**은 와타나베 제품의 수입업자이며 한국총판을 경영하고 있었다. 홍길동은 임꺽정을 상대로 판매금지 민형사소송을 제기하겠다고 결심하고, 전문가인 **장길산**에게 도움을 청했다. 장길산이 조사해 보기로 시장에서 일본 브랜드 <hakusan>의 소비자 층과 홍길동의 <백산>의 소비자 층은 서로 겹치지 않았다. 장길산은 어떻게 이 사건을 해결하는 것이 바람직할까?

우리는 누구나 스스로 무엇이 바람직한가를 생각할 수 있습니다. 실무자도 마찬가지이며, 사업하는 사람도 그러하고, 시장에서 활동하는 누구나 그렇습니다. 타인이 정한 법에 의존하지 말고, 상상력과 창의성을 발휘해서 더 나은 해결책을 찾아낼 수도 있습니다. 장길산도 그렇게 생각했습니다. 장길산이 생각하기를 분쟁을 택하면 의뢰인인 홍길동에게 당장은 유리할 것입니다. 상표권 침해를 이유로 고소고발을 할 수 있을 터이고, 수입을 못하게 막는 방법도 있습니다. 그렇다면 이번에는 상대방 입장입니다. 상표권 무효 소송을 할 수밖에 없을 것입니다. 법리적으로 분석할 때 이 또한 홍길동이 유리합니다. 그러나 유리함이 공짜를 뜻하지 않습니다. 시간과 비용을 투자해야 합니다. 정신을 써야 합니다. 그런데 임꺽정은 수입업자, 총판에 불과하고 생업하는 사람이며, 그의 진심은 '백산'이라는 한국식 발음이 아니라, ⟨hakusan⟩ 브랜드 그 자체일 수도 있습니다. 이런 상황에서 안경의 소비자 층이 다르기 때문에, 굳이 소송으로 해결하기보다는, 홍길동에게는 승리감과 명예를, 임꺽정에게는 현실적인 생업의 보장을 만들어내면 되는 게 아닐까, 이것이 장길산의 생각이었습니다. 그런 생각을 담아. 내용증명을 보낸 후, 자연스럽게 협상을 진행했습니다. 해결책은 2년의 중간과정을 거치는 공존이었습니다. 임꺽정은 홍길동이 ⟨백산⟩의 진정한 상표권자임을 인정하고, 과거 한자를 한국식으로 읽는 습관에서 비롯된 호칭이던 '백산'에서 '하쿠산'으로 바꾸는 브랜딩 변경 과정을 거치며, 홍길동은 임꺽정의 브랜딩 변화를 인내심 갖고 지켜봐주는 합의였습니다. 계약서에 사인하고 서명한 계약서를 공증함으로써 당사자 사이에 법이 만들어졌습니다. 계약은 법입니다. 이처럼 시장에서는 자유로운 입법활동이 가능합니다.

지금까지 법의 지평선을 향해 걸어갈 때 만나는 다양한 갈림길을 소개했습니다. 이토록 다양한 법의 세계가 있습니다. 여러분은 이런 세계에 살고 있습니다. 이론적인 세계가 아닙니다. 괄목할 만하게 꿈틀거리는 살아있는 실무의 세계입니다. 거기에 인간이 있고, 그곳에 시장이 있습니다. 인간이 없는 곳에는 무법이 있습니다. 시장이 없는 곳에는 권력만 있습니다. 무법과 권력을 익히려고 우리가 법을 배우는 게 아닙니다. 지식재산법도 마찬가지입니다.

2

내
마음속 생각을

　　　　세상 밖으로
　　　　표현할 때

3강 권리의 탄생, 저작권

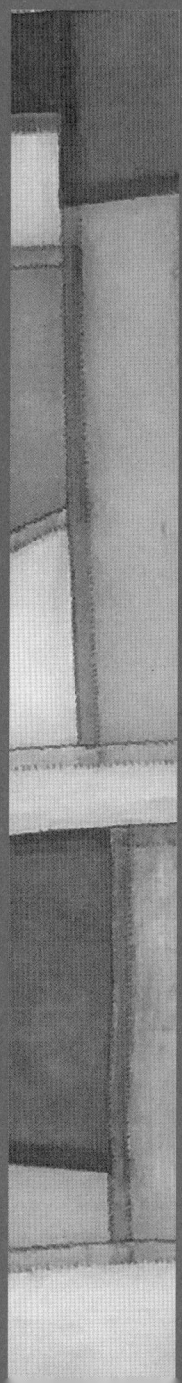

국가의 사법 시스템은 무엇이 법인지 판결로 밝힙니다. 재판을 하는 법원을 일컬어 정의의 궁전Court of Justice이라고 일컫습니다. 정의의 건물Ministry of Justice은 법무부를 뜻합니다. 그런데 사법 시스템이 생각하는 '정의'는 약자를 보호하는 것과는 직접적으로 관련이 없습니다. 냉정하게 말하면, **사법 시스템은 '권리자'를 보호하는 시스템입니다.** 권리가 없다면 인간적인 호소가 사법 시스템에 통하지 않습니다. 반면 차갑고 비정한 인간도 권리만 있다면 사법 시스템의 보호를 받습니다. 이것이 어찌 정의냐면서 손을 드는 사람이 있게 마련이고, 그 손이 투표를 하고 정치를 합니다. 우리는 정의를 원합니다. 더 많은 사회 정의가 우리 사회를 건강하게 만들어 줄 것으로 기대합니다. 사람들이 정의를 주장했을 때, 마치 그런 주장을 할 당연한 권리가 있는 것처럼 보입니다. 흔히 이런 경우, 같은 사원으로서, 같은 주민 또는 국민으로서, 인류로서, 인간으로서 등의 **집단적인 자격**으로 권리가 호명됩니다. 하지만 우리가 '당사자로서' 혹은 일로서 사법 시스템에 의지하거나 불려나갈 때에는 항상 **사건**과 함께 호명됩니다. 사건과 어떤 관계가 있으며, 이 사건에서 무슨 주장을 하며, 어떤 침해를 받았고, 어떤 억울함이 있는지, 또 무슨 법의 적용을 받고자 하는지 스스로 밝혀야 합니다. 이때의 정의는 사건 속에서 밝혀지는 **권리의 향방**입니다. 사건이란 무엇입니까? 권리가 침해되는 일이 발생했다는 것을 뜻합니다. 그렇다면 권리란 무엇입니까? 이것이 이번 강의의 주제입니다. 주제가 너무 거창해서 감당할 수 없으므로 그 범위를 대폭 축소합니다. 일단 '소유권'으로 축소합니다. 그다음 소유권 중에서도 동산과 부동산에 대한 지배적이고 배타적인 소유권을 배제하기로 합니다. 이런 전통적인 소유권에 관해서는 민법이 규정하고 있을 뿐더러, 인간 감각에 의해 실체가 파악되는 물건에 관한 권리여서 우리가 익히 잘 알고 있습니다. 동산도 아니고, 부동산도 아닌, 어떤 오브젝트Object에 대한 소유권으로서, 과거 인류가 결코 인정하지 않았으나, 현대 인류에 이르러서야 비로소 인정하게 된 권리가 있으니, 바로 '인간의 생각'에 대한 소유권입니다. 그리고 핵심 키워드는 '**생각**'과 '**표현**'입니다.

본래 우리 인류는 〈생각에 대한 소유권〉을 인정하지 않았습니다. 아니, 인정할 수 없었을 겁니다. 텔레파시 같은 신통력이 있지 않는 한, 그 생각이 홍길동의 생각인지 임꺽정의 생각인지, 아니면 로버트의 생각인지 와타나베의 생각인지 알 수 없기 때문입니다. 누가 처음 생각해 냈는지 알 수도 없습니다. 설령 알았다 해도 다른 사람들이 똑같은 생각을 함으로써 생각 소유권을 침해하고 있음을 증명할 수도 없습니다. 어차피 불가능한 것, 오히려 현명하게도 우리 인류는 좋은 생각을 널리 공유하면서 문명을 발전시켜 왔습니다. 그런데 기념비적인 사건이 발생했습니다. 1439년경의 일입니다. 독일인 요하네스 구텐베르크가 금속활자 인쇄술을 발명해 낸 것입니다. 이 인쇄기술 덕분에 우리 인류가 생각을 '공업적으로' 표현하는 수단을 얻었습니다. 물론 그 이전에도 '필사'로 생각을 표현할 수는 있었습니다. 하지만 필사본 자체가 워낙 귀하고 비싸서 아무나 소유할 수는 없었습니다. 더욱이 생각을 표현한 필사본을 소유할 수 있는 사람은 특권계층에 속한 사람이었고, 그러므로 그런 신분만으로도 사실상 그 생각을 소유할 수 있었습니다. 굳이 생각을 독점할 이유는 없었던 것입니다. 그런데 인쇄술이 생기니까 세상이 달려졌습니다. 생각을 공업적으로 표현되기 시작했으므로, 생각이 신분의 경계를 뛰어넘는 일이 생기게 된 것입니다. 공장에서는 원본을 계속 '카피'할 수 있었습니다. 18세기 동안에 유럽에서는 이미 10억 권의 책이 출판됐습니다. 이는 과거 인류가 상상할 수 없는 수준의 혁명적인 변화였습니다. 생각을 표현했더니, 종교개혁이 일어나고 계몽주의가 퍼지며 산업혁명과 과학혁명까지 정신없이 발전하더라는 것입니다. 당연히 돈도 되는 것입니다. 돈이 되면 소유권 보호의 필요성이 제기될 수밖에 없습니다. **경제적 필요성**이 시스템의 혁신을 만들어 냅니다.

그래서 드디어 '생각의 표현'을 보호해야겠다고 인류가 '생각'했던 것입니다. 생각을 독점하겠다는 것이 아니라, 그 생각의 표현을 카피하는 것을 독점하겠다는 발상이었습니다. 그래서 카피라이트copyrights, 즉 저작권 제도가 탄생하게 됐습니다. 저작권법은 기본적으로 생각의 표현에 대한 **복제권**을 보호하는 법률이며, 최초의 지식재산법입니다.

그런데 인류는 생각의 표현에 관한 이 소유권이 익숙하지 않았습니다. 최초의 저작권법은 1710년 영국의 앤 여왕 시절에 입법되었다고 알려졌습니다. 생각을 처음으로 표현한 사람(저작자)의 권리가 아니라, 그 표현물을 만들어서 복제하는 사람인 **출판업자의 권리**를 보호하는 법이었다고 합니다. 게다가 발행 후 14년짜리 권리였습니다. 그러다가 거의 100년이 지난 다음 1814년에 이르러서야 드디어 생각을 최초로 표현한 사람, 즉 **저작자의 소유권**이 인정됐습니다. 생각에 대한 최초의 소유권이라고 평가할 수 있겠습니다. 더 정확하게 말하자면 '생각'을 '표현'한, 그 표현물에 대한 소유권이 되겠습니다. 그때의 권리 존속기간은 공표일로부터 42년이었습니다. 그런데 국경을 건너면 저작권의 효력이 미치지 않았습니다. 예를 들어 존 스튜어트 밀이 영국에서 1863년에 저술한 〈공리주의〉 원고를 로버트라는 사람이 미국에 갖고 가서 마음대로 해적판을 출판해도 문제가 없었던 겁니다. 이런 불합리함을 해결하기 위해 국제조약을 체결하게 됐습니다. 그것이 **1886년 베른협약**입니다. 조약당사국 사이에서는 국경을 넘어도 소유권이 인정되도록 한 것입니다.

20세기 들어 저작권은 '글로벌하게' 계속 정비됐으며 이 소유권의 기간도 늘어났습니다. 지금 우리나라의 저작권 보호기간, 즉 권리 존속기간은 몇 년일까요? 사후 70년 혹은 공표일 후 70년입니다. 2011년 한EU FTA 이전에는 사후 50년이었습니다. 국가마다 저작권의 보호기간이 다르다는 사실에 유의해야 합니다.

사례 7

홍길동이 나이 스물다섯에 '소설 A'을 썼다. 그의 저작권은 언제까지 권리가 인정되는가?

홍길동이 살아있는 동안에는 '소설 A'에 대한 저작권은 홍길동의 것입니다. 홍길동은 100살까지 살다가 죽었다고 가정해 보지요. 그러면 홍길동의 상속인이 70년간 이 저작권을 더 소유합니다. 100-25+70, 즉

'소설 A'에 대한 저작권은 145년 동안 지속되는 것이며, 권리를 누군가에게 넘기지 않았다면, 이 저작권은 홍길동과 홍길동의 후손들의 경제적 안위에 도움을 주게 됩니다.

앞에서 설명한 것처럼, 저작권 태동기인 18세기에는 출판업자를 보호하는 권리였습니다. 19세기에는 저작물을 만든 사람의 권리를 어디까지 보호해야 하는지 인류가 합의하는 시간이었습니다. 20세기 이후에는 저작권자의 손자/손녀 세대까지 이 소유권을 보호하자는 법률이 된 것입니다. 이처럼 법이 유동적입니다.

사례 8

주식회사 홍길동이 회사의 기획으로 2022년 모바일 게임을 만들어 발표했다. 이 회사의 저작권은 언제까지 인정되는가?

업무상 저작물은 개인과 다릅니다. 단체는 상속이랄 게 없습니다. 저작물을 공표한 날을 기준으로 70년을 산정합니다. 그러므로 모바일 게임에 관련한 일체의 저작권은 2092년까지 주식회사 홍길동이 소유합니다. 그런데 이 회사가 경영에 실패해서 2025년에 청산절차를 거쳐 해산됐다면, 저작권은 소멸합니다. 이 경우 저작권은 고작 3년 동안만 존속했습니다. 법인이 시장에서 성공하지 못하면 이처럼 법인 명의 저작권의 존속기간이 짧아집니다. 저작권이 소멸되면 퍼블릭 도메인 public domain이 됩니다. 누구나 그 표현을 사용할 수 있습니다.

사례 9

저작권에 관하여 헤르만 헤세[1]와 올더스 헉슬리[2]는 대한민국에서 어떤 차이가 있을까?

소멸된 저작권은 되살릴 수 없습니다. 한미/한EU FTA를 거치면서 사후 70년의 저작권은 2013년 7월 1일부터 적용됐습니다. 그 전에는 앞서 설명한 것처럼 대한민국에서 저작권 존속기간은 50년이었습니다. 만일 2013년 7월 1일 기준으로 한국에서 저작권이 소멸됐다면 그 저작물은 한국에서 퍼블릭 도메인이 됩니다. 만약 2013년 7월 1일 기준으로 저작권이 아직 소멸되지 않았다면 권리는 20년 연장됩니다. 예를 들어 어네스트 헤밍웨이는 1961년 사망했습니다. 그러므로 그의 저작권은 2011년 12월 31일에 소멸했습니다. 따라서 헤밍웨이의 모든 저작물은 한국에서는 퍼블릭 도메인이 되었습니다. 누구든지 자유롭게 헤밍웨이의 저작물을 출간할 수 있습니다. 헤르만 헤세는 1962년에 사망했습니다. 헤밍웨이와 마찬가지입니다. 그러나 〈멋진 신세계〉를 저술한 영국의 올더스 헉슬리는 1963년에 사망했습니다. 1년 차이지만, 2013년 7월 1일 기준으로는 권리가 소멸되지 않았고, 따라서 그의 저작권은 대한민국에서 2033년까지 연장됐습니다.

---

[1] Hermann Karl Hesse 1877~1962. 독일계 스위스 소설가. 〈데미안〉, 〈싯다르타〉, 〈유리알 유희〉 등의 작품을 남겼다. 1946년 노벨문학상 수상.
[2] Aldous Leonard Huxley 1894~1963. 영국 소설가. 대표작으로 〈멋진 신세계〉가 있다.

저작권은 저작물을 보호하는 권리를 뜻합니다. 그렇다면 저작물이란 무엇입니까? 〈생각의 표현물〉을 뜻합니다. 그런데 모든 표현은 생각을 표현하는 것이니 결국 모든 표현에 권리가 생기는 것일까? 그것은 아닙니다. 이 소유권을 통제하지 않으면, 무한대의 권리가 생기고 무한대의 무질서가 생길 것입니다. 인간의 표현은 거의 무한대에 가깝기 때문입니다. 그래서 우리 저작권법은 다음과 같이 저작물을 정의합니다.

〈"저작물"은 인간의 사상 또는 감정을 표현한 창작물을 말한다.〉

'창작물'이어야 한다는 것입니다. 또한 학문적이든 예술적이든 인간의 사상 혹은 감정의 표현이어야 합니다. 판례는 생각(사상 또는 감정)을 표현한 '독립된' 창작물이어야 함을 강조하는데, 독립된 창작물이 아니라면, 표현일지라도 저작권이 인정되지 않는다는 것입니다.

사례 10

이고르는 우크라이나의 수도 키이우의 도시 건축물 사진을 찍은 다음 자신의 웹사이트에 게재했다. 홍길동이 이고르의 허락없이 그걸 다운로드받은 후 웹사이트 '브런치'에 업로드하여 사용했다. 장길산은 브런치의 홍길동 글을 읽으면서 이 사진 저작권에 관한 출처 표시가 없음을 보고 한탄한다.

장길산은 자유롭게 한탄할 수 있습니다. 우리는 누구나 한탄할 자유가 있기 때문입니다. 그런데 장길산의 한탄은 출처 표시를 하는 것이 바람직하다는 문화적 희망에서 비롯될 수는 있어도 저작권법에 대한 지식에서 비롯된 한탄은 아닙니다. 이런 사진은 아름답고 쓸모 있기는 하지만, 이런 사진만으로는 저작권이 인정되는 창작물로 보지 않기 때문입니다. 냉정하게 검토하자면 사진을 잘 찍은 표현물에 불과하지 창작이 가미된 예술적인 표현이라고 보기는 어렵습니다. 만약 이런 사진에 대해 저작권을 인정한다면 같은 카메라로 같은 위치에서 찍은 것에 대해 누구나 저작권이 인정되게 되고, 그러면 동일한 대상물에 대해 수많은 저작권이 발생하게 되고, 또 그러면 도대체 누가 권리자인지 판정할 수 없게 되며, 누구든지 권리를 주장할 가능성을 낳습니다. 법에 기초한 권리라는 것은 사실상 독점을 뜻하기 때문에 한정 없는 저작권 인정은 표현의 자유를 제한하는 요소로 작동할 우려가 있으니, 이런 정도의 '잘 찍은' 사진이라는 사실만으로는 저작권을 인정하기 어려운 것입니다. 그렇다면, 예술가의 사진이라면 좀 다를까요?

사례 11

사진작가 **로버트**는 2007년 삼척시 월천리의 솔섬을 찍었다. 그런데 2010년경 국내 아마추어 사진작가 **홍길동**이 같은 솔섬을 찍은 사진으로 대한항공 여행사진 공모전에 입상했다. 그리고 대한항공은 이 사진을 이용해 광고 영상을 제작했다. 로버트는 홍길동의 사진이 자신의 저작권을 침해했다고 주장한다. 사진의 경우 어디 정도 수준까지 이르러야 저작물이 될 수 있을까? 또 어느 정도 달라야 저작권 침해가 되지 않을까?

사진 저작물에 관해 독자에게 중요한 '판례이론'을 소개하기 위해 사례 11을 준비했습니다. 이 사건에서 법원이 어떻게 판결했는지, 판례의 논리를 좇아가 보지요. 저작권 제도의 대원칙은 권리의 탄생에 국가가 개입하지 않는다는 점입니다. 그러므로 누구나 저작권을 주장할 수는 있습니다. 주장과 견해가 충돌한다면 결국 법원이 판결로 해결합니다. 그래서 저작권법에서는 판례가 매우 중요합니다. 사례 11에 대해 서울지방법원 2014. 3. 27. 선고 2013가합5287718 판결은 다음과 같이 교시합니다. 중요한 부분을 밑줄로 강조해서 표시했습니다.

저작권의 보호 대상은 학문과 예술에 관하여 사람의 정신적 노력에 의하여 얻어진 사상 또는 감정을 말, 문자, 음, 색 등에 의하여 <u>구체적으로 외부에 표현한 창작적인 표현형식이고</u>, 표현되어 있는 <u>내용</u>, 즉 아이디어나 이론 등의 사상 및 감정 그 자체는 설사 그것이 독창성, 신규성이 있다고 하더라도 <u>원칙</u>

61

적으로 저작권의 보호 대상이 되지 않는 것이므로, 저작권의 침해 여부를 가리기 위하여 두 저작물 사이에 실질적인 유사성이 있는가의 여부를 판단함에 있어서도 창작적인 표현형식에 해당하는 것만을 가지고 대비하여야 하는 바(대법원 1999. 10. 22. 선고 98도112 판결, 대법원 2010. 11. 11. 선고 2009다16742 판결 등 참조), 사진저작물의 경우 피사체의 선정, 구도의 설정, 빛의 방향과 양의 조절, 카메라 각도의 설정, 셔터의 속도, 셔터찬스의 포착, 기타 촬영방법, 현상과 인화 등의 과정에서 촬영자의 개성과 창조성이 인정되어야만 그러한 저작물에 해당된다고 볼 수 있다(대법원 2010. 12. 23. 선고 2008다44542 판결 등 참조).

원고는 '물에 비친 솔섬을 통하여 물과 하늘과 나무가 조화를 이루고 있는 앵글'이 이 사건 사진저작물의 핵심이고, 이 사건 공모전 사진은 사진저작물의 모든 구성요소 즉 피사체의 선정, 구도의 설정, 빛의 방향과 양의 조절, 카메라 각도의 설정, 셔터의 속도, 셔터찬스의 포착, 기타 촬영 방법, 현상 및 인화 등의 과정에서 이 사건 사진저작물과 유사하다고 주장하는 바, 이 사건 공모전 사진이 이 사건 사진저작물의 표현 중 아이디어의 영역을 넘어서 저작권으로 보호가 되는 구체적으로 표현된 창작적인 표현형식 등을 복제하거나 이용하여 실질적인 유사성이 있는 저작물에 해당하는가에 대하여 살펴본다.

① 동일한 피사체를 촬영하는 경우 이미 존재하고 있는 자연물이나 풍경을 어느 계절의 어느 시간에 어느 장소에서 어떠한 앵글로 촬영하느냐의 선택은 일종의 아이디어로서 저작권의 보호대상이 될 수 없는 점, ② 비록 이 사건 사진저작물과 이 사건 공모전 사진이 모두 같은 촬영지점에서 '물에 비친 솔섬을 통하여 물과 하늘과 나무가 조화를 이루고 있는 모습'을 표현하고 있어 전체적인 콘셉트(Concept)나 느낌이 유사하다 하더라도 그 자체만으로는 저작권의 보호대상이 된다고 보기 어려운 점(자연 경관은 만인에게 공유되는 창작의 소재로서 촬영자가 피사체에 어떠한 변경을 가하는 것이 사실상 불가능

하다는 점을 고려할 때 다양한 표현 가능성이 있다고 보기 어려우므로, 전체적인 콘셉트나 느낌에 의하여 저작물로서의 창작성을 인정하는 것은 다른 저작자나 예술가의 창작의 기회 및 자유를 심하게 박탈하는 결과를 초래할 것이다), ③ 이 사건 사진저작물은 솔섬을 사진의 중앙 부분보다 다소 좌측으로 치우친 지점에 위치시킨 정방형의 사진인 데 반하여, 이 사건 공모전 사진은 솔섬을 사진의 중앙 부분보다 다수 우측으로 치우친 지점에 위치시킨 장방형의 사진으로, 두 사진의 구도 설정이 동일하다고 보기도 어려운 점, ④ 빛의 방향은 자연물인 솔섬을 찍은 계절과 시각에 따라 달라지는데 이는 선택의 문제로서 역시 그 자체만으로는 저작권의 보호대상이 되기 어려울 뿐만 아니라, 이 사건 사진저작물과 이 사건 공모전 사진은 각기 다른 계절과 시각에 촬영된 것으로 보이는 점(이 사건 사진저작물은 늦겨울 저녁 무렵에, 이 사건 공모전 사진은 한여름 새벽에 촬영된 것으로 보인다), ⑤ 나아가 이 사건 사진저작물의 경우 솔섬의 좌측 수평선 부근이 가장 밝은 데 반하여, 이 사건 공모전 사진은 솔섬의 우측 수평선 부근에 밝은 빛이 비치고 있어 빛의 방향이 다르고, 달리 두 저작물에 있어 빛의 방향이나 양의 조절이 유사하다고 볼만한 자료가 없는 점, ⑥ 비록 두 사진 모두 장노출 기법을 사용하기는 하였으나, 이 사건 사진저작물의 경우 솔섬의 정적인 모습을 마치 수묵화와 같이 담담하게 표현한 데 반하여, 이 사건 공모전 사진의 경우 새벽녘 일출 직전의 다양한 빛과 구름의 모습, 그리고 이와 조화를 이루는 솔섬의 모습을 역동적으로 표현하고 있어 위와 같은 촬영방법을 통해 표현하고자 하는 바가 상이한 점, ⑦ 그 밖에 카메라 셔터의 속도, 기타 촬영 방법, 현상 및 인화 등의 과정에 유사점을 인정할 만한 자료가 없는 점 등에 비추어 보면, 원고가 들고 있는 증거만으로는 이 사건 사진저작물과 이 사건 공모전 사진이 실질적으로 유사하다고 보기 어렵다.

사례 11에 관한 판례는 알아 두면 좋습니다. 하지만 이걸 확대해석해서 자연물을 있는 그대로 찍은 사진의 경우 내가 마음대로 복제해서 공유해도 된다고 생각하면 안 됩니다. 전문 사진가들의 사진은 '대체로' 촬영자의 개성과 창조성이 개입된 표현물이며 사진저작물로서 권리가 인정될 수 있습니다. 그러므로 함부로 복제해서 사용하면 안 됩니다. 다만 동일 자연물을 독자적으로 — 우연히 또는 흉내 내서 — 찍는 것까지 사진가가 권리주장하기 어렵다는 점을 판례는 가르칩니다.

사례 12

사진가 홍길동은 햄을 제조하는 회사인 (주)**임꺽정**의 의뢰를 받아 임꺽정의 제품 광고용 카탈로그에 사용할 목적으로 임꺽정의 햄 제품 사진을 촬영했다. 사진은 두 종류로 찍었다. 흰 상자를 배경으로 하는 햄 제품 사진들과, 양주병, 잔, 과일, 각종 요리 도구 등을 적절히 배치해서 연출한 햄 제품 연출 사진들이었다. 그런데 어느 날 홍길동은 자신이 찍은 사진들이 임꺽정의 카탈로그가 아닌 임꺽정의 거래처인 **장길산** 백화점이 발행하는 백화점 광고용 책자에서 사용되는 것을 발견하고, 임꺽정을 상대로 저작권 침해를 주장하면서 7,500만 원의 손해배상을 청구했다. 홍길동이 찍은 사진에 저작권이 인정되는가, 인정된다면 그 손해액은 얼마 정도로 산정되는가?

사례 12는 실용적입니다. 타인의 이미지를 온라인 사이트에 사용하는 문제로 법적 이슈가 많이 발생합니다. 더욱이 요즘은 마음만 먹으면 누구나 쉽게 인터넷 쇼핑몰을 운영할 수 있는 시절이어서 제품 사진에 관련한 저작권 이슈가 과거보다 중요해졌습니다. 사례 12는 대법원 판례 사건(대법원 2001. 5. 8. 선고 98다43366 판결)이므로 이런 이슈들에 대한 가이드를 제공합니다.

사례에서 홍길동이 찍은 사진은 두 종류였습니다. 먼저 흰 상자를 배경으로 하는 햄 제품 사진들입니다. 제품 사진의 경우, 사진가의 고도의 기술이 인정된다 하더라도 그것은 사진기술적인 문제이지 저작권법의 요구하는 보호 수준의 창작은 아닙니다. 따라서 저작권이 성립하지 않습니다. 다만 연출 사진의 경우에는 햄제품과 배경장식물 등을 독창적으로 조화롭게 배치하여 촬영한 것으로 창작성이 인정됩니다. 따라서 홍길동은 저작권을 갖습니다. 단순한 배경에서 제품을 촬영한 제품 사진은 저작권이 없고, 여러 장식물을 이용한 연출 사진은 저작권이 인정된다는 이야기입니다. 홍길동의 저작권이 인정되고, 계약상 임꺽정의 의뢰는 자신의 광고용 카탈로그에 국한된다면, 장길산 백화점의 광고용 책자에서 홍길동의 연출 사진을 사용한 것은 저작권자의 허락 없이 저작물을 사용한 게 됩니다. 자, 이런 판단까지 이르렀다면 홍길동은 원하는 목적을 달성하게 되는 것일까요? 그렇지 않습니다. 홍길동은 7,500만 원의 손해배상을 원했습니다. 대법원 판결까지 받았다는 것은 3심까지 적지 않은 변호사 비용을 썼다는 얘기입니다. 그런데 이 사건에서 재판을 통해 산정된 손해배상금은 고작 308,000원입니다. 도대체 무엇을 위해 소송을 했던 것일까요? 이런 일이 비일비재합니다. 사진저작물에 대해서는 이 정도로 하겠습니다.

사례 13

홍길동은 디자이너 **임꺽정**이 만들어 준 인쇄용 디자인으로 팸플릿 100,000장을 인쇄해서 배포하고, 5,000만 원의 광고비를 집행하여 인스타그램에서 홍보 캠페인을 진행했다. 또한 임꺽정의 그래픽 디자인을 웹사이트에도 게재했다. 그런데 서체개발자인 **장길산**이 홍길동에게 자신의 유료 서체를 홍보물에 무단으로 사용했다고 하면서 손해배상을 하거나 자신의 정품을 구입하지 않으면 형사고발을 하겠다고 경고하는 공문을 보내왔다. 이에 홍길동이 전문가 **성춘향**에게 자문한다.

사람들이 법에 관한 지식이 부족하거나 법률의 규정과 판례 입장을 잘 모른다는 이유로 내용증명을 보내 심리적 압박을 하는 '저작권 비즈니스'가 성행합니다. 사례 13도 서체 프로그램에 관한 그런 저작권 비즈니스의 일종입니다. 결론적으로 사례 13에서 홍길동은 모든 법적 책임에서 자유롭습니다. 우선 판례는 일관되게 글자체(서체: 폰트) 자체에 대해서는 저작물로 인정하지 않습니다. 문자는 인간의 생각을 표현함에 있어 필수적인 수단이기 때문에 문자 사용 자체를 법적으로 제한하는 것은 위험합니다. 표현의 자유는 더 멋지게 표현하고 싶은 희망도 포함돼야 하기 때문입니다. 따라서 글자체 저작권은 인정되지 않습니다. 다만 글자체는 서체 파일(폰트 파일)로 제작되고, 그 제작에 적지 않은 노력이 들어갑니다. 그 결과 서체 '파일'은 **컴퓨터프로그램 저작물**로 인정됩니다(대법원 2001. 6. 29. 선고 99다23246 판결). 따라서 컴퓨터프로그램을 불법복제하면 안 되는 것처럼, 서체 파일을 무단으로 복제하는 행위는 저작권을 침해하는 행위에 해당합니다. 그러나 서체 파일에 들어있는 **서체를 사용한 '결과물'**은 그것이 정상적으로 구매해서 사용한 서체이든 그렇지 않은 서체이든 컴퓨터프로그램 저작권의 적용을 받지 않습니다. 사례 13에서 홍길동이 사용한 팸플릿, 인스타그램 콘텐츠, 웹사이트 콘텐츠는 서체가 사용된 '결과물'입니다. 서체 자체에 저작권이 인정되지 않기 때문에 홍길동이 그런 소유물을 마음껏 사용하더라도 장길산의 권리를 침해하지 않습니다. 디자이너 임꺽정이 정품 서체 프로그램을 사용했든 이른바 불법 소프트웨어를 사용했든 상관하지 않습니다. 이 경우 홍길동에 대해 장길산이 갖고 있는 권리가 아무것도 없기 때문입니다. 대체로 장길산도 그런 사실을 압니다. 그러나 홍길동이 이런 법리를 모를 것이라는 기대로 저작권 비즈니스를 하는 것입니다. 성춘향이 이와 같은 법리를 설명해 주면, 그제야 비로소 홍길동이 안심합니다.

한편 폰트도안은 디자인보호법으로도 보호를 받을 수 있기는 합니다. 한 벌의 서체를 디자인등록하는 것입니다. 그러나 서체를 디자인등록 했다고 하더라도, 역시 그 서체 디자인을 사용한 결과물에 대해서는 권리를 주장할 수 없습니다. 표현된 문자 자체는 이처럼 자유롭습니다.

이제 사례에서 나와서 다시금 저작권 제도 자체를 관람해 봅시다. 자, 그런데 어떤 표현물이 '그 사람의 창작'인지 아닌지 어떻게 알 수 있을까요? 모릅니다. **저작권의 탄생에 관해 국가는 일체 관여하지 않습니다.** 그러므로 권리의 탄생 과정에서 누가 권리자인지, 어떤 권리가 생겼는지 공공연하게 확인하고 알려주는 공시제도가 없습니다. 이를 보완하기 위해 저작권법은 **저작권등록**제도를 운용하고 있습니다만, 저작권등록을 했다고 해서 권리가 탄생하고, 저작권등록을 하지 않았다고 해서 권리가 부인되지 않기 때문에, 이용해도 그만, 이용하지 않아도 그만입니다. 저작권등록은 모년모월모일 어떤 저작물에 대해서 홍길동이 자신이 저작권자라고 '주장했다는 사실'만을 등록할 뿐입니다. 권리의 탄생과는 무관합니다.

이러한 저작권제도는 앞에서 설명한 것처럼 산업이 발전하면서 '정책적으로' 인정한 권리입니다. 그리고 출판물에서 시작했습니다. 출판물은 명료합니다. 표현물 그 자체가 증거이며, 출판 자체가 공시 제도였던 것입니다. 그래서 국가가 괜히 행정력을 낭비할 필요가 없었던 것이며, 그러므로 권리의 탄생에 개입하지 않았던 것입니다. 그런데 문제는 오늘날에 이르러서 그 표현물이 너무나 많다는 점입니다. 또한 수천 만, 수 억 명의 사람들이 서로 참고하고 참조하고 모방하니 표현된 창작물에 들어간 기여도가 지나치게 많고 복잡해지고 말았습니다. 결국 동일한 창작물에 대해 홍길동이 저작권을 주장할 수 있고, 임꺽정도 주장하고, 로버트도 와타나베도 주장할 수 있는 상황이 발생하는 것입니다. 이것이 저작권 제도의 어려움입니다. 게다가 과거에는 존재하지 않았던 디지털 창작과 같은 새로운 표현물이 등장하였으니 이 또한 소유권을 정리해야만 했습니다. 그래서 누적된 개정에 의해 저작권법이 아주 복잡하기 그지없습니다. 그러나 다시 한번 질문해 보지요. 어떤 표현물이 그 사람의 '창작'인지 아닌지 알 수 없는 것인가? 있습니다. 법원이 재판을 통해 판결로서 알아냅니다. 법원이 개입하려면 당사자들이 먼저 분쟁해야 합니다. 그래서 저작권분쟁이 많은 것입니다. 분쟁이 사태를 더 복잡하게 만들기는 하지만, 분쟁 덕분에 판례가 쌓이고, 그 판례가 우리들의 가이드라인이 됩니다.

한편 저작권은 크게 두 가지로 구별됩니다. 인격권과 소유권입니다. 전자는 〈저작인격권〉이라 칭합니다. 저작물에 대한 공표권, 성명표시권, 동일성유지권입니다. 이것은 재산이 아니어서 이전이 불가능합니다. 소유권은 〈저작재산권〉이라 하고 이것은 이전이 가능합니다. 타인에게 전부를 양도할 수 있고, 일부를 양도할 수 있습니다. 나라별로 별도로 양도하는 것도 가능합니다. 또한 〈저작인접권〉이라는 게 있습니다. 예컨대 음악저작물을 연주한 사람의 권리, 그 저작물로 음반을 제작한 사람의 권리, 그리고 그 음악을 방송한 방송사업장의 권리입니다. 이것도 보호해 줘야 합니다.

카피라이트(저작권)가 있다면 '카피레프트'도 있습니다. 18세기초 영국에서 최초의 저작권법이 제정된 이후 지금까지 줄곧 저작권자의 권리가 강화되어 왔습니다. 저작권자의 권리가 강해지면 강해질수록 생각의 표현물에 대한 사람들의 자유로운 이용이 제한되고 맙니다. 이런 제한이 부당하다는 것이 카피레프트의 문제의식이며, 그래서 자발적으로 자신의 저작권을 자유롭게 이용하도록 허락하는 운동이 이루어지고 있습니다. 과거에는 그런 운동이 일종의 사회운동으로서 비영리적으로 행해졌으나, 오늘날 유료/무료의 공존 플랫폼의 등장으로 일부는 자유로운 이용을 보장하고 또 일부는 저작권료를 지불하도록 하는 일종의 융합적인 시도가 이루어지고 있습니다. 수많은 사람의 저작물을 데이터베이스로 구축한 다음 자유롭게 무료로 이용할 수 있는 저작물과 저작료를 지불하는 저작물을 별도로 관리하여 서비스를 제공하는 것입니다. 예컨대 Pixabay, unsplash 등의 해외 사이트는 자유롭게 저작물을 사용하도록 무료 이미지를 배포하면서도 저작권을 지불하는 유료 회원을 위한 저작물을 별도로 제공하고 있습니다. 만약 저작권자가 저작권을 주장한다면, 우리는 그 권리자의 저작권을 존중하지 않을 수 없습니다.

단, 저작권법 제23조에서 제35조의5까지 규정은 다양한 범위에서 **저작재산권을 제한하는 규정**을 두고 있습니다. 이 제한 규정을 활용한다면 슬기롭게 타인의 저작권을 이용할 수 있습니다. 비즈니스 현장에서, 그리고 사회생활을 하면서 반드시 알아 둬야 할 법률조항입니다. 누구든지 관심이 있다면, '저작권의 제한'이라는 키워드로 검색하여 법률의 규정과 해설을 살펴보시기 바랍니다.

4강 권리의 탄생, 산업재산권

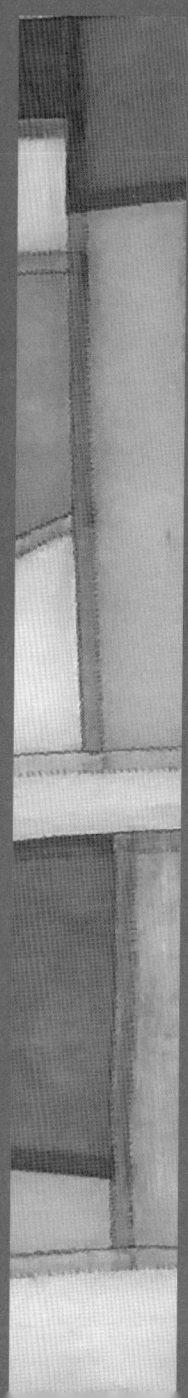

〈생각〉과 〈표현〉은 지식재산 분야에서 여러 번 강조해도 지나침이 없는 두 단어입니다. 지식재산법은 이 생각과 표현에 대한 법이기 때문입니다.

3강 내용을 다시 요약합니다. 18세기 인류는 '생각의 표현'을 보호하자고 결심했습니다. 그 후로 300년의 세월을 보내면서 저작권법은 국제질서가 존중하는 보편적인 법률로 격상되었습니다. 저작권은 '표현물'에 대한 권리입니다. 권리가 되려면 표현물이 완성된 상태로 존재해야 합니다. 인간의 표현물이 이미 세상에 태어났다면, 굳이 국가가 나서서 그 표현물에 대해 이래라저래라 간섭할 수 없습니다. 따라서 저작권제도는 '무심사주의'로 운용됩니다. 국가가 권리의 탄생에 개입하지 않습니다. 국가는 그저 저작물에 의해 생겨난 시장을 보호하고, 이 복잡하기 그지없는 저작권제도를 홍보하고 계몽하며 관리하고(저작권위원회), 누군가 권리의 침해를 주장하여 분쟁이 발생할 때 재판을 통해 권리자를 보호합니다. 다시 요약하면, 지식재산권으로서 저작권은 생각의 표현을 보호하는 것입니다. 누군가 '생각'과 '표현' 중에서 굳이 어느 한 쪽에 중점을 두느냐고 묻는다면, 우리는 '표현' 쪽이라고 답할 수 있습니다. 저작권제도에서는 생각보다 '생각'은 중요하지 않습니다. 독창적인 표현이 존재한다면 독창적인 생각이 있었으리라 가정되기 때문입니다. **표현이 다르면 생각도 다른 것입니다.** 그것이 저작권제도의 골간입니다.

하지만 표현이 달라도 생각은 같을 수 있습니다. "정우성은 말을 잘 못하므로 대학생을 상대로 한 강의에 적합한 사람이 아니다."라는 문장과 "눌변의 홍길동 친구가 대학교 강의를 한다니 걱정스럽다."라는 문장은 표현이 완전히 다릅니다. 그러나 '홍길동 친구'가 정우성을 지칭한다면 동일한 생각을 다르게 표현한 것입니다. 바로 이런 문제의식에, 끊임없이 발전하고 성장하려는 '시장의 요청'을 결합하면 지식재산권에 관한 또 다른 권리의 탄생을 목격할 수 있습니다. 그것이 바로 **산업재산권**입니다.

특허, 실용신안, 디자인, 상표와 같은 지식재산을 '산업재산'이라고 부릅니다. 그리고 이 재산에 대한 소유권을 '산업재산권Industrial Property Rights'이라고 부릅니다(과거에는 '공업소유권'이라 칭했습니다). 공업(산업)이 발전하는 과정에서 생겨난 지식재산입니다. 이들 지식재산에는 각기 어떤 '생각'이 들어있을까요? 여기에서 가장 중요한 것은 다음 세 가지 사항입니다.

① 그 생각의 정체가 무엇이냐는 것이며,
② 국가의 적극적인 개입이 있다는 점이며,
③ 그 생각을 어떻게 표현할 것이냐는 문제.

각각 특허법, 실용신안법, 디자인보호법, 상표법이라는 명칭의 지식재산법으로 입법되어 있습니다. 특허Patent가 있는 곳에 실용신안Utility은 불요하고(자동차가 달리는 도로에 수레가 불필요한 것처럼), 특허와 실용신안의 실질은 같은 것이로되 '생각의 수준차이'에서 비롯된 다름만 있으므로 특허에 대한 설명으로 실용신안 설명을 대체합니다.

특허

① 특허로 보호되는 생각의 정체

인간의 수많은 생각 중에는 돈이 되는 생각이 있고 돈이 될 수 없는 생각이 있을 것입니다. '실무적으로' 전자가 특허의 대상이 되는 생각입니다. 그런 돈이 되는 생각 중에서 기발한 술수, 처세술, 매력, 인품, 지식 일반에 관한 생각처럼 마치 아주 오래전부터 지혜롭고 계산이 빠른 사람이 지녔을 법한 생각을 제외하고, 〈**시장에서 기술경쟁력을 높이려는 생각**〉이 있을 것이고, 그런 생각이 바로 특허의 대상이 되는 생각입니다. 왜 하필 '시장'이며, 어째서 '기술경쟁력'일까요? 특허법의 존재 목적이 산업발전이기 때문이며, 또한 기술경쟁력에 관한 생각이어야 국가가 개입할 명분이 생기고 또 제대로 선별해 낼 수 있기 때문입니다.

독재가 탄핵돼야 하는 것처럼 시장 독점은 타도돼야 합니다. 이것은 자본주의를 안정되게 유지하려는 전세계 민주체제의 기본 이념입니다. 시장 독점을 타도하지 않으면, 거대기업과 자본가는 **빅 브라더**Big brother가 되고 사람들은 그들의 노예가 됩니다. 시장에서 빅 브라더에 대한 도전은 불가능합니다. 생산에서 유통을 거쳐 판매에 이르기까지 독점이 모든 시장을 지배하기 때문에 소비자들이 자유롭게 다른 선택을 할 수 없습니다. 새로운 도전자가 등장하더라도 독점은 시장의 위세를 이용하여 도전자의 모든 것을 쉽게 빼앗을 수 있습니다. 이런 독점에 의해 시장의 건전한 경쟁이 사라집니다. 모든 혁신의 가장 큰 적이 바로 독점입니다. 그러나 더 큰 위험이 있습니다. 인간은 순순히 노예 지위를 받아들이지 않는다는 점입니다. 그러므로 경제적 종속은 정치적인 혁명을 일으키는 원인이 되고, 그 혁명에 의해 결국 자본주의 체제는 붕괴되고 맙니다. 이 때문에 인류는 **반독점법**을 제정하여 시장에서 생겨나는 독점을 예방하고, 인위적으로 독점을 해체합니다. 지난 수십 년간 대한민국 특유의 재벌 체제를 개혁하려고 있던 모든 노력이 바로 이런 반독점법의 이념 때문입니다.

독점을 예방하고 없애면서 시장에 역동적인 환경을 조성하고 동시에 새로운 혁신이 끊임없이 이어져야 합니다. 그러려면 단순히 경쟁을 방해하는 요소를 없애려는 것만이 아닌, 새롭게 경쟁을 촉진하는 요소가 필요합니다. 그런 취지로 누군가에게 한정된 독점권으로서 특권을 주겠다는 제도가 있으니, 그것이 바로 특허입니다. 국가가 보증하겠노라고, 그러니까 이 시장경쟁의 급행열차를 타고 앞으로 나아가라고. 그것이 바로 특허제도입니다. 특허가 자본주의의 혁신성장의 밑거름이 될 것이라는 아주 큰 믿음이 인류에게 있었습니다. 그런데 특허는 국가가 적극적으로 개입해서 독점을 허락합니다. 혹시 이것의 부작용은 없을까요? 혹시 특허가 인류의 혁신을 가로막지는 않을까요? 이에 관해서는 제4부에서 논의합니다. 기묘한 패러독스가 있습니다.

이제 법률의 용어를 살펴 보겠습니다. 〈시장에서 기술경쟁력을 높이려는 생각〉을 특허법은 '발명Invention'이라고 정의합니다. "발명이란 **자연법칙**을 이용한 **기술적 사상의 창작**으로서 고도한 것을 말한다."(특허법 제2조 제1호)

〈자연법칙과 무관〉한 것은 발명이 아니며, 그러므로 특허의 대상이 되는 생각이 아닙니다. 경제법칙, 수학공식, 인위적인 약속이나 규칙, 인간의 정신활동의 산물(영업계획 그 자체, 교수방법 그 자체, 금융보험제도, 과세제도 그 자체 등)은 특허를 받을 수 없습니다. 〈자연법칙을 위반〉하는 것은 발명이 아닙니다. 그러므로 이 또한 특허의 대상이 되는 생각이 못됩니다. 열역학 제1법칙은 고립된 세계 안의 에너지의 총합은 일정함을 가르칩니다. 어떤 기계도 스스로 에너지를 만들어 낼 수 없습니다. 그런데 실무현장에서는 그런 기계를 만들었노라고 특허를 신청하는 경우가 종종 있고, 이를 자연법칙을 위배한 '영구기관'이라 하여 권리화할 수 없는 생각으로 간주합니다.

② **특허는 국가가 적극적으로 개입한다.**
국가가 개입하지 않으면 권리의 탄생도 없습니다. 이것을 좀 더 실감나게 표현하면 이러합니다. 특허청 공무원이 일하지 않으면 특허는 탄생하지 않습니다. 공무원이 심사해야 특허라는 권리가 생깁니다(심사주의). 그런데 국가 공무원이 시장을 활보하고 동네를 싸돌아 다니며 사람들의 생각을 수집해서 심사하는 건 아닙니다. 누군가 권리를 신청(특허출원)하면서 이 생각 좀 심사해 달라고 해야 비로소 공무원이 심

사를 합니다(신청주의). 아무리 좋은 생각이라도, 아무리 탁월한 발명이어도, 너무나 빛나는 아이디어여도, 특허심사를 신청하지 않는다면 그 생각을 독점할 수 없습니다. 특허를 신청하지 않았다고 해서 남에게 피해를 주는 것도 아니고, 내게 손해가 되는 것도 아닙니다. 그러나 시장경쟁을 횡단하는 급행열차를 탈 기회를 얻지는 못합니다.

예를 들어 홍길동이 어느 날, 〈수업/업무 중 방해금지 및 알람 제공 스마트폰 애플리케이션〉이 있었으면 좋겠다는 생각을 했습니다. 골똘히 이 생각을 계속 파보다 보니, 이 앱을 천 만 명이 다운로드받기만 한다면 크게 성공할 것 같았습니다. 이때 유니크 스킬 **성공에 대한 희망**이 탄생합니다. 그러려면 이 좋은 생각을 독점해야만 할 것 같고, 어떻게 하면 나만 이 생각을 독점할 수 있을지 고민합니다. 이때 홍길동은 유니크 스킬 **특허에 대한 관심**이 생깁니다. 그래서 홍길동은 자기 생각을 특허청에 제출해서 특허를 신청합니다. 그런 다음 엄격한 심사를 통과해서 특허를 취득한다면, 유니크 스킬 **투자를 부르는 매력**을 획득합니다. 홍길동의 기대처럼 된다면 좋겠지요. 그 기대에 어떤 장해물이 있을지 혹은 어떤 불안요소가 있을지는 차차 살펴보기로 합니다.

한편 나라마다 주권이 있습니다. 권리는 스스로 국경을 건너지 못합니다. 홍길동이 미국 시장에 진출하고 싶다면 필경 미국에서는 어떻게 특허를 취득할 수 있을지 고민하게 될 것입니다. 마찬가지로 미국 특허청에 권리를 신청해야 합니다. 국가가 어떻게 심사를 하겠다는 것인지, 특히 무엇을 심사를 하는지, 국제조약은 어떻게 구성되는지 등에 관해서는 별도로 나중에 살펴봅니다.

③ 좋은 생각을 표현해야 한다.

우리 인류는 타인의 머리 안으로 들어갈 신통력이 없습니다. 그러므로 사람은 타인의 생각 자체를 정확하게 파악할 수 없습니다. 그런 것은 국가 공무원이 심사할 수도 없습니다. 따라서 **지식재산법은 결국 표현에 대한 권리**입니다. 특허가 아무리 〈시장에서 기술경쟁력을 높이려는 생각〉에 대한 권리라 하더라도, 그걸 제대로 표현하지 않으면 그 생각을 알 수 없습니다. 전해지지도 않습니다. 그렇다면 어떻게 표현하는가? 〈언어〉로 표현합니다. 홍길동은 법이 세세하게 정한 서식에 맞게 문장으로 생각을 표현한 서면을 제출합니다(문서주의). 그 서면을 **특허명세서**라 부릅니다. 흔히 '특허문서'라 합니다. 그림을 보조적으로 사용해서 이해를 돕기는 하지만, 결국은 언어로 생각을 표현해야 합니다. 이것이 무척 어려운 일입니다. 아무리 글을 잘 쓴다 해도 혼자서 이걸 제대로 해낼 홍길동은 없습니다. 그래서 홍길동은 전문가를 찾습니다. 임꺽정 변리사가 일을 꽤 잘한다고 합니다. 그러면 홍길동은 자기 생각을 임꺽정에게 전합니다. 임꺽정은 홍길동의 생각을 잘 이해한 다음, 특허문서를 작성해서 홍길동의 이름으로 국가에 권리를 신청합니다. 만약 임꺽정이 홍길동의 생각을 엉뚱하게 이해해서 그런 서면을 국가에 제출했다면 '엉뚱한 특허'가 됩니다. 만약 복잡하고 난해한 특허문서로 특허를 취득했다면 복잡하고 난해한 권리, 대충 쓴 문서였다면 대충 특허가 되겠습니다. 이처럼 생각과 표현이 밀접하게 결합됩니다. 또 그런 것이 바로 지식재산의 세계입니다.

상표

① 상표로 보호되는 생각의 정체

홍길동은 자기 이름 '홍길동' 석자를 세상에 알리고 싶어합니다. 세상에 내 이름을 알리고 싶은 소망은 시장에서 영리활동을 하는 사람에게는 가장 강렬한 생각 중 하나입니다. 모든 시장활동에서 마찬가지입니다. 시장에서 활동하려면 어떤 이름으로 활동할지를 정해야 합니다. 이름이 없으면 국세청에 사업자등록을 못하고, 판매처에 상품 등록을 할 수 없습니다. 영리활동을 하는 사람이 아닐지라도 자신의 이념을 세상에 널리 알리기 위해서라도 먼저 이름을 생각합니다. 이번에는 홍길동이 만나는 사람의 관점에서 생각해 보지요. 그 사람을 임꺽정이라고 하겠습니다. 세상에는 수많은 임꺽정이 있습니다. 임꺽정은 홍길동이라는 사람의 다양한 특색과 사연을 알게 되지만 대체로 그런 기억은 휘발되고 결국 이름만 남습니다. 임꺽정은 이름으로 홍길동을 기억합니다. 임꺽정의 머릿속에 남겨진 이름이 임꺽정의 판단에 즉각적인 영향을 미칩니다. 모르는 사람보다 이름을 아는 사람을 챙겨줍니다. 시장에서도 마찬가지입니다. 같은 가격의 '아이폰'이라는 이름의 스마트폰과 '듣보잡'의 스마트폰, 둘 중 하나를 선택해야 한다면 임꺽정은 십중팔구 아이폰을 선택합니다. 인간의 심리는 그렇게 설계돼 있습니다. 이번에는 홍길동과 임꺽정을 아래와 같이 구분해 봤습니다.

홍길동: 상품을 판매하려는 사람
임꺽정(들): 소비자

홍길동은 자기 제품의 이름을 알리기 위해 큰돈을 써서 광고하고 홍보합니다. 한편 임꺽정은 누군가에게 낚여 '짝퉁'을 구매하면 분개해 합니다. 이름을 알리려는 홍길동의 관점에서는 '**내 이름을 알리고 싶은 생각**'이 있으며, 이름을 기억하려는 임꺽정의 관점에서는 '**다른 것과 혼동하고 싶지 않은 생각**'이 있습니다. 이런 생각을 법으로 보호하겠다는 것이 **상표법**이다. 그리고 상표법에 의해 국가가 독점을 허락한 권리가 상표권입니다. 법으로 보호받는 홍길동의 생각은 '사익'입니다. 그러나 임꺽정의 생각은 '공익'입니다. 임꺽정이 시장에서는 '소비자'로 불리기 때문입니다.

이제 법률의 용어를 살펴 봅니다. 〈상표란 자기의 상품과 타인의 상품을 식별하기 위하여 사용하는 표장을 말한다.〉(상표법 제2조 제1항 제1호) '상표'는 시장에서 사용하는 이름표라는 것입니다. 그렇다면 '표장'이란 무엇일까요? 〈표장이란 기호, 문자, 도형, 소리, 냄새, 입체적 형상, 홀로그램·동작 또는 색채 등으로서 그 구성이나 표현방식에 상관없이 **상품의 출처를 나타내기 위하여 사용하는 모든 표시**를 말한다.〉(상표법 제2조 제1항 제2호) 이름을 알리려는 생각이 담긴 모든 표현물을 상표로서 보호하겠다는 것입니다. 상표법의 목적? 〈이 법은 상표를 보호함으로써 **상표 사용자**의 업무상 신용 유지를 도모하여 산업발전에 이바지하고 **수요자의 이익**을 보호함을 목적으로 한다.〉 앞에서 말한 것처럼, 사익과 공익을 동시에 보호하겠다는 것이며, 이것이 특허법과의 큰 차이를 구성합니다.

② 상표권은 국가가 적극적으로 개입한다.

우리는 앞에서 특허 시스템을 설명하면서, 〈국가가 개입하지 않으면 권리의 탄생도 없다〉고 선언했습니다. 상표 시스템에서도 마찬가지입니다. 우선 국가는 함부로 개입하지 않습니다. 상표사용자가 그 상표에 대해 권리를 신청해야 비로소 국가가 개입합니다. 다만 상표 시스템에서는 국가가 사익과 공익을 두루 고려합니다. 상표 사용자인 홍길동도 보호해야 하지만 소비자인 임꺽정'들'도 보호해야 하기 때문입니다. 상표 사용자의 사익을 제도적으로 보호한다는 측면에서는 반드시 국가의 도움이 있어야 상표권이라는 권리가 탄생합니다. 그러나 수요자(소비자)의 이익을 보호해야 하는 시장 시스템을 국가가 존중해야 합니다. 그래서 상표권을 취득하려는 홍길동의 행위 자체가 부정경쟁행위가 될 수 있고(타인의 상표를 악의적으로 모방해서 먼저 상표권을 취득하는 행위), 그런 경우라면 상표제도를 잘 몰라서 국가의 도움을 요청하지 않았던(상표권 신청을 하지 않았던) 순진한 장길산이라는 사람의 권리가 있음이 국가에 의해 선언될 수도 있습니다. 시장이 먼저냐 권력이 먼저냐라는 질문은 항상 어렵습니다. 어느 한 쪽이 일방적으로 우선시되기는 어렵고, 이것이 향후 우리들의 숙제가 될 것인데, 이에 대해서는 별도로 함께 토론합니다.

국가는 상표 사용자를 보호합니다. 이를 위해 국가가 상표 사용자에게 상표권을 허락합니다. 상표 사용자에게 당연히 권리가 생기는 게 아니라, 국가에 권리를 신청해야 하고(상표출원), 그러면 국가가 엄격한 심사를 하고, 그 심사를 통과한 자만이 그 상표를 사용할 독점권을 취득합니다. 그 국가기관은 특허와 마찬가지로 특허청입니다. 특허청 공무원은 무엇을 심사하는가? 이에 대해서도 나중에 다룹니다. 한편 나라마다 주권이 있습니다. 권리는 국경을 건너지 못합니다. 홍길동이 미국 시장에 진출하고 싶다면 필경 미국에서 어떻게 상표권을 취득할 수 있을지 고민하게 될 것이고, 마찬가지로 미국 특허청에 상표권을 신청해야 합니다.

③ 상표권을 얻으려면 생각을 표현해야 한다.

"이런 명칭은 나만 사용하고 싶다." 이런 욕심은 상표제도에서 허용되지 않습니다. 〈이 단어는 상표권자인 내가 독점권을 갖는다〉라는 명제는 잘못됐습니다. 법은 당신에게 묻습니다. '어디에' 사용하려는 상표인가? 상표는 품목/업종이 있어야 합니다. 예를 들어, 〈iPhone〉이라는 명칭에 대해 독점권을 얻고자 한다면, 이 명칭만을 특허청에 제출해서는 권리를 절대 얻을 수 없습니다. 권리 신청 자체가 불가능합니다. 반드시 '휴대폰' 등의 상품을 하나 이상 적어 제출해야 합니다. 자기가 사용하고 싶은 상표를 정한 다음에, 그 상표를 독점할 품목/업종(그걸 지정상품이라 합니다)을 표현하는 것이 바로 상표권 신청입니다. 상품의 범위는 매우 방대합니다. 지금도 새로운 상품이 출현할지도 모릅니다. 니스조약이라는 국제조약을 통해 세상의 모든 상품을 45개류로 분류해 놓았습니다. 휴대폰은 제9류, 의류는 25류, 화장품은 제3류, 소매업은 제35류, 교육업은 제41류 등의 분류법입니다.

그런데 대체로 상표는 단어 또는 어구입니다. 인간의 언어를 한 사람이 독점하게 허락할 수는 없습니다. 아무리 생각과 표현에 대해 누군가에게 권리로 준다고 해서 사람들의 표현의 자유까지 제한할 수는 없기 때문입니다. 말하자면 상표와 상품을 모두 표현했다고 해서 상표 심사를 당연히 통과하는 것은 아닙니다. 상표법은 공익을 생각합니다. 사과를 판매하는 업을 하는 황진이는 그 사과에 대해 〈apple〉이라는 단어에 대해 상표권을 취득할 수는 없습니다. 그렇다면 다른 사람들은 사과에 〈apple〉이라는 영어 단어를 쓸 수 없다는 말이냐는 항의를 받습니다. 넌센스이지요. 따라서 국가는 황진이의 상표권 신청을 인정할 수 없게 됩니다. 그러나 컴퓨터를 판매하는 스티브는 〈apple〉이라는 단어에 대해 상표권을 취득할 수 있습니다. 컴퓨터를 판매하는 사람이 꼭 〈apple〉이라는 단어를 써야 할 이유는 없기 때문입니다. 상표법은 이런 경우를 모두 열거해서 규정해 두고 있습니다.

디자인보호법

디자인보호법은 절차적인 관점에서는 특허법과 유사합니다. 그러나 디자인보호법이 보호하는 표현물 관점에서는 저작권법과 유사합니다. 이런 디자인보호법이 보호하는 '생각'은 물건(**물품**이라 부릅니다)의 형태에 대한 시각적인 생각이며, '표현'은 그 생각을 표현한 도면입니다. 악의적인 모방자에 대한 법적 처벌 수단에서는 매우 유용하고 중요한 권리입니다. 그러나 특허와 상표에 비해 실무적으로 이슈가 적습니다. 도면에 표현된 외관 그림에서 권리가 탄생하지만, 모든 시각적인 외관에 대해 디자인권을 취득하는 것은 아닙니다. 예로부터 누구나 사용할 수 있을 정도의 형태에 대해서까지 누군가에게 독점을 허락할 수는 없기 때문입니다.

계약법

법은 국가의 실정법령만 있는 게 아닙니다. 홍길동과 임꺽정이 뭔가를 약속해서 서로 의무가 발생했다면 홍길동과 임꺽정에게는 그 약속 또한 법입니다. 시장에서 이런 약속은 일상적으로 행해집니다. 당사자 사이에서 벌어진 약속에 대한 법률, 그것을 계약법이라고 합니다. 계약법은 의무만 규정하는 게 아닙니다. 의무가 있다면 권리도 있습니다. 계약으로 권리를 탄생시킬 수 있습니다. 법령에 의해 탄생된 권리를 계약으로 타인에게 양도할 수 있습니다. 법률에서는 권리화할 수 없는 지식재산조차 계약을 통해서는 권리를 만들어 낼 수 있습니다. 물론 계약을 근거법률로 하는 권리의무는 당사자인 홍길동과 임꺽정에게만 미치고, 아무런 관련이 없는 장길산에게는 효력이 없습니다.

3

내
마음속 생각을

세상 밖으로
표현해서는

안 될 때

5강 나와 우리는 어떤 관계인가? ― 영업비밀

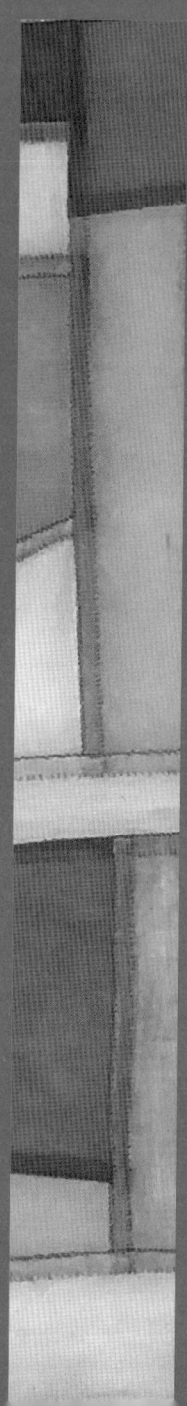

사례 14

홍길동은 재택근무를 하면서 쇼핑몰 웹사이트 소프트웨어를 개발하는 업무를 하다가, 임금이 체불되자 자기 컴퓨터에 보관되어 있던 해당 소프트웨어 소스 파일을 이용해서 쇼핑몰을 제작한 후 자기 사업을 시작했다.

사례 15

홍길동은 휴대폰 판매점에서 근무하다가 2,545명의 고객정보를 USB 저장매체에 저장한 다음, 인근에 휴대폰 판매점을 개업하면서 오픈 홍보활동에 고객정보를 활용했다.

사례 14와 사례 15에서 홍길동의 행위에 대해 여러분이 머릿속에서 어떤 불편함을 느꼈다면 그것은 여러분의 도덕 감정이 섬세하기 때문이거나 아니면 법의 지평선을 바라보면서 지금까지 함께 공부한 성과가 있기 때문입니다. 하지만 아직 이 사례는 완성되지 않았습니다. 중요한 사실자료가 빠져 있기 때문에 홍길동의 행위를 판단할 수 없습니다. 어떤 사실자료가 빠져 있는 것일까요?

우리는 지금까지 내 마음속에 있는 생각을 세상 밖으로 표현해 냄으로써 생기는 재산 또는 권리에 대해 살펴 봤습니다. 생각을 담은 표현물을 보호하든(저작권, 디자인권), 그 표현에 담긴 생각을 보호하든(특허권, 상표권), 지식재산은 자기 생각을 표현함으로써 만들어집니다. 표현해야만 재산이 됩니다. 또한 표현함으로써 권리가 만들어집니다. 그런데 내 마음속에 있는 생각을 세상 밖으로 표현해서는 안 되는 상황이 있습니다. 그 상황의 절반에 대해 알아보는 것이 이 장의 목표입니다. 나머지 절반에 대해서는 다음 장에서 다룹니다.

인생을 살다 보면 '나'와 '우리'는 어떤 관계여야 하는지 고민하게 됩니다. 나와 가족, 나와 친구, 나와 회사, 나와 사회 등등. 이중에서 〈나와 회사〉, 〈나와 사회〉만을 떼어놓고 생각해 보지요. 이 두 경우 모두, 후자(회사, 사회) 관점에서 나를 바라보며 '우리'라고 합니다. 그런데 회사와 사회는 '나'와 달리 생명이 아닙니다. 추상적인 혹은 법적인 집단 개념일 뿐 무생물이라고 할 수 있겠지요. 생명과 무생물이 다투면 생명이 양보할 수밖에 없습니다. 무생물이 아주 큰 권력을 지니고 있기 때문입니다. 그래서 나와 우리의 관계가 그다지 공평한 관계는 아닙니다. 나와 가족, 나와 친구, 나와 회사, 나와 사회 등등의 나와 우리 관계에서, 이번 레슨은 〈나와 회사〉의 관계만을 살펴보겠습니다.

현대 사회의 경제 시스템은 조직과 개인을 분별합니다. 조직의 소유권은 그 조직이 갖습니다. 무생물도 생물처럼 소유할 수 있는 것입니다! 조직이 법인인 경우 그 법인이 조직의 재산에 대한 소유권을 갖습니다 (질문. 조직이 개인사업자인 경우 그 소유권은 누구에게 갈까요? 답변. 개인사업자의 대표가 갖습니다). 조직에 소속된 개인이 '일을 하면서' 그 조직의 각종 유형/무형의 재산을 '점유'하고 있을지라도 그 재산에 대한 소유권을 가질 수 없다는 것이 현대 사회의 시스템입니다. 유형의 재산의 경우, 조직에 속한 개인이 조직의 재산을 무단으로 소유하면 횡령, 배임으로 처벌될 수 있습니다. 형법이 그걸 규정합니다. 형법은 기본적으로 유형의 재산을 보호합니다. 무형의 재산, 즉 지식재산의 경우에는 어떻게 할 것인가? 이것도 근거법률이 필요하지 않겠습니까. 그래서 부정경쟁방지 및 영업비밀보호에 관한 법률이 있습니다. 일명 **부정경쟁방지법(부경법)**'이라고 부릅니다. '**영업비밀보호법**'이라고 칭해지기도 합니다.

누군가 회사에 취직하면 업무 중 지득하는 각종 정보가 생깁니다. 그것은 회사 것이지 내 것이 아닙니다. 그 정보를 이용해서 자기 사업을 하거나, 타인에게 흘려서 이득을 봐서는 안 됩니다. 만약 여러분이 법무실무자로 회사에 활약한다면, 회사의 경쟁력에 영향을 미치는 유용한 정보가 잘 관리되고 있는지, 함부로 유출되지는 않는지 등을 살펴보면서 미비한 점을 잘 지켜본 후 개선안을 생각해 두십시오. 언젠가 여러분의 목소리가 필요해질 것입니다. 만약 여러분이 어느 회사에 취직했다가 다른 회사로 전직하거나 혹은 스타트업을 시작했다면, 이전 회사에서 얻은 기밀 정보를 함부로 사용해서는 안 됩니다. 우리는 지금 '정보'라는 단어를 사용했습니다. 막연한 단어입니다. 악법이 아닌 한, 법률은 막연한 의미 위에 건축되지 않습니다. 그래서 정의 규정이 필요합니다.

부정경쟁방지법 제2조 제2호는 **영업비밀**을 이렇게 정의합니다. 〈공연히 알려져 있지 아니하고 독립된 경제적 가치를 가지는 것으로서, 상당한 노력에 의하여 비밀로 유지된 생산방법, 판매방법 그 밖에 영업활동에 유용한 기술상 또는 경영상의 정보를 말한다〉. 어렵게 설명되어 있기는 했어도, 사실상 회사의 무형 가치는 대부분 영업비밀로 보겠다는 선언과도 같습니다. 회사의 재산이 개인의 경쟁력을 높이는 도구로 사용돼서는 안 된다는 관념이 들어있기 때문입니다. 실무가 그러합니다. 법원은 여러 판례를 통해 일관되게 그렇게 해석합니다.

영업비밀 침해는 위와 같은 영업비밀이 무단반출됨으로써 발생되는 사건입니다. 앞에서 설명한 사례 14와 사례 15에서는 정보가 무단반출됐다는 사실이 나타나 있습니다. 그러나 그 정보가 과연 영업비밀에 해당하는지는 알 수 없었습니다. 영업비밀의 성립요건은 부정경쟁방지법 제2조 제2호의 정의에 따릅니다. 다음 세 가지가 인정돼야 합니다. ① 비공지성, ② 경제적 유용성, ③ 비밀관리성.

① 비공지성

'공연히 알려져 있지 아니하다'는 것은 그 정보가 간행물 등의 매체에 실리는 등 불특정 다수인에게 알려져 있지 않기 때문에 보유자를 통하지 아니하고는 그 정보를 통상 입수할 수 없는 것을 말합니다(대법원 2004. 9. 23. 선고 2002다60610 판결 참조). 회사의 각종 업무상 정보는 통상 입수할 수 없는 것입니다. 같은 조직 내 누군가가 노력해서 만들어냈거나 수고스럽게 수집하고 정리한 정보들입니다. 그래서 대부분의 회사 정보는 공연히 알려져 있지 않다고 가정됩니다.

② 경제적 유용성

'독립된 경제적 가치를 가진다'는 것은 그 정보의 보유자가 그 정보의 사용을 통해 경쟁자에 대하여 경쟁상의 이익을 얻을 수 있거나 또는 그 정보의 취득이나 개발을 위해 상당한 비용이나 노력이 필요하다는 것을 말합니다(대법원 2008. 2. 15. 선고 2005도6223 판결 참조). 이러한 요건도 실제 사례에서는 아주 넓게 인정됩니다. 대부분의 회사가 보유하고 있는 정보는 경제적으로 유용하다고 가정됩니다. 물론 경제적 유용성의 크기는 저마다 다를 겁니다. 회사는 영리 활동을 목적으로 존재하기 때문에 그 정보가 대수롭지 않게 보이더라도 조금은 유용할 수밖에 없지 않겠습니까? 설령 실제로는 유용한 정보가 아닐지라도, 유용성 개념은 사람마다 다르고 상당히 주관적이기 때문에, 누군가 그 정보가 유용하다고 주장했을 때, 그것을 반박하면서 '무용하다고 증명'하는 것은 매우 어려운 일입니다.

③ 비밀관리성

'상당한 노력에 의하여 비밀로 유지된다'는 것은 그 정보가 비밀이라고 인식될 수 있는 표시(예컨대 '대외비' 표시)를 하거나 고지를 하고, 그 정보에 접근할 수 있는 대상자나 접근 방법을 제한하거나 그 정보에 접근한 자에게 비밀준수의무를 부과하는 등 객관적으로 그 정보가 비밀로 유지·관리되고 있다는 사실이 인식 가능한 상태인 것을 말합니다(대법원 2008. 7. 10. 선고 2008도3435 판결 참조). 실제 케이스에서는 문서에 '대외비' 표시를 하는 자료가 제출되는 경우, 법원은 회사가 영업비밀을 관리하고 있었던 것으로 판단하는 경향을 보입니다. '대외비'라거나 '비밀' 혹은 '보안유지', '공개하지 말 것' 등의 표시가 되어 있는 문서나 이메일을 하나라도 갖고 있지 않은 기업은 거의 없습니다.

이제 다시 사례 14와 사례 15를 보십시오. 만약, 홍길동이 무단반출한 정보(소스파일, 고객정보)가 영업비밀에 해당한다면 홍길동은 영업비밀 침해행위를 한 것으로 형사처벌의 대상이 될 수 있습니다. 반면 그 정보가 영업비밀에 해당하지 않는다면 '법적 해프닝'에 불과합니다. 그런데 비공지성, 경제적 유용성, 비밀관리성을 판단할 만한 자료가 없어서 홍길동이 무단반출한 정보가 영업비밀에 해당하는지 해당하지 않는지 알 수 없습니다. 사례를 좀 수정해 보지요.

사례 16

홍길동은 (주)**임꺽정**에 프로그래머로 입사하면서 회사 재직 중에 습득한 경영정보와 기술정보는 회사만의 소유, 사용할 권리가 있고 홍길동은 비밀유지의무를 지켜야 한다는 근로계약서를 작성한 후 재택근무를 하면서 쇼핑몰 웹사이트 소프트웨어를 개발하는 업무를 하다가, 임금이 체불되자 자기 컴퓨터에 보관되어 있던 해당 소프트웨어 소스 파일을 이용해서 쇼핑몰을 제작한 후 자기 사업을 시작했다. 영업비밀 침해죄로 기소되자 홍길동은 그 소스 파일은 인터넷에서 공개된 것이며, 이삼일이면 쉽게 만들 수 있다고 주장했다. 이에 맞서 검사는 공개된 소스파일을 이용 목적에 맞게 수정, 조합하여 시스템에 최적화하는 것도 기술력의 중요한 부분이며, 일부 소스 파일은 인터넷에 전혀 공개되지 아니한 것이라고 반박했다.

사례 14를 사례 16처럼 수정하고 보니 홍길동이 인생을 참 쉽게 살고 있음을 느낄 수 있습니다. 영업비밀성은 어렵지 않게 인정됩니다. 홍길동의 항변은 검사의 주장에 의해 쉽게 탄핵됩니다. 그는 범법자가 되는 것입니다. 물론 홍길동은 '하찮은 소스파일' 때문에 자신이 어째서 이런 처벌을 받아야 하는지 납득하지 못할 수도 있습니다. 자신이 그걸 개발했으므로 회사의 재산이라는 관념보다 '내 것'이라는 관념이 우세할 수 있습니다. 하지만 회사는 이렇게 생각합니다. 홍길동이 '우리'를 배신했다고. 비록 홍길동이 담당자여서 개발의 주역이 될 수는 있어도 '우리' 관점에서 보자면 회사가 조직적으로 개발한 것입니다. 그러므로 그것을 통해 얻은 모든 자료는 회사의 소유가 됩니다. 앞서 말한 것처럼, 현대 사회에서 조직의 재산은 조직의 소유입니다. 조직 내에서 소유권을 주장할 만한 '내 것'은 그다지 많지 않습니다. 그러면 이런 생각이 듭니다. '나'와 '우리' 관계에서 '우리' 쪽이 일방적으로 유리하지 않은가? 그러니까 제가 앞서 이 관계가 공평한 관계는 아니라고 말했던 것입니다. 이런 게 사회생활이고, 그런 게 인생입니다. 편파적입니다. '공공'이라는 이념을 내세우는 쪽이 어디에서나 우세합니다. 하지만 언제나 빈틈이 있는 법이고, 인간의 합리성이 우리에게 유리한 상황을 만들어 주곤 합니다. 다음 사례17을 보지요.

사례 17

홍길동은 휴대폰 판매점에서 근무하면서 근무를 시작할 때나 퇴사할 때에나 비밀의무를 부여받은 적이 없고, 직원 누구나 회사 아이디와 비밀번호로 고객정보에 접근할 수 있었고, 비밀관리 규정이 없는 데다가 직원들이 개인용 저장매체를 사용해서 자료를 외부로 반출하는 데 대한 별다른 제재도 없던 차에, 2,545명의 고객정보를 USB 저장매체에 저장한 다음, 인근에 휴대폰 판매점을 개업하면서 오픈 홍보활동에 고객정보를 활용했다.

사례 17에서도 고객정보가 무단반출되었습니다. 심지어 홍길동은 원래 회사 근처에 자기 회사를 차렸습니다. 홍길동의 행위가 악랄해 보입니다. 그렇지만 이 사례는 2,545명의 고객정보에 과연 〈비밀관리성〉이 있었는지를 묻습니다. 홍길동에게 비밀의무가 부여된 적이 없고(보통은 근로계약 시에 일반조항으로 들어갑니다), 고객정보를 관리하기 위한 어떤 노력도 회사가 하지 않았습니다. 이런 경우까지 법률이 회사(우리)를 보호하지는 않는다는 것입니다.

지금까지 〈영업비밀〉이라는 개념을 알게 됐습니다. 회사 생활을 하면서 우리는 다양한 경험지식을 쌓습니다. 그 경험지식은 나한테서 분리할 수 없는 내 머릿속 지식을 뜻하므로 그런 범위에서는 '내 것'입니다. 그러나 그 경험지식이 하나 이상의 '자료'로서 어떤 정보로 표현되어 있는 경우 내 것이 아니라 '회사 것'입니다. 현실 케이스에서 이 분별을 명확히 탐지하기 어렵습니다. 그래서 많은 회사가 〈전직금지약정〉을 체결합니다. 이 회사를 퇴사하더라도 경쟁업체에는 들어갈 수 없다는 약정입니다. 일이 년은 괜찮겠지요. 영원히는 안 됩니다.

"사용자와 근로자 사이에 전직금지약정이 존재한다고 하더라도, 그와 같은 약정이 헌법상 보장된 근로자의 직업선택 자유와 근로권 등을 과도하게 제한하거나 자유로운 경쟁을 지나치게 제한하는 경우에는 민법 제103조에 정한 선량한 풍속 기타 사회질서에 반하는 법률행위로서 무효라고 보아야 하며, 이와 같은 경업금지약정의 유효성에 관한 판단은 **보호할 가치 있는 사용자의 이익, 근로자의 퇴직 전 지위, 경업제한의 기간ㆍ지역 및 대상 직종, 근로자에 대한 대가의 제공 유무**, 근로자의 퇴직 경위, 공공의 이익 및 기타 사정 등을 종합적으로 고려하여야 한다(대법원 2010. 3. 11. 선고 2009다82244 판결 등 참조).''

자, 회사는 전직금지약정까지 내밉니다. 임직원이었던 사람은 어찌해야 합니까? 약속을 지켜 나와 우리 사이의 불필요한 대립에서 벗어나십시오. 나와 우리가 싸우면 생명과 무생명의 싸움이 돼서 결국 생명인 '나'만 괴로울 뿐입니다. 그냥 자유롭게 근무하고 퇴사하십시오. 자유는 의무를 위반하는 게 아닙니다. 의무로부터 벗어나는 것입니다. 회사의 지식재산은 회사의 것임을 승인하고, 재직 중에는 이 '남의 재산'을 잘 관리하고, 퇴사할 때에는 그것을 모두 놨두고 나오는 것입니다. 그러면 의무로부터 벗어납니다. 무생명은 금방 사라집니다. 생명은 금방 사라지지 않습니다. 무생명은 처음부터 다시 시작할 수 없습니다. 생명은 처음부터 다시 시작할 수 있습니다. 집착하지 마십시오. **어차피 중요한 것은 여러분의 머릿속에 남아 있습니다.**

6강 나와 우리는 어떤 관계인가? — 부정경쟁행위

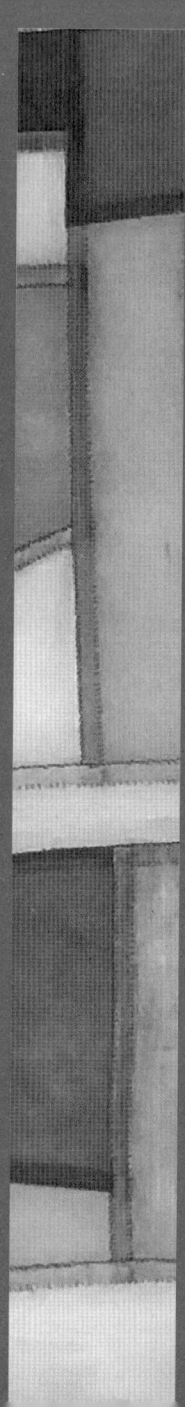

5강에서 '나와 회사'를 통해 '나'와 '우리'의 관계를 살펴봤습니다. '우리 것'(회사 것)을 '내 것'으로 오해해서는 안 된다는 경종을 울려봤습니다. 영업비밀이라는 지식재산에 대한 규범이 이 관계를 규정했습니다. 이번에는 '**나와 사회**'라는 관계를 가져와 보겠습니다.

저는 〈지식재산법〉 분야에서 일을 하고 있습니다. 어쨌든 이 분야에서 오랫동안 일을 하다 보니 긴 시간 축적된 생각의 퇴적층이라는 게 생겼습니다. 지금으로부터 대략 15년 전 무렵이었을까요? IT 회사를 경영하고 있는 모 대표께서 내게 이런 말씀을 한 적이 있었습니다. "정직도 인프라다." 당시 이 짧은 문장은 상당히 인상적이었고 그게 지금껏 제 마음에 남아있습니다. 저는 전통 제조업에서부터 소프트웨어 기업까지 다양한 분야의 고객을 만났습니다. 묘하게도 저마다 자신이 속한 업계를 저주하는 말을 했습니다. 잔뜩 경계하고 서로 불신하며 목적을 위해서라면 언제든지 반칙할 것만 같은 업계의 문화를 증언했습니다. 기본적으로 기업가들은 자기가 속한 업계가 정직하지 않다고 여기는 것 같았습니다. 제가 원하는 이상과, 제가 몸 담고 있는 현실이, 이처럼 다르다고 체감하고 있을 무렵, 저 문장을 들은 것입니다. "정직도 인프라다." 좋은 인프라를 만드는 일에는 투자가 필요하고 시간이 걸리는 법입니다. 그사이 세월이 꽤 흘렀고 우리 사회의 업계 문화도 상당히 발전했다는 기분이 듭니다. 변할 것 같지 않은 문화도 바꿔버리는 변화무쌍한 한국 사회의 특성이 여기에도 적용되고 있다는 기분이 듭니다. 저는 개인적으로 인간 본성의 선한 원천을 믿습니다. 이런 믿음에는 유용한 장점이 있습니다. 이렇게 생각해야 '사건을 해결'할 때 **더 바**

람직한 솔루션을 생각해 낼 수 있기 때문입니다. 인간 본성은 본래 악하다고 성급히 결론을 내려놓으면 피를 흘리고야 마는 악랄할 솔루션을 아무렇지도 않게 제안하고 실행하게 되더군요. 어느 쪽이 더 좋은지, 여러분이 생각해 보십시오.

제가 몇 가지 토픽을 여러분에게 툭툭 던져버렸는데 이걸 좀 수습하겠습니다.

내 본성이 선하든 악하든, '나'는 자본주의 경쟁에 참여해서 돈을 벌고 싶고, 성공하고 싶고 또 경쟁에서 이기고 싶습니다. 하여간 '나'는 경쟁자들을 관찰하고, 요즘 시장에서 무엇이 성공하는지를 조사하며, 재빠르게 움직이려고 다짐합니다. 그리고 **수단**을 '생각'하게 됩니다. 시장 활동으로서의 수단입니다. '나'는 내가 생각한 선량한 수단으로 내 의지를 표현할 수도 있고, 반대로 내가 생각한 악한 수단으로 내 의지를 표현할 수도 있습니다. 선량하다는 것은 사람들이 다들 지키는 규칙(마음속의 법률을 포함하여)을 지킨다는 의미이며, 악하다는 것은 사람들이 다들 지키는 규칙을 지키지 않는다는 의미입니다. 이때 '우리'가 등장합니다. 아까 말씀드린 '나와 사회'에서 '사회'가 내 앞에 등장해서는, 〈우리를 해치는 생각을 표현하지는 말아 주게.〉라고 엄한 표정으로 훈계하는 것입니다. 그러나 오늘날 문명화된 '사회'는 개인인 '나'를 무작정 징벌하지 않습니다. (심지어 독재 사회조차) 법을 내세웁니다. 그 법이 바로 지난 강의에 다뤘던 '부경법'입니다. 부정경쟁행위 방지 및 영업비밀 보호에 관한 법률입니다. 5강에서는 이 법률의 후반부를 미리 다뤘고, 이번 장에서는 전반부를 다룹니다. 이 법의 목적은 이러합니다. 〈국내에 널리 알려진 타인의 상표·상호 등을 부정하게 사용하는 등의 부정경쟁행위와 타인의 영업비밀을 침해하는 행위를 방지하여 **건전한 거래질서를 유지함**을 목적으로 한다.〉

부정경쟁행위를 막아서 건전한 거래질서를 확립하겠다는 것인데, 여기서 거래질서란 무엇입니까?

① **첫째, 경업질서입니다.** 경쟁의 질서, 즉, 경쟁자(타인)의 이익이 부당하게 침해되지 않는 질서입니다.
② **둘째, 소비자 보호입니다.** 경쟁자 임꺽정과 소비자들 사이에 시장에서 만들어진 신용/신뢰관계를 홍길동이 거짓행위로 해치지 말라는 것입니다.

이 법이 바로 시장에서 '정직이라는 인프라'를 수호하는 강력한 법률로 작동합니다. 건전한 거래질서를 유지하겠다는 것이 이 법률의 목적이며, 한편으로는 누군가의 부정한 행위로 말미암아 시장에서 부당하게 손해를 보는 사람(기업)이 없는지, 다른 한편으로 그런 부정한 행위 때문에 소비자들이 피해를 입지는 않는지 살펴보겠다는 것입니다. 단, 우리 사회는 경찰국가가 아니기 때문에, 피해를 호소하는 이의 요청이 있어야만 합니다. 하여튼 이 부정경쟁방지법이 있는 한, 돈을 벌 수 있는 좋은 '생각'이 있어도 그게 만일 부정한 경쟁행위에 해당한다면 '표현'해서는 안 되는 것입니다. 주로 타인의 영업행위를 '모방'하는 표현을 했을 때 부정경쟁행위가 발생합니다. 부정경쟁방지법 제2조 1호는 부정경쟁행위를 다음과 같이 열거합니다.

가. 국내에 널리 인식된 타인의 성명, 상호, 상표, 상품의 용기·포장, 그 밖에 타인의 상품임을 표시한 표지와 동일하거나 유사한 것을 사용하거나 이러한 것을 사용한 상품을 판매·반포 또는 수입·수출하여 **타인의 상품과 혼동하게 하는 행위**

나. 국내에 널리 인식된 타인의 성명, 상호, 표장, 그 밖에 타인의 영업임을 표시하는 표지(상품 판매·서비스 제공방법 또는 간판·외관·실내장식 등 영업제공 장소의 전체적인 외관을 포함한다)와 동일하거나 유사한 것을 사용하여 **타인의 영업상의 시설 또는 활동과 혼동하게 하는 행위**

다. 가목 또는 나목의 혼동하게 하는 행위 외에 비상업적 사용 등 대통령으로 정하는 정당한 사유 없이 국내에 널리 인식된 타인의 성명, 상호, 상표, 상품의 용기·포장, 그 밖에 타인의 상품 또는 영업임을 표시한 표지(타인의 영업임을 표시하는 표지에 관하여는 상품 판매·서비스 제공방법 또는 간판·외관·실내장식 등 영업제공 장소의 전체적인 외관을 포함한다)와 동일하거나 유사한 것을 사용하거나 이러한 것을 사용한 상품을 판매·반포 또는 수입·수출하여 **타인의 표지의 식별력이나 명성을 손상하는 행위**

라. 상품이나 그 광고에 의하여 또는 공중이 알 수 있는 방법으로 거래상의 서류 또는 통신에 거짓의 원산지의 표지를 하거나 이러한 표지를 한 상품을 판매·반포 또는 수입·수출하여 **원산지를 오인하게 하는 행위**

마. 상품이나 그 광고에 의하여 또는 공중이 알 수 있는 방법으로 거래상의 서류 또는 통신에 그 상품이 생산·제조 또는 가공된 지역 외의

곳에서 **생산 또는 가공된** 듯이 오인하게 하는 표지를 하거나 이러한 표지를 한 상품을 판매·반포 또는 수입·수출하는 행위

  바. **타인의 상품을 사칭하거나** 상품 또는 그 광고에 상품의 품질, 내용, 제조방법, 용도 또는 수량을 **오인하게 하는 선전 또는 표지를** 하거나 이러한 방법이나 표지로써 상품을 판매·반포 또는 수입·수출하는 행위

사. 다음의 어느 하나의 나라에 등록된 상표 또는 이와 유사한 상표에 관한 권리를 가진 자의 **대리인이나 대표자** 또는 그 행위일 전 1년 이내에 대리인이나 대표자이었던 자가 정당한 사유 없이 해당 상표를 그 상표의 지정상품과 동일하거나 유사한 상품에 사용하거나 그 상표를 사용한 상품을 판매·반포 또는 수입·수출하는 행위

  ① 「공업소유권의 보호를 위한 파리협약」(이하 "파리협약"이라 한다) 당사국

  ② 세계무역기구 회원국

  ③ 「상표법 조약」의 체약국

아. 정당한 권원이 없는 자가 다음의 어느 하나의 목적으로 국내에 널리 인식된 타인의 성명, 상호, 상표, 그 밖의 표지와 동일하거나 유사한 **도메인이름을** 등록·보유·이전 또는 사용하는 행위

  ① 상표 등 표지에 대하여 정당한 권원이 있는 자 또는 제3자에게 판매하거나 대여할 목적

  ② 정당한 권원이 있는 자의 도메인이름의 등록 및 사용을 방해할 목적

  ③ 그 밖에 상업적 이익을 얻을 목적

자. 타인이 제작한 상품의 형태(형상·모양·색채·광택 또는 이들을 결합한 것을 말하며, 시제품 또는 상품소개서상의 형태를 포함한다. 이하 같다)를 모방한 상품을 양도·대여 또는 이를 위한 전시를 하거나 수입·수출하는 행위. 다만, 다음의 어느 하나에 해당하는 행위는

제외한다.

① 상품의 시제품 제작 등 상품의 형태가 갖추어진 날부터 3년이 지난 상품의 형태를 모방한 상품을 양도·대여 또는 이를 위한 전시를 하거나 수입·수출하는 행위

② 타인이 제작한 상품과 동종의 상품(동종의 상품이 없는 경우에는 그 상품과 기능 및 효용이 동일하거나 유사한 상품을 말한다)이 통상적으로 가지는 형태를 모방한 상품을 양도·대여 또는 이를 위한 전시를 하거나 수입·수출하는 행위

차. 사업제안, 입찰, 공모 등 거래교섭 또는 거래과정에서 경제적 가치를 가지는 **타인의 기술적 또는 영업상의 아이디어가 포함된 정보를** 그 제공목적에 위반하여 자신 또는 제3자의 영업상 이익을 위하여 부정하게 사용하거나 타인에게 제공하여 사용하게 하는 행위. 다만, 아이디어를 제공받은 자가 제공받을 당시 이미 그 아이디어를 알고 있었거나 그 아이디어가 동종 업계에서 널리 알려진 경우에는 그러하지 아니하다.

카. **데이터**(「데이터 산업진흥 및 이용촉진에 관한 기본법」 제2조제1호에 따른 데이터 중 업으로서 특정인 또는 특정 다수에게 제공되는 것으로, 전자적 방법으로 상당량 축적·관리되고 있으며, 비밀로서 관리되고 있지 아니한 기술상 또는 영업상의 정보를 말한다. 이하 같다)**를 부정하게 사용하는 행위**로서 다음의 어느 하나에 해당하는 행위

1) 접근권한이 없는 자가 절취·기망·부정접속 또는 그 밖의 부정한 수단으로 데이터를 취득하거나 그 취득한 데이터를 사용·공개하는 행위

2) 데이터 보유자와의 계약관계 등에 따라 데이터에 접근권한이 있는 자가 부정한 이익을 얻거나 데이터 보유자에게 손해를 입힐 목적으로 그 데이터를 사용·공개하거나

제3자에게 제공하는 행위

3) 1) 또는 2)가 개입된 사실을 알고 데이터를 취득하거나 그 취득한 데이터를 사용·공개하는 행위

4) 정당한 권한 없이 데이터의 보호를 위하여 적용한 기술적 보호조치를 회피·제거 또는 변경(이하 "무력화"라 한다)하는 것을 주된 목적으로 하는 기술·서비스·장치 또는 그 장치의 부품을 제공·수입·수출·제조·양도·대여 또는 전송하거나 이를 양도·대여하기 위하여 전시하는 행위. 다만, 기술적 보호조치의 연구·개발을 위하여 기술적 보호조치를 무력화하는 장치 또는 그 부품을 제조하는 경우에는 그러하지 아니하다.

타. 국내에 널리 인식되고 경제적 가치를 가지는 **타인의 성명, 초상, 음성, 서명 등** 그 타인을 식별할 수 있는 표지를 공정한 상거래 관행이나 경쟁질서에 반하는 방법으로 자신의 영업을 위하여 무단으로 사용함으로써 타인의 경제적 이익을 침해하는 행위

파. **그 밖에 타인의 상당한 투자나 노력으로 만들어진 성과** 등을 공정한 상거래 관행이나 경쟁질서에 반하는 방법으로 자신의 영업을 위하여 무단으로 사용함으로써 타인의 경제적 이익을 침해하는 행위

각각의 규정을 하나씩 설명하면 좋겠습니다만, 세세히 설명해 봤자 직접 사례를 경험하지 않는 이상 당연히 까먹을 수밖에 없으므로, 딱 두 가지만 덧붙입니다. ① 이 법은 기본적으로 국내에 '널리 알려진 표지'에 관련한 소비자들의 신뢰를 보호해 왔습니다. 당연히 그 표지의 주인도 보호되는 것이겠지요. ② 표지가 아니라면, 그것도 국내에 널리

알려진 표지가 아니라면 보호에서 제외되는 것이 과거의 법 정신이었습니다. 그러나 여러 차례 개정됐습니다. 국내에 널리 알려지지 않았더라도 타인의 성과를 모방하면 그 타인은 어디에 호소하겠습니까. 그래서 〈파. 그 밖에 타인의 상당한 투자나 노력으로 만들어진 성과 등을 공정한 상거래 관행이나 경쟁질서에 반하는 방법으로 자신의 영업을 위하여 무단으로 사용함으로써 타인의 경제적 이익을 침해하는 행위〉가 부정경쟁행위로 추가됐습니다.

사례 18

임꺽정 유업의 요구르트 브랜드 <불가리스>가 시장에서 성공하자, 경쟁업체인 **홍길동** 유업은 <불가리스>에 맞선 신상품을 출시하려는 전략을 짰다. 임꺽정 유업은 <불가리스> 상표권을 보유하고 있었다. 가능한 한 <불가리스>와 비슷하되, 상표권 침해 문제가 발생하면 안 되었다. 이때 홍길동 유업의 **장길산** 팀장은 상표전문가 **성춘향**의 도움을 받아, '불가리아'는 나라 이름이고, 이처럼 현저한 지리적 명칭을 누군가 독점할 수 없는 것이며, 따라서 누구나 자유롭게 사용할 수 있다는 상표법의 규정과 법리에 근거해서 <불가리아>라는 브랜드를 제안했다. 홍길동 유업은 과연 좋다면서 <불가리아> 신제품을 출시했다. 그러자 임꺽정 유업은 홍길동의 제품 출시가 부정경쟁행위에 해당한다면서 소를 제기했다.

아인슈타인의 일반상대성이론을 비유로 가져오겠습니다. 질량 주위의 시공간은 중력의 영향을 받아 휩니다. 중력장에서 빛은 직진하지 않고 휘어집니다. 이와 비슷한 논리로 '**지식중력장**'이라는 개념을 빌려옵니다. 지식이라는 가상의 공간을 생각해 보는 것입니다. 이 공간에서 사람들이 올바른 지향점을 가지면서 어떤 '행위의 판단'을 내립니다. 지식 공간에서 판단은 하나의 좌표입니다. 어느 한 사람이 갖는 경험은 질량입니다. 이곳 지식중력장에서 지식은 사람들의 경험에 의해 휘어집니다. 그때마다 판단의 좌표가 달라집니다. 경험의 질량이 큰 쪽에서 더 크게 왜곡됩니다. 그래서 전문가의 영향력이 중요합니다. 사람들이 갖고 있는 다양한 편견과 잘못된 경험으로 말미암아 생긴 지식의 왜곡을 전문가의 경험지식이 교정해 줌으로써 더 좋은 위치의 판단이 내려지도록 도울 수 있습니다. 그것이 바로 전문가의 존재 이유입니다. 그러나 전문가의 경험 쪽으로 지식 공간이 훨씬 더 많이 휘어진다는 점을 간과해서는 안 됩니다. 전문가의 잘못된 판단과 조언으로 인해 도무지 올바른 판단을 내리지 못할 수도 있습니다. (그래서 저는 전문가가 너무 목소리를 내며 지식을 유린하는 것을 좋아하지 않습니다. 전문가가 필요할 때는 전문가의 경험 지식으로 교정이 요청되는 비정상적인 상황일 때 뿐입니다.) 특허법 전문가는 특허법만 말하고, 상표법 전문가는 상표법만 이야기하면 지식 공간을 심히 왜곡할 수 있으니 조심해야 합니다.

사례 18로 돌아갑니다. 상당수의 지식재산 전문가들이 부정경쟁방지법의 정신과 규정을 잘 모릅니다. 상표법 관점에서 보면 성춘향의 도움을 받은 장길산의 판단이 맞습니다. 상표법 제90조에 따르면 상표권이 있더라도 현저한 지리적 명칭, 예컨대 '불가리아'라는 나라의 이름에는 상표권의 효력이 미치지 않습니다. 불가리아는 누가 독점해서 사용할 명칭이 아니며, 원론적으로 자유로운 사용이 보장될 것 같습니다. 그러나 만약 임꺽정의 〈불가리스〉가 상업적으로 성공하지 않았다면 과연 홍길동이 〈불가리아〉라는 상표를 사용했을까요? 시장에서 성공한 타인의 신용을 이용해서 나도 그 덕 좀 보겠다는 생각은 상표법이 아니라 부정경쟁행위를 금지하는 법의 정신이 좌표를 결정합니다.

사례 19

글로벌 제약회사인 화이자가 획기적인 발기부전 치료제 비아그라Viagra를 개발하였다. 화이자가 대한민국에서 제품을 판매하기 위해 의약품 허가신청을 했다는 소식을 들은 **홍길동**은 비아그라 명칭으로 한국 도메인(co.kr)이 등록되어 있나 조사해 봤더니, 아직 등록되어 있지 않는 것이었다. 그래서 해당 도메인을 재빠르게 선점한 홍길동은 해당 사이트에서 칡즙 등의 건강식품을 판매했다. 그러자 화이자는 홍길동의 이러한 행위가 부정경쟁행위에 해당한다고 주장했다. 품목이 다르니까 괜찮지 않을까?

사례 19의 홍길동의 행위는 현행 부정경쟁방지법 제2조 제1호 (다)목과 (아)목의 부정경쟁행위에 해당합니다. 사례 19 당시의 과거에는 그런 규정이 없었으나 부정경쟁방지법은 이상한 사례들이 등장할 때마다 한편으로는 판례를 통해 다른 한편으로는 법률 개정을 통해 줄곧 강화돼 왔습니다. 상표법의 경우 상표가 같더라도 품목이 다르면 상표권을 침해하지 않습니다. 그러나 등록된 상표권의 권리범위만을 따지는 상표법과 달리, 부정경쟁방지법은 품목의 유사 여부만이 아닌 오리지널 상표 사용자의 이익뿐 아니라 시장에서 형성된 소비자의 신뢰관계까지 고려하므로 품목의 유사 여부가 필수적이지는 않습니다. 타인의 명성을 훼손한다거나, 이미지를 나쁘게 만든다거나, 또는 도메인을 선점하는 행위의 근저에는 '나의 노력'만 아닌 시장에서 형성된 타인의 노력과 입지를 이용하겠다는 의지가 있습니다. 그런 의지를 부정한 목적의 의지로 보는 것입니다. 사례 19에서 홍길동의 웹 사이트는 등록이 말소됩니다.

사례 20

연예인의 사진과 동향 정보를 주요 콘텐츠로 하는 정가 15,000원 월간잡지 <홍길동연예>를 발행하는 **홍길동** 미디어는 판매고를 올릴 수 있는 뭔가 특별한 이벤트를 생각한 끝에, BTS 화보집을 특별 부록으로 제공하는 '심층취재판'을 43,000원에 발행했다. 그런데 BTS 매니지먼트 회사 임꺽정의 동의를 구하지는 않았기 때문에 임꺽정은 잡지 판매금지 가처분을 신청하면서, 첫째 특별 부록 인쇄/제본/제작/복제/배포/판매/수출 금지(주장 1), 둘째 잡지 <홍길동연예>에서 '장차' BTS 관련 구성원들의 초상, 예명, 본명, 영문명을 포함한 문구 등의 금지를 주장했다(주장 2). 이에 홍길동은 <홍길동연예>는 연예인의 사진, 기사 등을 이용하여 연예인의 활동에 대한 정보를 제공하는 잡지이기 때문에 언론, 출판, 표현의 자유가 보호되는 범위에서는 연예인의 초상, 이름사진 등을 이용할 수 있고, 통상의 범위로 상품을 부록으로 제공할 수 있다고 항변했다. 자, 여러분은 홍길동의 편을 들어 연예인의 초상권/성명권/퍼블리시티권은 공공재에 속하는지, 임꺽정의 편을 들어 경제적 이익에 관한 소유권으로 볼 것인지, 어느 쪽의 입장을 지지할 것인가.

사례 20은 한국이 배출한 세계적인 그룹 관련 사례입니다. 사건은 제가 편의적으로 각색했지만, 아주 흥미로운 사건인 데다 부정경쟁방지법의 규정 해석에서 매우 중요한 기준을 제시한 대법원 판례입니다(대법원 2020. 3. 26. 선고 2019마6525 결정). 사건의 결론부터 말하자면, 임꺽정의 가처분 신청 중 주장 1은 받아들여졌고 따라서 홍길동의 특별 부록 인쇄, 제본, 제작, 복제, 배포, 판매, 수출이 금지됐습니다. 다만 '미래의 행위에 대한 금지'까지 가처분을 신청한 주장 2는 기각됐습니다. 주장 2에 대한 항소심 판단은, "통상적인 잡지의 보도 범위 내지 언론, 출판 및 표현의 자유의 보호 범위 내에서는 연예인의 초상, 이름 등이 포함된 상품을 부록으로 제공할 수 있다. 'BTS'의 명칭, 그 구성원의 이름, 초상, 사진 등도 통상의 보도 범위 내에서는 그 이용이 허용된다"는 것입니다.

주장 1을 인용하여 가처분신청을 한 근거가 되는 법률은 부정경쟁방지법 제2조 제1호 (파)목입니다. 그 규정을 다시 인용하면 다음과 같습니다. 사례 20 사건에서는 개정전 법률이 적용되어 당시에는 (카)목이었습니다.

> 파. 그 밖에 타인의 상당한 투자나 노력으로 만들어진 성과 등을 공정한 상거래 관행이나 경쟁질서에 반하는 방법으로 자신의 영업을 위하여 무단으로 사용함으로써 타인의 경제적 이익을 침해하는 행위.

사례 20에서 대법원이 밝힌 법의 논리를 따라가 보겠습니다. 이런 논리를 정독하다 보면 시장활동을 하면서 부정한 마음을 행동으로 표현하는 것에 대한 판례의 일관된 태도를 알 수 있습니다. 이런 앎이 이번

장의 목표입니다.

대법원은 '경쟁자가 상당한 노력과 투자에 의하여 구축한 성과물을 상도덕이나 공정한 경쟁질서에 반하여 자신의 영업을 위하여 무단으로 이용함으로써 경쟁자의 노력과 투자에 편승하여 부당하게 이익을 얻고 경쟁자의 법률상 보호할 가치가 있는 이익을 침해하는 행위는 부정한 경쟁행위로서 **민법상 불법행위**에 해당한다(대법원 2010. 8. 25.자 2008마1541 결정).'고 판단하였다.

그 후 2013. 7. 30. 법률 제11963호로 개정된 부정경쟁방지 및 영업비밀보호에 관한 법률 제2조 제1호 (차)목은 위 대법원 결정의 취지를 반영하여 "그 밖에 타인의 상당한 투자나 노력으로 만들어진 성과 등을 공정한 상거래 관행이나 경쟁질서에 반하는 방법으로 자신의 영업을 위하여 무단으로 사용함으로써 타인의 경제적 이익을 침해하는 행위"를 부정경쟁행위의 하나로 추가함으로써(현행 (파)목으로 변경), 새로이 등장하는 경제적 가치를 지닌 무형의 성과를 보호하고, 입법자가 부정경쟁행위의 모든 행위를 규정하지 못한 점을 보완하여 법원이 새로운 유형의 부정경쟁행위를 좀 더 명확하게 판단할 수 있도록 함으로써, **변화하는 거래관념을 적시에 반영하여 부정경쟁행위를 규율하기 위한 보충적 일반조항**이다.

(카)목은 그 보호대상인 '성과 등'의 유형에 제한을 두고 있지 않으므로, 유형물뿐만 아니라 무형물도 이에 포함되고, **종래 지식재산권법에 의해 보호받기 어려웠던 새로운 형태의 결과물도 포함**될 수 있다. '성과 등'을 판단할 때에는 위와 같은 결과물이 갖게 된 명성이나 경제적 가치, 결과물에 화체된 고객흡인력, 해당 사업 분야에서 결과물이 차

지하는 비중과 경쟁력 등을 종합적으로 고려해야 한다.

이러한 성과 등이 '상당한 투자나 노력으로 만들어진' 것인지 여부는 권리자가 투입한 투자나 노력의 내용과 정도를 그 성과 등이 속한 **산업분야의 관행이나 실태에 비추어 구체적, 개별적으로 판단**하되, 성과 등을 무단으로 사용함으로써 침해된 경제적 이익이 누구나 자유롭게 이용할 수 있는 **공공영역(public domain)에 속하지 않는다**고 평가할 수 있어야 한다. 또한 (카)목이 규정하는 '공정한 상거래 관행이나 경쟁질서에 반하는 방법으로 자신의 영업을 위하여 무단으로 사용'한 경우에 해당하기 위해서는 권리자와 침해자가 경쟁 관계에 있거나 가까운 장래에 경쟁관계에 놓일 가능성이 있는지, 권리자가 주장하는 성과 등이 포함된 산업분야의 상거래 관행이나 경쟁질서의 내용과 그 내용이 **공정한지 여부**, 위와 같은 성과 등이 침해자의 상품이나 서비스에 의해 **시장**에서 대체될 가능성, 수요자나 거래자들에게 성과 등이 어느 정도 알려졌는지, 수요자나 거래자들의 **혼동가능성 등을 종합적으로 고려**해야 한다.

연예인의 이름과 사진 등을 상품이나 광고 등에 사용하기 위해서는 연예인이나 그 소속사의 허락을 받거나 일정한 대가를 지급하는 것이 **엔터테인먼트 산업분야의 상거래 관행**인 점을 감안해 보면, 통상적인 정보제공의 범위를 넘어 특정 연예인에 대한 특집 기사나 사진을 대량으로 수록한 별도의 책자나 DVD 등을 제작하면서 연예인이나 소속사의 허락을 받지 않거나 대가를 지급하지 않는다면, 상거래 관행이나 공정한 거래질서에 반한다고 볼 수 있다. 채무자가 발매한 이 사건 특별 부록은 채권자가 발행하는 □□□□□(△△△)의 화보집과 관계에서 상대적으로 가격이 낮은 편이고 수요자도 일부 중복되며, 위 화보집의 수요를 대체할 가능성이 충분하므로, 채권자와의 관계에서 경쟁관계를 인정할 수 있다. 따라서 채무자가 이 사건 특별 부록을 제작, 판매하는 행위는 공정한 상거래 관행이나 경쟁질서에 반하는 방법으로 자신의 영업을 위하여 채권자의 성과 등을 무단으로 사용하는 행위에 해당한다.

몇 가지 사항에 대해서는 문답식으로 요약합니다. ① 부정경쟁방지법에 의해 보호되는 권리는 어떻게 특정되며, 권리자는 누구인가요? | (답변) 부경법은 경업질서를 보호하는 법률입니다. 어떤 특정인에게 권리를 주고, 그다음 국가가 적극적으로 나서서 그 권리를 보호하겠다는 법률이 아닙니다. 즉, 사건이 발생하기 전까지 권리는 특정되어 있지 않습니다. **사건 이전에는 권리자도 없습니다.** 타인의 부정한 행위로 자신의 영업이 침해를 당했다고 주장할 때, 그때 사건이 수면 위로 떠오르고, 그런 주장을 한 사람이 권리자가 됩니다. 또한 그 권리자 스스로 자신의 영업이 건전한 경업질서로 보호되어야 한다면서 국가를 향해 보호를 요청하는 그것이 바로 권리를 구성합니다. ② 상표법과 부정경쟁방지법은 무슨 차이가 있나요? | (답변) 상표법에서 보호하는 대상과 부정경쟁방지법에서 보호하는 대상이 많이 겹칩니다. 상표권은 어떤 상표에 관해 상표 사용자가 국가에 권리를 신청하고 국가가 심사를 한 후에 '등록하는 권리'입니다. 상표법은 그런 등록된 권리를 보호합니다. 그때, 상표의 유사와 상품의 유사, 이 두 가지를 만족해야 합니다. 상표는 같지만 그 상표를 사용하는 품목이 다르다면 상표권

행사가 어렵습니다. 이런 상표제도와 달리 부정경쟁방지법은 국가에 등록여부를 따지지 않습니다. 또한 상품이 유사하지 않아도 부정하다면 적용할 수 있습니다. ③ 에이, 어차피 부정경쟁방지법에 의해 보호를 받을 수 있다면 굳이 상표권을 신청할 필요가 없겠는데요? | (답변) 그렇지 않습니다. 여러분이 사회에서 활약한다면 다음과 같은 사실을 깊이 기억하고 있어야 합니다. 사건을 해결하는 솔루션은 신속, 간단, 경제적이어야 합니다. 느리고, 복잡하며, 비경제적이라면 좋은 사건 해결책이 아닙니다. 상표권의 경우, 내가 권리자이며 침해받고 있다는 사실을 신속하고 간단하게 증명할 수 있고, 그래서 소송 없이도 사건을 해결할 수 있습니다. 상표권이 없다면 문제가 복잡해집니다. 타인의 부정경쟁행위를 밝히고, 그 행위로 말미암아 내게 어떤 손해가 발생했는지 그 사실에 대한 입증책임은 권리를 주장하는 쪽에 있습니다. 상대방이 사실을 부정하고 자기에게 유리한 법리를 주장하는 상황에서 부정경쟁행위를 입증하는 건 생각보다 어려운 일입니다. ④ 상표법과 부정경쟁방지법이 서로 보호하는 대상이 공통돼서 서로 충돌할 가능성이 있을 것 같아요. 그렇다면 어떤 규정이 우선 적용되는 것인가요? | (답변) 상표법을 우선 적용합니다(부정경쟁방지법 제15조). 그러나 상표권 취득행위 자체가 부정경행위가 될 수 있고, 그렇다면 상표권을 인정하지 않으며, 상표권 자체가 인정되지 않으니 법률의 충돌이랄 것도 없이 부정경쟁방지법이 적용됩니다. 예전에 이런 패션 브랜드가 있었습니다. ⟨A6⟩. 이것은 상표법 실무상 상표등록이 안 됩니다. '영문자 1개+숫자 1개'로 이루어진 결합상표는 거절됩니다. 간단하고 흔한 문자로만 이루어진 상표는 누군가에게 독점을 허락해서는 안 된다는 규

정 때문입니다. 이 브랜드가 런칭되자, 이런 상표법 실무를 귀신 같이 알아챈 이런저런 업자들이 온갖 짝퉁을 출시했습니다. 심지어 등록상표도 있었습니다. 예를 들어 〈A6UC〉입니다. 사용할 때에는 'uc' 부분을 좀 작게 표시합니다. 소비자들이 〈A6〉와 혼동해서 구입하기를 바라는 마음이 있었겠지요. 결국 〈A6〉와 〈A6UC〉가 재판에서 붙었습니다. 상표권이 없는 오리지널 소유자와 상표권자와의 싸움입니다. 법의 규정으로만 보면 상표권자가 이길 것 같지만, 판례는 비교적 탄탄하게 구체적인 정의를 밝혀냅니다. 〈A6UC〉의 상표권 취득 자체를 부정경쟁행위로 판단하고, 〈A6〉의 손을 들어줬습니다.

이상으로 4회에 걸쳐 지식재산법 영역 안에 있는 주요한 권리의 탄생을 살펴봤습니다. 결국은 '생각'과 '표현'의 문제였습니다. 다음과 같이 요약합니다. 생각을 표현함으로써 권리가 발생하는 지식재산이 있었습니다. ① 저작권, 독창적인 표현물에 대한 권리. 국가가 권리의 탄생에 개입하지 않습니다. ② 산업재산권(특허권, 상표권, 디자인권), 생각(idea)에 관한 권리. 단, 그 권리는 표현된 한계 안에 있고, 국가가 권리의 탄생에 개입합니다. 반면 생각을 표현해서는 안 되는 지식재산이 있었습니다. ③ 영업비밀, 그 정보를 소유하는 자가 권리자. 회사의 정보 재산에 관한한, 나와 회사의 관계에서 회사가 우선시됩니다. ④ 부정경쟁행위, 사건이 발생한 시점에 권리와 권리자가 특정됩니다. 나와 사회의 관계(경업질서)에서 사회가 우선시됩니다.

4

권리는
　　　어떻게

　　　　소
　　　　멸
　　　　되는가?

7강 법률의 관점에서 권리 소멸

제3부에서 권리의 탄생을 살펴봤습니다. 탄생한 권리에서 실제로 〈어디에〉 권리가 있으며, 대체 〈어떤 속성〉의 권리인지에 대해서는 아주 깊숙이 탐구하지는 않았습니다. 하지만 어느 정도는 탐구하기는 했습니다. 이 책은 〈지식재산〉에 관합니다. 지식재산'권'은 지식재산에 대한 권리입니다. 재산Property에 관한 권리란 무엇입니까? 기본적으로 **소유권**입니다. 소유권의 속성은 무엇입니까? 독점권입니다. 타인의 부당한 점유와 사용을 배제하는 것입니다. 공유가 아닌 한 모든 소유권은 독점적이며 배타적입니다. **지식재산이라고 해서 예외가 아닙니다.** 예컨대 특허권이 존재한다면 그 특허권이 보호하는 〈생각의 표현〉, 즉 발명(Invention: Idea)을, 소유권자인 특허권자의 허락없이는, 타인이 사용할 수도 없다는 의미입니다.

사례 21

저널리스트이자 문명비평가인 **홍길동**이 다음과 같이 도전적인 주장을 펼친다. "인류의 산업과 문화를 이끈 혁신은 자유로운 정신에서 비롯된 것입니다. 그런데 특허는 인류의 자유를 제한합니다. 그러므로 특허제도는 인류 혁신의 장애물입니다." 그러자 홍길동의 이야기를 듣고 있던 **임꺽정**이 말도 안 되는 주장이라면서 다음과 같이 반박한다. "우리나라는 지난 20년 동안 특허권이 5배 늘었습니다. 그런데 대한민국의 산업은 망하기는커녕 오히려 훨씬 성장했습니다. 미국은 지식재산 세계 1위입니다. 산업분야에서도 세계 1위입니다. 특허가 혁신의 장애물이라는 증거는 어디에도 없습니다. 제도는 문제가 없습니다. 오히려 현실의 지표를 보건대 지식재산법은 인류 산업에 도움이 됩니다." 홍길동과 임꺽정의 상반된 주장을 어떻게 판단하는 게 좋을까?

사례 21에서 홍길동의 주장은 특허제도를 폐지하거나, 아니면 적어도 더 엄격하게 개혁해서 보완해야 한다는 주장으로 이어집니다. 평소 사회정의를 고민하는 특허청 심사관 장길산은 홍길동의 주장을 듣고는 과연 그 논리가 정당하다고 생각하면서 특허출원(특허권신청)에 대해 엄격하게 심사합니다. 사회 개혁과 정의를 주장하는 NGO 활동가 황진이도 홍길동의 비판에 동참하면서 지식재산제도의 개혁을 주장합니다. 자, 이런 홍길동, 장길산, 황진이의 생각에 대해서 여러분은 어떻게 생각하십니까? 이들의 비판 정신을 경청하여 인류를 위해 지식재산 제도의 전반에 걸친 개혁에 착수하는 게 좋을까요? 아니면 그들의 견해에 반대하면서 실증적인 근거를 제시한 임꺽정의 주장을 경청하는 게 좋을까요? 사례에 대한 해설을 하기에 앞서 탐구활동을 좀 하겠습니다. 우리가 이번 시간에 〈권리의 소멸〉을 탐구하는 까닭은 이런 논쟁을 바라보는 우리들의 관점을 정립하기 위함입니다. 7강과 8강, 두 차례에 걸쳐 우리는 지식재산권의 소멸에 대해 탐구합니다. 이번 강의는 〈**법률의 관점**〉에서 권리의 소멸을 다룹니다. 그리고 다음 강의에 〈**시장의 관점**〉에서 권리의 소멸을 다룹니다. 권리가 '어떤 이유로' 소멸하는지 알고 제대로 관찰하면 이제껏 우리들 눈에 보이지 않는 것들이 아주 명료하게 밝혀질 것입니다.

**
지식재산 소유권에는 **시간적 한계**가 있습니다. 부동산에 대한 소유권은 천재지변이 없고 국가가 수용한다거나 남한테 팔지만 않는다면 그 물적 범위 내에서 시간적 한계가 없습니다. 이것은 너무나 당연한 상식입니다. 대법원이 관리하는 부동산등기부에 등재되어 있는 내 소유권이 어느 날 갑자기 소멸되지 않습니다. 그러나 지식재산에 대한 소유권은, 우리가 이전 수업에서 살펴봤듯이, 이백 년 혹은 삼백 년 전에 인류가 편의적으로 또는 정책적으로 '발명'한 제도입니다. 없던 소유권 제도를 창조해 냈으니까 입법자들은 사회 여론의 찬성과 수긍을 위해 제한을 뒀습니다. 그것이 〈권리존속기간〉입니다. 그 기간은 다음의 표 1과 같습니다.

[표 1] 지식재산권의 존속기간

저작권	특허권	상표권	디자인권	영업비밀	부정경쟁
사후 70년	20년(25년)	10년	20년	비밀 해제 시까지	사업 멸망시까지
업무상 저작물은 공표 후 70년	신청일로부터 기산하되, 25년은 의약품 관련발명	등록일로부터 기산. 계속 갱신할 수 있음	신청일로부터 기산	-	-

지식재산 소유권, 즉 지식재산권은 애당초 없던 권리였습니다. 권리가 없었다면 누구나 자유롭게 사용할 수 있었을 것입니다. 따라서 권리의 존속기간이 만료되어 권리가 소멸됐다면, 원래의 출발점으로 되돌아옵니다. 즉, 그 권리는 퍼블릭 도메인public domain 영역이 됩니다. 누구나 자유롭게 사용할 수 있습니다.

**
***
지식재산 소유권에는 **표현적 한계**가 있습니다. 이는 마치 부동산의 주소지 또는 구획과 같은 의미입니다. 생각을 표현하지 않으면 지식재산

은 탄생하지 않습니다. 생각을 표현했다면 **그 표현한 만큼의 권리가 탄생합니다.**

아래 그림 1은 간단한 부분집합을 나타내는 다이어그램입니다. A와 B를 다음과 같이 정의해 봅니다.

B: 생각한 범위
A: 그 생각을 표현한 범위

[그림 1] 생각과 표현의 관계에서 소유권의 범위

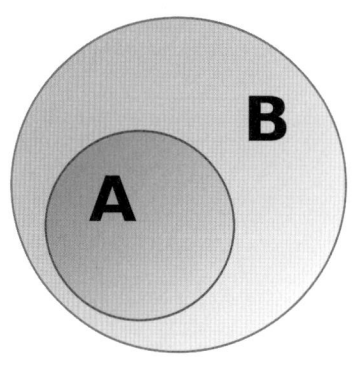

소유권은 A에서 탄생합니다. 소유권 바깥에 있는 B-A 영역은 표현에서 제외된 생각입니다. 그러면 그 범위의 생각은 **'자발적으로' 권리가 소멸**된 것입니다. 표현은 어려운 일입니다. 여러분도 연애 하든 보고서를 쓰든 자기 생각을 표현하는 데 많이 애를 먹은, 충분한 경험이 있었을 것입니다. 지식재산의 표현은 더더욱 어렵습니다. 소유권이 그리 쉽게 발생할 리 없잖아요? 지식재산의 채굴은 코인을 채굴하는 일보다 훨씬 어렵습니다. 표현하지 못해서 소멸한 생각이라면, 역시 그 부분에 관해서는 퍼블릭 도메인이 되며 다른 사람이 자유롭게 표현할 수 있습니다.

**

또한, 지식재산 소유권은 **심사 과정에서 소멸**이 발생하기도 합니다. 특허권, 상표권, 디자인권은 국가에 권리를 신청해야 하며, 국가공무원이 심사를 합니다. 심사를 통과할 수 있는 요건들은 모두 법정되어 있습니다. 그 심사가 제법 엄격합니다. 예컨대 특허를 받으려면 그 아이디어가 '진보적'이어야 합니다(신규성, 진보성). 좀 수준이 있어야 한다는 겁니다. 그런데 생각의 수준을 판단함에 있어 사물의 질량이나 성질을 측량하는 것처럼 객관적인 표준이 없습니다. 어느 정도 주관적일 수밖에 없습니다. 그래서 굉장히 혁신적인 아이디어라도 특허심사를 통과하지 못할 수 있습니다. 심사를 통과하지 못하면 **기술내용을 공개한 채로 소멸됩니다**. 그러면 그 아이디어는 퍼블릭 도메인 영역으로 들어갑니다. 그만큼 자유가 늘어납니다.

**

소유권의 **하자로 기인한 사후적 소멸**도 있습니다. 탄생한 권리가 법이 정한 존속기간까지 항상 유효한 것은 아닙니다. 지식재산권이란 사람이 하는 일의 결과여서 실수와 하자가 발생할 수 있습니다. 예를 들어 특허를 신청한 아이디어가 독창적인지 여부는 〈국제주의〉로 판단합니다. 즉, 한국에서 독창적이기만 하면 특허를 받을 수 있는 게 아니라, 지구적 차원으로, 인류사적 차원으로 독창적이어야만 특허를 받을 수 있습니다. 다소 극단적으로 사례를 하나 제시합니다. 여러분의 이해를 돕기 위함입니다.

사례 22

아프리카 르완다의 수도 키갈리에서 **지수비소**라는 사람이 커피콩의 산미를 종전보다 70% 이상 향상시킬 수 있으며, 건조 시간도 종전보다 2배를 절약할 수 있는 건조 방법을 개발해서 그 사실이 키갈리 신문에 뉴스로 보도됐다. 한국인 커피 사업가 **홍길동**이 르완다에서 지수비소를 만나 그 기술을 알게 되었고, 그래서 한국 특허청에 그 아이디어에 대한 특허를 신청했다. 특허청 심사관이 르완다어를 알 리 없고, 그래서 지수비소의 아이디어가 있었다는 사실을 모른다. 그러니 홍길동은 무난하게 특허를 취득했다. 경쟁업자 **임꺽정**이 이 사실을 알게 됐다. 그래서 권리의 무효를 주장한다.

증거자료를 잘 제출해서 사실이 밝혀지면 홍길동의 권리는 중대하고 명백한 하자를 지닌 권리이며, **당연무효**입니다. 특허를 받으려면 지구 차원에서, 인류사적으로 새로워야 하는데, 대한민국에서 특허를 신청하기 전에 르완다에서 이미 공지된 기술이며, 그러므로 특허를 받을 수 없습니다. 만약 임꺽정이 명백한 증거를 제출하는 데 성공하면, 홍길동의 특허는 사후적으로 소멸됩니다. 그러면 어떻게 될까요? 정당한 권리자가 특허를 신청할 수 있는 기간은 제한되어 있으므로 지수비소도 권리를 취득할 수 없게 됩니다. 그렇다면 이 아이디어는 적어도 한국에서는 퍼블릭 도메인 영역안으로 들어갑니다. 누구나 사용할 수 있습니다.

이리하여 우리는 지식재산 소유권의 시간적 한계, 표현적 한계, 심사 과정에서의 소멸, 사후적 소멸까지 살펴봤습니다. 모두 하나 같이 지식재산의 소멸 원인입니다.

다시 사례 21로 돌아가겠습니다. 지식재산제도의 유용성 혹은 정당성을 둘러싼 홍길동과 임꺽정의 논쟁이었습니다. 제 생각으로는 홍길동이 지식재산의 탄생과 소유권의 속성만 알지 지식재산의 소멸에 대해 잘 모르는 것 같습니다. 그래서 탄탄한 논리를 제시하므로 설득력이 있는 것처럼 보이지만, 홍길동은 비판의 대상이 되는 특허제도를 제대로 탐구하지는 않았습니다. 지식재산법의 입법가들은 자유의 영역을 항상 염두에 뒀습니다다만, 홍길동에게는 그런 입법정신이 전해지지 못했습니다. 단지 지식재산 소유권 제도가 갖는 독점적 성질(소유권으로서의 성질) 자체가 싫었던 것입니다. 반면 임꺽정의 반증은 상당히 현실적인 논거를 제시해서 설득될 것 같지만 인과관계가 틀어져 있습니다. 논리적이지 않다는 말씀입니다. 누군가 어떤 법률의 존재를 비판했고, 그 비판을 반박하고자 한다면, 우리는 그 법률 자체로 반박할 수 있어야 합니다. 그게 어렵다면 법 자체에 분명 문제가 있는 것입니다. 하지만 임꺽정은 굉장히 의미있는 비판활동을 하기는 했습니다. 비록 그가 법률은 잘 모르지만, 시장에 초점을 두고 의견을 밝혔다는 점에서 빛이 납니다. 다음 장에서는 시장 관점의 권리의 소멸을 탐구합니다.

8강 시장의 관점에서 권리 소멸

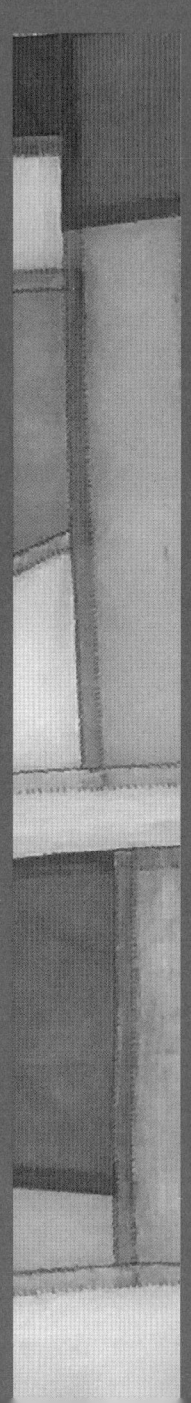

7강에서 우리는 **법률 관점**으로 지식재산 소유권의 시간적 한계, 표현적 한계, 심사 과정에서의 소멸, 사후적 소멸까지 살펴봤습니다. 모두 하나 같이 지식재산의 소멸 원인입니다. 지식재산이 소멸한다면, 제3의 다른 권리자가 나타나지 않는 한, 해당 지식재산은 퍼블릭 도메인입니다. 다음 퀴즈로 지난 시간을 복습해 봅시다.

사례 23

홍길동, 임꺽정, 장길산, 황진이, 성춘향이 모여서 지식재산 소유권의 한계에 관해 서로 자기 견해를 이야기하고 있다. 다음 중 다른 사람보다 확실히 잘못된 지식을 갖고 있는 사람은 누구일까? ① **홍길동**: 특허권은 원칙적으로 권리 존속기간이 20년이래. 20년 기산 시점에 대해서는 기억이 애매한테 아마도 권리신청일(출원일) 기준으로 20년일 거야. 존속기간이 만료되면 특별한 경우를 제외하고 더 이상 연장이 안 되고 그때부터 그 특허발명은 누구나 사용할 수 있는 게 된대. ② **임꺽정**: 저작권은 개인만이 갖는 게 아니라 단체도 가질 수 있대. 단체의 업무상 저작권은 공표한 날로부터 70년이 저작권 존속기간이래. ③ **장길산**: 상표권도 존속기간이 있어. 심사를 통과한 다음, 등록일로부터 10년이래. 존속기간이 만료되면 특별한 경우를 제외하고 더 이상 연장이 안 되고 그때부터 퍼블릭 도메인이 돼서 누구나 사용할 수 있대. ④ **황진이**: 아니 글쎄 미국에서는 온라인 결제할 때 결제 버튼 한 번만 누르면 바로 결제가 되더라고. 인증서 이런 거 필요없다는 거야. 한국에서는 아직 아무도 적용하지 않은 기술인데 내가 특허를 받으려고 하니까 그건 또 안 된대. ⑤ **성춘향**: 회사가 기업공개를 하면서 회사 자료를 공개하면 공개된 자료에 대한 영업비밀의 효력이 사라진다는 거야. 그래서 공개할 때에는 영업비밀 권리 소멸을 고려해서 할 필요가 있대.

사례 23의 답은 ③번입니다. 장길산이 틀렸습니다. 상표권은 권리를 연장할 수 있습니다. 그걸 '존속기간 갱신'이라고 부릅니다. 상표권이 무슨 이유로든 (대체로 관리 부실입니다) 사라졌다고 해도 종전 권리자는 다시 상표권을 신청할 수 있습니다. 또한 그 상표가 붙은 상품이 시장에서 유통되는 한, 타인이 자유롭게 상표권을 취득할 수 있다고 보기 어렵고, 부정경쟁방지법의 보호를 받을 수도 있습니다.

이제부터 **시장 관점**에서 권리의 소멸을 살펴봅니다. 사실 이게 핵심입니다. 시장이 얼마나 큰 **자생력**을 갖고 있는지 체감하는 게 중요합니다. 법무 지식은 시장을 모르면 무력합니다. 시장에 무지한 법무실무자는 자기 재능을 어필할 수 없고, 능력을 발휘하지 못하니 명심하십시오. 기업법무 그리고 글로벌 법무는 시장이 관건입니다. 기업은 시장활동을 하는 주체이고, 국경을 뛰어넘는 법무는 고도의 정치적 판단이 개입하지 않는다면 결국 시장활동의 소산이기 때문입니다.

저작권은 권리 탄생 시에 국가가 개입하지 않습니다. 그러므로 권리자가 권리유지를 위해 특별히 국가에 돈을 납부하지 않습니다. 그러나 산업재산권의 경우, 권리 탄생에 국가가 개입합니다. 국가는 권리를 준 대가를 요구합니다. 특허료/연차료/등록료 등 다양한 명칭의 돈(편의상 특별히 국가가 허락한 권리에 대한 대가라는 의미로, 약칭해서 **특허료**라 부르겠습니다)을 국가에, 정해진 기간 내에, 납부해야 합니다. 만약 법정된 돈을 국가에 납부하지 않는다면 어떻게 될까요? 권리는 소멸합니다. 소멸된 권리는 퍼블릭 도메인 영역으로 넘어갑니다.

사례 24

(주)홍길동은 123건의 특허, 55건의 상표, 이런저런 저작권, 기업 보유 영업자료, 브랜드의 명성을 보유하고 있다. 그런데 경영실패로 말미암아 자금 부족에 빠졌고 결국 부도가 났다. 또한 임금체불 등의 문제가 이어지고 경영정상화에 애를 먹고 있는 상황에 처했다.

대한민국에서 사례 24와 같은 홍길동은 매우 빈번하게 등장합니다. 지금도 어디에선가 도산의 위기에 몰린 홍길동이 있을 것입니다. 임금체불의 문제가 발생한 긴급 상황이므로 특허료를 납부할 여력이 없을 수 있습니다. 이 업무를 담당하던 담당자가 퇴사했을 수도 있습니다. 이런 경우 몇몇 권리들은 관리(돈 납부)하지 못해서 소멸하고 맙니다. 그렇게 권리가 소멸되면 퍼블릭 도메인이 됩니다. 공중의 입장에서 볼 때 타인의 지식재산을 이용하는 자유가 확산됩니다.

사례 25

사례 24의 **(주)홍길동**은 상황이 더 나빠진 결과, 도무지 기업회생이 어려워서 청산 절차를 밟게 됐다.

이런 사례에서 채권자들이 권리를 경매하지 않는다면(환가해서 경매하는 절차는 실무적으로 어렵습니다), 청산된 법인이 특허료를 납부할 수 없을 것이고, 더욱이 권리주체 자체가 사라지는 것이므로, (주)홍길동이 보유한 모든 지식재산은 당연히 소멸합니다. 그리고 그 권리들은 퍼블릭 도메인 영역으로 들어갑니다. 자유는 확산됩니다.

사례 26

임꺽정은 스타트업해서 (주)꺽정을 설립했다. 그런데 스타트업이 처음이어서 여러 가지로 미숙하다. 임꺽정은 함께 스타트업을 했던 직원과 인간적인 반목을 겪었고 그러는 사이 투자자 **장길산**이 경영에 자꾸 간섭하는 일이 벌어졌다. 미래의 꿈을 위해서는 회사를 없애고 새로운 회사를 설립해서 다시 사업을 시작하려고 한다. 그런데 (주)꺽정 명의로 2건의 상표권과 3건의 특허권을 갖고 있었다.

사례 26에서 임꺽정은 회사 명의의 권리를 자기 앞으로 또는 새로운 회사로 이전하면 좋겠다고 생각합니다. 그렇게 권리를 이전한 다음에 다시 사업에 활용하고 싶은 것입니다. 하지만 법적인 문제로 권리를 이전할 수 없는 상황이 발생합니다. 형법상의 배임과 횡령 문제가 생길 우려가 있기 때문입니다. 그렇다면 (주)꺽정 명의의 지식재산은 어떻게 될까요? 권리가 이전되지 않으면 퍼블릭 도메인 영역으로 들어갑니다. 이때 자유는 확산되겠지요.

사례 26에서 보는 것처럼, 스타트업을 해서 성공하여 안정된 기업이 될 때까지 예기치 못한 많은 고난을 겪습니다. 스타트업을 할 때 지식재산권의 명의를 임꺽정으로 하는 것이 좋을지, (주)꺽정으로 하는 것이 좋을지, 이 두 가지 방법의 장단점은 무엇일까요? 다음의 표와 같습니다.

[표 2] 스타트업 초기, 법인 명의 권리의 장단점

장점	단점
회사의 영업과 권리가 서로 일치해서 법인 명의로 ① 투자, ② 지원사업 신청에 유리하다.	지식재산은 임꺽정 생각에서 나온 것임에도 회사는 임꺽정에게 적절한 보상을 하지 못한다(사업 초기에서 여윳돈이 없기 때문). 법인이 사멸하면 권리가 소멸한다.

개인적으로 저는 스타트업을 하는 사람들에게 우선 개인 명의로 권리를 보유하라고 권합니다. 회사로 권리를 이전하는 것은 언제든지 가능하기 때문입니다. 반면 일단 회사 명의가 된 지식재산은 대표 개인에게 양도하는 것이 좀처럼 가능하지 않기 때문입니다.

**

다음으로 담당자의 교체에 따른 **관리 문제**를 살펴 보겠습니다. 권리의 관리는 기업법무에서 중요한 업무 중 하나입니다. 체계가 잡힌 대기업의 경우에는 큰 문제가 없으나(관리를 아웃소싱하기도 합니다), 중견기업 이하에서는 관리상의 문제가 발생합니다. 기업의 업무는 대체로 생산(혁신/서비스) 영역, 재정 영역, 인사 영역, 관리 영역으로 구별할 수 있습니다. 많은 기업이 이 순서대로 업무의 가중치를 부여할 것입니다. 그런데 지식재산은 '관리 영역'입니다. 게다가 후순위입니다. 지식재산 전문가들이 지식재산의 관리 업무에 대해 아무리 중요하다고 강조해도, 시장에서는 좀처럼 그렇게 생각하지 않습니다. 지식재산 전담자조차 없는 경우가 태반이고, 다른 주된 업무를 하면서 지식재산 관리를 병행하는 경우가 대다수입니다. 그러다 보니 직급이 낮은 담당자가 관리하게 됩니다. 그런데 담당자가 자주 교체(이직)되기도 합니다. 대표나 이사가 직접 지식재산을 관리할 수도 있겠지요. 그러나 경영자들은 몹시 바쁩니다. 제대로 관리하지 못하거나 결국 다른 직원에게 일을 넘깁니다. 이런 상황들로 말미암아, 즉, 담당자가 자주 교체됨에 따라 관리해야 할 지식재산의 존재를 제대로 인지하지 못할 위험이 커지고, 특허료 불납 상황이 발생하며 그 결과 지식재산이 소멸됩니다. 권리가 소멸되면 퍼블릭 도메인 영역으로 들어가고, 지식재산에 관한 사람들의 자유는 확산됩니다.

**

다음으로 **망각의 문제**입니다. 대기업의 경우에는 담당자 교체에 따른 권리 소멸의 위험이 적습니다. 그만큼 체계가 잘 잡혀 있기 때문입니다. 그런데 여기에서는 또 다른 문제가 있습니다. **권리가 너무 많아서** 각각의 권리의 내용과 실태와 범위를 제대로 파악할 수가 없는 지경에 이릅니다. 삼성전자는 2022년 시점에서 36,000건의 대한민국 특허를 보유하고 있습니다. 심사 대기 상태의 지식재산과 소멸된 권리를 포함하면 28만 건이 넘습니다. 대한민국에서만 그러합니다. 이런 지식재산을 어떻게 인간이 속속들이 알 수 있겠습니까. 인간은 슈퍼컴퓨터가 아니며, 사람의 기억은 휘발되기 일쑤입니다. 권리가 너무 많으면 〈그때 우리가 그런 권리를 신청해서 이런 범위의 지식재산권을 취득했다〉라는 사실은 **망각의 영역**으로 들어가게 됩니다. 기업은 이를 조금이나마 막기 위해서 숫자/문자로 구성된 코드로 지식재산을 관리합니다. 생각과 표현의 권리가 분류값인 **코드번호로** 변경됩니다. 그리고 컴퓨터 시스템이 그 코드를 관리합니다. 컴퓨터는 '생각하면서' 지식 재산을 관리하는 것일까요? 컴퓨터는 생각할 수 있을까요?

잠시 논점에서 벗어난 이야기를 하겠습니다. 천재적인 수학자 앨런 매티슨 튜링[3]이라는 사람이 있었습니다. 튜링은 1950는 〈기계는 생각할 수 있을까'라는 문제를 논하고자 합니다〉라는 제목으로 저명한 논문을 발표했습니다. 튜링은 이 논문에서 제안했습니다. 다음과 같은 테스트를 해서 기계가 그 테스트를 통과했다면, 그 기계는 생각하는 기계로 인정할 수 있다는 것입니다. 이 테스트가 바로 그 유명한 **튜링 테스트**입니다.

[그림 2] 튜링 테스트 시나리오

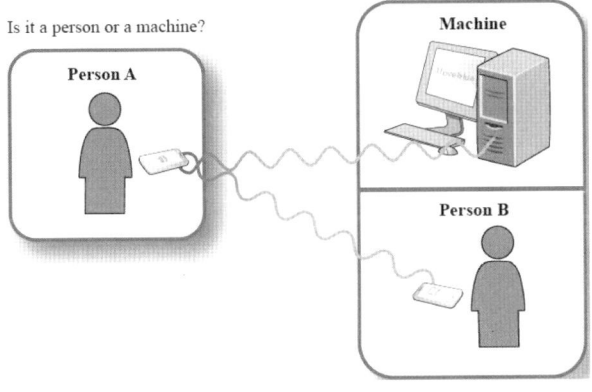

---

[3] Alan Mathison Turing 1912~1954. 2차세계대전에서 독일군의 애니그마를 컴퓨터를 이용해서 풀어낸 컴퓨터 과학의 아버지.

이 테스트에는 두 사람의 사람과, 기계 하나가 등장합니다. 두 사람 중 한 사람은 질문자이며, 나머지 한 사람은 답변자입니다. 기계도 답변을 할 것입니다. 물론 서로 얼굴은 보지 않고 텍스트로만 답변을 받는다고 가정하지요. 만약 질문자가 두 가지 답변을 받아보면서 어느 쪽 답변을 기계가 했는지 구별하지 못한다면, 결국 그 기계는 생각할 수 있다고 여겨야 하는 게 아닐까요? 이것이 튜링의 생각입니다. AI가 이 튜링 테스트를 통과한다면 생각하는 AI로 볼 수 있겠지요.

그러나 이런 튜링 테스트에 반론을 제기한 유명한 생각 실험이 있습니다. 일명 **중국어 방**Chinese Room이라고 불립니다. 미국 철학자 존 썰(John Searle 1932~)이 제기한 것입니다. 이 생각 실험은, 기계가 튜링 테스트를 통과하는 데 성공했다고 하더라도, 그것만으로 그 기계가 생각하는 AI라고 단정할 수 없음을 역설적인 논리로 입증했습니다. 썰은 1984년 〈생각, 두뇌 그리고 과학〉이라는 제목의 논문으로 이 생각 실험을 발표했습니다. 이 실험 속으로 들어가 보지요. 나는 중국어 방이라는 곳에 있습니다. 나는 한국어밖에 모릅니다. 중국어를 전혀 모르지요. 한자도 몰라요. 이곳에는 모니터 하나가 설치되어 있어서 모니터를 통해 중국어로 적힌 질문이 들어옵니다. 다행히 중국어 방에는 "이렇게 생긴 질문이 나오면 저렇게 생긴 카드가 답이다"를 친절하게 적어 놓은 **목록**이 있습니다. 그래서 질문이 나오면, 그 중국어 생김새를 본 다음에 목록집을 뒤져서 답에 해당하는 중국어가 적힌 카드를 선택해서 그 카드를 바깥으로 보냅니다. 이것이 중국어 방으로 명명되는 사고 실험입니다. 자, 바깥에 있는 사람들은 이 방 안에 있는 나를 어떻게 생각하겠습니까? 중국어를 아주 잘하는 사람이 방 안에 있다고 생각하겠지요. 하지만 나는 여전히 중국어를 전혀 모릅니다. 그저 목록집을 보고 알맞은 것을 꺼내서 바깥으로 보냈을 뿐이거든요. 나는 실제로 중국어로는 뭔가를 생각할 수 없습니다. 사람들이 나를 그렇게 생각하더라도 나는 중국어를 모릅니다. 썰은 이 중국어 방 실험을 통해 AI가 튜링 테스트를 통과했다고 해서 그 AI가 생각을 할 수 있는 것은 아님을 논리적으로 반증하는 데 성공합니다. 이해가 되시나요? 좀 헷갈리시면, 중국어 방은 '컴퓨터', 중국어를 전혀 모르는 나는 '코드로 지식재산을 관리하는 프로그램', 목록집은 '엑셀'로 이해하시면 될 것 같습니다. 이 실험은 역설합니다. 설령 인공지능이 인간을 상대로 체스에서도 바둑에서도 여러 게임에서 이겼더라도 인공지능이 생각하는 능력이 있다고 말하기는 곤란하다고요. 인공지능의 한계가 바로 이런 것입니다.

생각이 없어도 규칙에 따라 지식재산을 찾아내고 판단하고 관리할 수는 있겠지요. 그런데 지식재산의 본질은 〈생각〉과 〈표현〉입니다. 특허를 '매우 많이' 보유한 대기업은 생각과 표현을 제외한 상태의 컴퓨터 시스템으로 지식재산을 관리합니다. 지식재산을 지칭하는 코드로는 지식재산의 생각과 표현을 알아낼 수 없습니다. 결국은 사람이 그 많은 지식재산을 일일이 확인해야 합니다. 그 방법밖에는 없습니다. 하지만 사람의 대뇌는 한계가 분명하며 기억은 휘발됩니다. 아무리 훌륭한 컴퓨터 시스템이 있더라도, 코드로 관리되는 순간 지식재산은 망각의 영역으로 넘어갑니다. 망각의 영역으로 넘어간 생각은 표현조차 잊어버린 것이어서 권리는 '사실상' 소멸한 것입니다. 중대한 분쟁이 발생해서 운 좋게 발견되면 권리의 지위를 회복하겠지만 한 번 망각된 권리에 대해서는 좀처럼 기억을 회복하지 못합니다. 대기업의 특허 데이터베이스에서 특허를 나타내는 코드 번호는 사실상 그 특허의 묘비명입니다.

물론 소기업에서도 지식재산은 망각의 영역으로 들어갑니다. 사람들은 자기가 몇 년 전에 했던 과업에 대해서도 잊어버리기 때문입니다. 기억이 휘발되면서, '우리가 그때 그런 권리를 갖고 있었나?' 혹은 '우리가 대체 왜 그때 그런 특허를 취득했던 거지?'라는 의문을 갖는 일이 종종 발생합니다.

*
**

다음으로 **트렌드의 변화**입니다. 기술의 변화는 빠릅니다. 시장의 트렌드는 역동적입니다. 아무리 좋은 지식재산일지라도 시장에서 발생한 트렌드의 변화를 이길 수 없습니다. 필름 카메라 기술에 대한 최고의 지식재산을 갖고 있더라도 디지털 카메라 기술로의 트렌드 변화에 따라 해당 기술이 시장에서 더이상 사용되지 않는다면 있으나 마나 한 지식재산이 됩니다. LCD 관련 최고의 지식재산을 보유했으나 OLED로 시장의 트렌드가 변화하면 지식재산은 무용지물이 될 수도 있습니다. 지식재산은 '소유권'이지만, 그 실질은 〈생각의 표현물〉에 대한 가치일 뿐, 동산이나 부동산처럼 시장에서 가격이 부여되어 있지는 않습니다. 우리는 그 가격을 가늠하고 추정할 뿐입니다. 이때 시장의 트렌드가 지식재산의 '가격'에 결정적인 영향을 미칩니다. 시장 트렌드에 부합하는 지식재산이라면 당연히 가격이 높을 것이요, 시장 트렌드가 완전히 바뀌어서 더 이상 이용될 수 없는 지식재산이라면 가격은 0으로 수렴합니다. 그러다가 어느 순간 권리는 사실상 소멸되고 맙니다. 커다란 트렌드 변화가 일면 그것에 따라 무수한 지식재산이 자연사합니다.

특허만 그러할까요? 브랜드도 마찬가지입니다. 사회적인 이슈에 의해 브랜드의 가치가 영향을 받습니다. 최근 러시아가 우크라이나를 침공했습니다. 침공하는 탱크에도 트럭에도 영어 알파벳 〈Z〉가 표시되어 있습니다. 그러자 삼성전자는 발트 3국에서 판매중인 〈갤럭시Z폴드3〉 〈갤럭시Z 플립3〉 제품에서 'Z'를 지웠다고 합니다. 150년 역사의 스위스 취리히 보험회사는 오랫동안 영문명 Z 로고를 사용해 왔습니다. 전쟁이 발발하자 스위스 취리히 보험회사는 로고 사용을 중지했다고 합니다. 러시아의 불법적인 침공이 연상되므로 해당 브랜드의 가치가 크게 훼손됐기 때문입니다.

**
한편, 국가법령의 **규제**가 있다면 그 규제가 유효한 조건 하에서 지식재산은 사실상 소멸합니다. 규제로 말미암아 지식재산의 상업화가 막히며, 소유권 행사도 사실상 불가능해지기 때문입니다.

시장에서의 권리 소멸을 이야기한다면 **대학/연구기관의 천재들**을 살펴보지 않을 수 없습니다. 이미 공개된 자료(생각의 표현)에 대해서는, 권리자가 존재하지 않는 한, 누구나 이용할 수 있습니다. 그런데 지식재산은 존속기간이 있음을 우리가 알고 있습니다. 특허의 경우 20년입니다. 흔히 사람들은 원천기술에 대한 특허를 확보해야 한다고 주장합니다. 그런데 신기하게도 첨단기술 분야에서는 너 나 할 것 없이 자유롭게 기술을 사용해서 제품을 출시한단 말이지요. 도대체 이 첨단기술에 대해서는 원천 특허가 존재하지 않는 것인가요? 어째서 기업들이 자유롭게 기술을 사용하면서 시장에서 경쟁하고 있는 것일까요? 그 상당수의 자유는 대학과 연구기관의 천재들에 의해 생깁니다. 어떤 기술이 시장에서 상용화되기까지는 항상 상당한 기간이 걸립니다. 그게 20년이 더 걸릴 수 있습니다. 20년이 무엇이었지요? 네, 특허의 존속기간입니다. 퍼블릭 도메인이 만들어지기까지의 시간이라고도 할 수 있겠지요.

러시아 출신 영국 과학자 안드레 콘스탄틴 가임[4] 이라는 사람이 있습니다. 아주 웃긴 천재입니다. 여러분, 세상에서 가장 얇은 물질을 만들어 볼까요? 그렇게 해서 그의 연구팀은 2004년 스카치테이프를 흑연 Graphite에 붙였다 떼어내는 간단한 방법으로 흑연에서 1개의 층을 분리하는 데 성공했습니다. 그 2차원 구조물을 일컬어 '그래핀graphene'

---

[4] Sir Andre Konstantin Geim (1958~현재). 2010년 노벨물리학상을 수상했다.

이라고 칭합니다. 세상에서 가장 강하고 가장 단단하며 또한 가장 얇은 2차원 물질입니다. 두께가 원자 한 개의 두께인, 0.2nm(100억분의 2m)입니다.

[그림 3] 그래핀의 구조 모식도

흑연의 3차원 구조에서 1개 평면을 떼어낸 것이 그래핀입니다만, 신묘하게도 흑연과는 정말 다른 특성을 보입니다. 최고의 전도체입니다. 구리보다 100배 이상 전기를 잘 통합니다. 세상에서 가장 단단한 강철보다 100배 이상 더 단단합니다. 가시광선을 97.7%를 통과시킵니다. 열전도성이 다이아몬드보다 2배 이상 뛰어납니다. 마음껏 늘리거나 구부릴 수 있을 정도로 유연합니다. 그래핀 필터를 이용하면 바닷물을 간단하게 마실 수 있는 물로 만들 수도 있다고 합니다. 물분자는 통과

시킵니다. 그러나 소금은 그래핀을 통과하지 못하는 원리입니다. 완전 꿈의 신소재이지요. 그래핀을 마음껏 제조할 수 있다면 떼돈 벌겠지요? 애석하게도 이게 참 어렵습니다. 안정적인 대량생산이 어렵다는 말씀입니다. 그런데 2004에 그래핀이 발명됐습니다. 연구자들의 논문 발표로 그래핀이 속속들이 공개됐습니다. 그 연구자가 특허를 보유하고 있지 않다면 퍼블릭 도메인 기술입니다. 설령 특허를 보유하고 있더라고 조금 있으면 2024년이 됩니다. 아직 그래핀은 상용화단계가 아닙니다. 상용화 단계로 접어든다면 그래핀 자체는 누구나 자유롭게 이용할 수 있습니다.

개인적인 공명심이든, 인류에 공헌하기 위함이든, 연구자들의 천재적인 지식과 열정적이며 지속적인 연구활동에 의해 새로운 지식재산들이 쏟아져 나옵니다. 그런데 이것들이 시장에서 상용화되기까지는 상당한 시간이 걸립니다. 그 시간이 특허를 소멸시킵니다. 퍼블릭 도메인이 늘어납니다.

**

이제 마지막으로 **기술 표준**을 살펴 봅니다. 시장은 통일된 규칙을 만들어서 규모의 경제를 구축합니다. 정부와 민간에서 각종 표준을 정해 놓습니다. 이 표준은 어디에서나 누구에게나 적용될 수 있는 보편적인 기준이어서 시장에서 경쟁하려는 사람이라면 누구든지 자유롭게 참여할 수 있도록 보장합니다. 모든 플라스틱 용기 뚜껑의 규격은 같습니다. 홍길동이 만들든, 임꺽정이 제조하든, 로버트와 와타나베가 용기를 만들든 규격이 같습니다. 그러면 대량으로 만들 수 있어서 가격이 저렴해지고 소비자들도 편리하겠지요. 이때 그 표준에 누군가가 특허를 갖고 있을 수도 있지 않겠습니까? 이때의 소유권의 속성은 독점권입니다. 그러나 기술 표준 영역에서 시장은 그런 독점을 인정하지 않습니다. 반독점법의 정신이 적용됩니다. 표준 특허를 보유한 기업은 **공정하고 합리적이며 차별 없는 라이선스 규정**을 지켜야 하며, 이런 원리가 작동하는 범위 내에서, 소유권으로서의 특허는 '사실상' 소멸된 것입니다. 자유의 영역은 보장됩니다.

자, 지난 7강에서 다뤘던 사례 21의 홍길동 주장으로 다시 돌아가 보지요. 삼단논법의 전형적인 형식으로 구성된 홍길동의 주장은 진리처럼 보였습니다. "인류의 산업과 문화를 이끈 혁신은 자유로운 정신에서 비롯된 것입니다. 그런데 특허는 인류의 자유를 제한합니다. 그러므로 특허제도는 인류 혁신의 장애물입니다."

그러나 이제 우리가 다시 생각하니, 법률의 규정에 의해 혹은 시장의 자생력에 의해 특허 제도는 그 자체로 자유의 영역을 끊임없이 확장시켜 왔던 것입니다. 홍길동의 주장은 **진리와 비슷한 거짓말**이었습니다. 이런 거짓말을 라틴어로는 '*etumoisin homoia*'라 부릅니다. 영어로는 'false things like to real things.' 허위가 진리와 헷갈릴 정도로 비슷하게 보일지라도, 우리는 그걸 적절히 분별할 줄 알아야 합니다. 그런 분별력은 대체로 시장을 잘 관찰함으로써 얻어집니다.

5

국제조약

9강 국제조약의 탄생

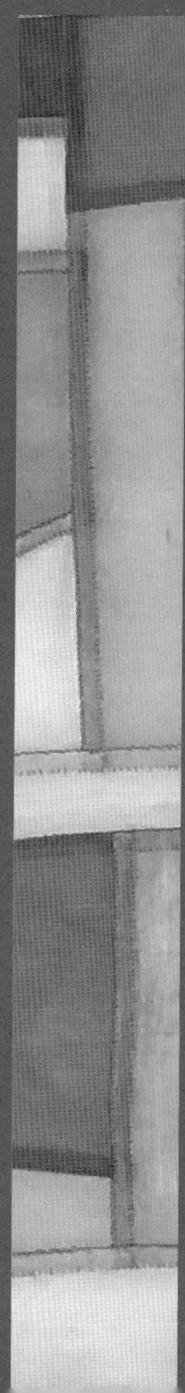

"어째서 외국기업이 대한민국에 특허를 신청할까요?"

지난 시간 강의가 끝난 후 김모 학생이 저에게 다가와서 한 질문입니다. 아주 좋은 질문입니다. 이 질문에 충실히 답하는 것만으로 이번 강의는 충분할 것 같습니다.

소유권은 독점적인 권리라고 합니다. '아, 그렇구나' 정도로 우리가 고개를 끄덕일 수는 있습니다. 좀더 구체적으로 들어가 보지요. '독점하겠다는 권리의 내용이 뭔데?'라고 물어볼 수 있겠지요. 지식재산은 생각을 표현한 것입니다. 하지만 그것만으로는 돈을 벌지 못합니다. 시장에서 돈을 벌기 위해서는 그 지식재산을 이용해서 상품을 만들어야 합니다. 그러므로 지식재산은 **상품화**(제품화)를 전제로 시장에서 의미를 갖습니다. 상품화가 불가능한 지식재산은 별로 가치가 없습니다. 그런 지식재산은 투자 대비 이익이 적은 '적자재산'입니다. 이로써 우리의 지식재산 이야기는 '생각'에서 시작하여 '표현'까지 왔다가 이제는 '상품화'에 이르렀습니다.

상품화는 무엇입니까? 공급자 관점에서는 시장에서 판매될 수 있는 제품을 만드는 것이고, 수요자 관점에서는 그 제품을 시장에서 구매하는 행위를 조성하는 일입니다. 하나씩 정리해 보지요. 먼저 그 상품을 〈생산(제조)하는 행위〉가 있습니다. 상품을 도매든 소매든 〈판매(양도)하는 행위〉도 필수적입니다. 생산과 판매 사이의 거리는 멉니다. 운이 따르지 않으면 백 년이 걸릴 수도 있지요. 그 사이에 〈홍보하는 행위)가 있습니다. 아, 생산을 하려면 그 지식재산을 〈사용하는 행위〉도 있어야겠지요. 생산을 한국에서만 하는 게 아니잖아요? 미국에서 할 수도 있습니다. 한국과 미국은 다른 나라입니다. 미국에서 하는 행위를 한국에서 왈가왈부할 수 없습니다. 하지만 미국에서 만든 지식재산 제품을 한국으로 수입한다면 이야기가 달라집니다. 〈수입하는 행위〉는 대표적인 지식재산 상품화 행위입니다. 지식재산 소유권의 독점적인 권능이라 함은 위에서 열거한 이런 **상품화 행위 전부를 독점할 수 있다**는 겁니다. 허락없이 다른 사람이 지식재산을 상품화할 수 없다는 것입니다. 타인이 자기 지식재산을 침해한다면 침해금지를 청구할 수 있습니다. '침해금지 청구'라고 하니까 모호하지요. 지식재산 소유권자는 이 사람(기업)이 무슨 행위를 하는지 살펴보고, 그 행위에 맞게 제조금지, 사용금지, 판매금지 〈가처분〉을 법원에 신청하는 것입니다. 시장활동을 못하게 할 수 있다는 말입니다. 좀 실감나게 예를 들어 보지요.

사례 27

휴대폰 배터리를 제조하는 **홍길동**의 창고에는 100만 개의 휴대폰 배터리가 있다. 다음 달까지 200만 개의 배터리를 미국으로 수출하여 거래처 **로버트**에게 납품야 한다. 그런데 특허권자 **임꺽정**이 자신의 특허권이 침해됐다면서 홍길동을 상대로 제조/판매/수출 금지 가처분신청을 법원에 제기했다. 한편 원재료 업자 **와타나베**가 홍길동에게 3개월 내로 대금을 지불하지 않으면 원재료 공급을 중단하겠다는 서한을 보내온 상태다.

홍길동은 휴대폰 배터리를 제조하느라 공급업체들로부터 원재료를 구매했으므로 물품대금 채무가 생겼습니다. 아마도 은행채무도 꽤 있을 것입니다. 그런데 임꺽정의 특허를 침해했다는 이유로 제조금지/판매금지 가처분이 됐다고 가정해 보지요. 창고에 있는 100만 개의 배터리를 반출하지 못합니다. 창고 유지비용은 계속 지출해야 합니다. 판매를 못했으므로 거래처에서 판매대금을 받지 못합니다. 그러므로 원재료 공급업체인 와타나베에게 물품대금을 지급하지 못합니다. 시장에서 신용을 잃고 자금은 회전하지 못합니다. 그래서 지식재산 소유권의 독점적인 의미가 무서운 것입니다. 설명의 편의를 위해 매우 전형적인 예를 제시했습니다만, 이건 입법자들이 상정한 상황이고, 지식재산 소유권의 필연적인 귀결이어서, 경영자들과 실무자들은 이런 상황을 충분히 예측할 수 있어야 합니다. 오늘날 기업가들은 이런 치명적인 위험을 잘 알고 있습니다.

기업은 시장에서 경쟁합니다. 시장활동은 경쟁활동을 뜻합니다. 경쟁활동은 100m 달리기도 마라톤 경주도 아닙니다. 자기만 목표를 향해 빨리 달려서 되는 문제가 아닙니다. 마치 미식축구처럼 상대방을 견제하고 쓰러트리면서 목표를 향해 달리는 경쟁입니다. 나는 강화해야 하며, 경쟁자는 약화시켜야 합니다. 나는 목표만 단순하게 생각하면 좋겠고, 경쟁자는 생각이 복잡해져야 합니다. 특히 후자가 중요합니다. 경쟁자로 하여금 자기 특허를 회피하도록 강요하여 피곤하게 만듦으로써 '덜' 좋은 솔루션과 '덜' 매력적인 상품을 선택하도록 유도합니다. 특허를 피할 수 있는 '매력적이지 않은' **안전지대**를 선택하게끔 해서 경쟁자의 경쟁력을 떨어트리는 것입니다. 특허가 시장을 완전히 봉쇄하기는 어렵습니다. 그건 환상이고 잘못된 생각이지요. 안전지대는 어디엔가 반드시 있습니다. 하지만 그곳은 '더 비싼 원재료', '더 많은 개발 시간', '덜 매력적인 제품'이 있는 곳입니다. 실상 그 안전지대는 결코 안전하지 않지요. 그곳으로 들어가면 시장에서 경쟁력을 잃습니다. 이렇듯 경쟁자의 경쟁력을 약화시키는 무기, 그게 바로 지식재산권의 존재 이유입니다. 물론 시장주체들이 바보는 아니거든요. 그런 안전지대에 들어가지 않으려고 고심한 끝에 **혁신지대**를 만들어 낼 수도 있습니다. 특허를 피하다가 발견하는 혁신이겠지요. 특허의 존재가 만들어 내는 〈혁신지대〉와 〈안전지대〉 중에서 많은 사람이 안전지대를 택합니다. 혁신이 맘처럼 쉽지 않기 때문이겠지요.

다른 길이 없을까요? 있습니다. 시장은 매우 커다란 경기장이고 여러 팀이 참여합니다. 그래서 이 미식축구 경기는 **편 먹기**가 가능합니다. 실제로 시장에서 편을 먹고 위험을 예방합니다. 편을 먹을 수 있는 조건이 필요합니다. 나도 특허가 이만큼 있고, 너도 특허가 이만큼 있으니, 우리가 서로 협약을 맺어서 우리끼리는 특허로 싸우지 말자고 협상할 수 있겠지요. 글로벌 기업들은 이렇게 '짬짬이'를 합니다. 그러려면 경쟁자를 견제할 수 있는 힘을 보유해야 합니다. 그게 지식재산권입니다.

시장의 크기, 매우 중요합니다. 자기가 참여하고 있는 시장이 크다는 건 규모의 활동을 할 수 있고, 가격의 이점을 볼 수 있으며, 들어오는 수입의 크기가 커짐을 의미합니다. 그래서 성공하면 할수록 기업은 자꾸 국경을 넘으려고 합니다.

자본주의 초창기, 식민의 시대이자 제국의 시대였던 때로 한 번 가보지요. 당시 '글로벌'은 소비를 포함하는 시장을 의미하는 것이 아니라 원재료 공급에 관한 수탈의 성격이 있었습니다. 제가 경제사학자는 아니기 때문에 이 무렵의 국제관계를 속속들이 알지는 못합니다만, 19세기 무렵, 자본가들은 국제 무역을 통한 소비시장 확산의 가능성을 발견했을 것입니다. 그런데 국경을 건널 때의 정치적인 장벽에 부딪혔을 것입니다. 잉글랜드의 '존슨'사가 대영제국의 여왕으로부터 특별히 인정받을 지식재산을 보유하게 됐습니다. 그런데 바다를 건너 프랑스에 가면 프랑스 정부는 이렇게 말합니다. "여기 프랑스인데? 그 권리는 우리 정부가 준 게 아닌데?" 이 말의 의미는 대영제국의 지식재산은 프랑스에서는 인정받지 못한다는 이야기입니다(이건 지금도 마찬가지입니다). 프랑스 시장에서 돈을 벌고 싶은 존슨은 생각합니다. '영국의 권리를 프랑스에서 인정받지 못한다면, 누구나 내 지식재산을 모방할 수 있다는 거잖아?'

이런 생각이 모여 조약이 탄생했습니다.

그 시작점이 **파리협약**입니다. 정확하게는 〈공업소유권 보호를 위한 파리협약〉입니다. 〈Paris Convention for the Protection of Industrial Property〉이며, **1883년**에 체결됐습니다. 우리나라는 100년 후 1980년에 이 조약에 가입했습니다. 특허, 디자인, 상표 등의 지식재산을 법적으로 보호하자는 다자간 협약입니다. 이 조약의 핵심은 이것입니다. 위 존슨의 입장으로 설명하지요. '영국의 권리를 프랑스에서 인정받지 못하는 건 좋아. 알았어. 프랑스 주권, 인정해야지. 근데 내가 영국에서 받은 지식재산과 동일한 지식재산을 프랑스에서도 권리를 받을 수 있는 절차 좀 만들어 줘. 그러면 내가 그 절차를 밟아서 권리를 신청할게.'

지금까지 우리가 '아주 확실하게' 공부한 것은 특허, 디자인, 상표 등의 공업소유권, 즉 산업재산권은 권리의 탄생에 국가가 개입한다는 사실입니다. 국가가 심사를 해서 권리를 줍니다. 각 나라는 다른 나라의 간섭없이 독립하고 있으므로, 어느 한 나라의 국가 개입과 심사결과에 대해 왈가왈부할 수는 없습니다. 그리고 그 권리의 내용과 효력에 대해서도 서로 간섭할 수 없습니다. 어느 한 나라의 국가가 허락한 권리는 다른 나라가 개입할 수 없는 그 나라 정부가 행하는 고유의 권한입니다. 그래서 파리협약은 내용에 대한 조약이 아니라 절차에 관한 조약이라는 특징이 있습니다. 절차란, 국가를 상대로, 권리를 신청하고 심사를 받고 등록하고 사후 관리까지, 일련의 타임라인상의 행위를 일컫습니다.

그런데 지식재산 중에서는 그 어떤 지식재산보다 전통이 있으며, 국가가 권리의 탄생에 개입하지 않는 지식재산이 있었습니다. 이것을 우리가 이제 압니다. '저작권'이지요. 저작권은 표현물에 관한 권리이고, 표현물은 국가가 심사하지 않은 채 시장에서 책으로 발행됐습니다. 음반으로 녹음되고요. 미술품으로 나오고요. 이들 책, 음반, 미술품이 세상에 모습을 들어낸 그 시점에 이미 저작권이 생긴 것입니다. 로버트가 저술한 책이 영국에서 출간됐다면, 그 사실은 영국 정부와 무관한 일이고, 그 발행 사실에 국가가 관여하지 않았습니다. 이건 프랑스 정부와 미국의 통치력과도 무관한 사실입니다. 그런데 로버트는 자신이 저술한 책을 자기 동의 없이 누군가가 프랑스에서, 미국에서 불법 해적판을 펴내서 돈을 버는 것을 윤리적이지 않다고 생각합니다. 이런 생각이 모여 저작권조약을 체결합니다. 파리조약이 체결된 지 3년 후인 **1886년** 스위스 베른에서 협약을 체결합니다. 〈문학, 예술적 저작물의 보호를 위한 **베른협약**Berne Convention for the Protection of Literary and Artistic Works〉이라고 부릅니다. 대한민국은 1996년에 가입했습니다.

저작권은 산업재산권과 달리 국가가 개입하지 않습니다. 따라서 베른협약은 파리조약과 달리 〈절차에 관한 조약이 아니라 권리 내용에 관한 조약〉입니다. 내용이란, 권리의 자격과 종류와 기간에 대한 규범으로서, 조약에 가입한 당사자라면 어느 나라나 지켜야 하는 규범을 뜻합니다.

이 두 가지, 파리조약(협약)과 베른협약이 지식재산 관련 조약의 커다란 두 기둥입니다. 각각 1883년, 1886년에 체결됐습니다. 우리나라는 각각 1980년, 1996년에 가입했습니다.

이를 정리하면 다음 표와 같습니다.

[표 3] 파리협약과 베른협약 비교

파리협약(1883)	베른협약(1886)
절차에 관한 국제조약으로, 그 절차의 기본규범을 정함.	권리 내용에 관한 국제조약
나라마다 법제와 행정이 다르고, 나라마다 언어가 달라서 절차가 제 각각이라는 한계가 있음	베른협약의 내용보다 나라마다 더 강한 저작권 제도를 둘 수는 있음(한미FTA, 한유럽FTA)
특허협력조약, 마드리드프로토콜 등의 후속 국제조약이 실무적으로 더 중요	실무적으로 꼭 알아야 할 중요한 후속조약이 있다기보다는 베른협약이 반영된 각 나라의 저작권 제도 중시
178 contracting member countries	179 contracting member countries

질문. 그러면 우리는 이런 국제조약을 별도로 공부해야 할까요? 그럴 필요까지는 없습니다. 조약당사국에서 국제조약은 국내법과 동등한 지위를 갖습니다. 그래서 각 나라의 입법자들은 국내법과 조약이 충돌되지 않도록 국내법을 개정합니다. 우리나라 특허법, 디자인보호법, 상표법에 파리조약이 모두 반영되어 있습니다. 또한 우리나라 저작권법에는 베른협약의 규정이 반영되어 있습니다. 즉, 국내 지식재산법에 대한 탐구는 곧 국제조약의 정신과 국제적으로 통용되는 국제법을 탐구하는 일이기도 합니다. 다만, 저작권에 관한 조약보다는 파리조약의 다음 세 가지 3가지 규범에 대해서는 우리가 알고 있어야 합니다.

① 내국민 대우의 원칙 (National Treatment)

프랑스에서 영국인 존슨은 프랑스인 샤를과 같은 대우를 받아야 합니다. 대한민국에서 일본인 와타나베와 미국인 로버트는 한국인 홍길동과 같은 대우를 받아야 합니다.

② 우선권제도 (Priority right)

존슨이 영국에서 지식재산권을 신청한 날로부터 아래의 기간 내에 프랑스에 권리를 신청하면 영국에서 출원한 날짜에 프랑스에서도 권리 신청이 이루어졌다고 간주하는 제도입니다. 권리를 신청함에 있어 기간의 이익을 주겠다는 제도이며, 매우 중요한 국제규범입니다.

- 특허: 12개월
- 상표, 디자인: 6개월

③ 소유권 독립의 원칙 (Mutual Independence of rights in the different Countries of the Union)

존슨이 보유한 영국 특허는 프랑스에서는 효력이 없습니다. 영국 정부가 한 일을 어째서 프랑스 정부가 따라야 합니까?

이리하여 우리는 국제조약이 탄생하게 되는 필연적인 과정을 살펴 봤습니다. 굳이 말하자면 국경을 자꾸 넘으려는, 넘어야 하는 시장의 필요 때문이었습니다. 9강은 "어째서 외국기업이 대한민국에 특허를 신청할까요?"라는 질문에서 시작했습니다. 이제 답을 내놔야 할 시점입니다. 어째서일까요? 한국 시장이 매력적이거나, 장차 가능성이 있거나, 혹은 그 시장에 있는 한국 기업들을 경쟁자로 여기기 때문입니다.

10강 좀 더 세련된 그러나 복잡한 국제조약

국경을 건너는 것은 힘든 일입니다. 많은 기업이 글로벌 비즈니스를 위해 국경을 건너 기회를 찾습니다. 기업들은 꿈을 포기하지 않고 국경을 건넙니다. 국경을 건널 때마다 비용을 써야 합니다. 그럼에도 소득을 얻지 못하고 실패하는 경우가 수없이 일어납니다. 국경을 건너 글로벌 시장활동을 하면서 대부분의 시장 주체는 혹시나 있을 위험을 예방하기 위해 법적인 보호를 생각합니다. 법적인 보호에 소요되는 비용은 비행기 값보다 더 비쌉니다. 외국 권리가 공짜로 얻어질 리가 없잖습니까? 그런데 돈만 문제되는 것이 아니라 법적 보호 자체가 불가능한 사태도 자주 발생합니다. 어째서 법적인 보호가 불가능해지는 걸까요?

〈법적 보호 불가능〉이 발생하는 까닭은 각 나라의 정부가 권리의 탄생에 개입하기 때문입니다. 그런데 그 나라의 정부가 권리를 주지 않는다고 해서 그냥 두 손 내리고 비즈니스를 포기하겠습니까? 인허가의 문제 혹은 정치적 문제라면 외국 시장을 개척하기 어렵습니다. 그런데 지식재산에 관련한 문제라면 좀 다릅니다. 여러분이 입법자가 될 수 있습니다. 기업은 스스로 시장에서 법을 만들어갑니다. 국가와 무관하게 입법행위를 할 수도 있습니다. 바로 **계약**입니다. 계약을 통해 지식재산에 대한 권리를 발생시킬 수 있습니다. 당사자 사이의 관계를 만들어 내고 서로 유대감을 강화시키는 것입니다. 국가에 권리 신청(특허출원, 상표출원)을 하는 목적이 꼭 권리를 취득하겠다는 것에만 있지 않습니다. '계약적'(계약서에 어느 한 당사자가 권리를 신청한 상태(심사 중)임을 나타내기 위해) 혹은 '심리적'(계약서에 적힌 상품에 대해 당사자가 납득할 만한 법적인 조치가 취해져 있음을 나타내기 위해) 목적으로 해외 권리화를 도모할 수도 있는 것입니다.

지난 9강에서 우리는 파리조약으로 외국에 특허출원할 수 있음을 알게 됐습니다. 이를 **파리루트**에 의한 특허출원이라고 합니다. 홍길동의 관점으로 설명합니다. 미국, 일본, 대만, 기타 나라에 특허권을 가지려면 그 나라의 정부가 권리를 줘야 합니다. 홍길동이 미국인이 아니라 해서 미국 정부가 홍길동을 부당하게 대우하지는 않습니다. 국적을 이유로 차별할 수 없다는 것이 파리조약의 정신이었습니다. 하지만 그러려면 '적시에' 권리를 신청해야 합니다. 한국에 처음으로 특허출원한 날짜를 **우선일**Priority Date이라고 합니다. 그 우선일로부터 12개월 이내라면 조약 가입국 어디에서든 특허출원을 하면 그 나라에서 특허심사를 받을 때에 최초의 우선일로 소급시켜 주는 장점이 있었습니다.

질문. 만약 12개월이 지나버렸다면 어떻게 될까요? 12개월 지난 후에 로버트가, 와타나베가 각각 미국과 일본에서 권리를 먼저 신청한다면 홍길동은 **우선권**을 누릴 자격을 잃고, 후순위자가 돼서 특허를 받기 어려워집니다. 그 12개월 사이에 로버트나 와타나베가 먼저 그 나라에서 권리를 신청했더라도 만약 홍길동이 파리조약을 이용해서 우선권을 주장을 했었다면, 홍길동이 '새치기'할 수도 있었습니다. 그러나 홍길동은 우선권 주장을 할 기회를 놓치고 만 겁니다. 물론 유사한 아이디어를 생각해 낸 로버트와 와타나베가 항상 존재하는 것은 아닙니다. 그러므로 실제로는 큰 일이 벌어지지 않을 수도 있습니다. 그런데 만약 12개월의 문제가 아니라 우선일로부터 24개월이나 후라면 어떨까요? 그런 정도의 시간이 흐르면 대한민국에서 홍길동의 특허내용은 공개됩니다. 미국이나 일본이나 대만에서도 특허요건(독창성)의 판단 기준은 〈국제주의〉입니다. 홍길동의 생각은 다 공개되게 마련입니다. 그러면 누구도 같은 생각으로는 특허를 취득하지 못합니다. 퍼블릭 도메인이 되는 것이지요.

파리루트에 의한 외국에서의 특허출원은 굉장히 유용합니다. 하지만 또 따지고 보면 이게 그다지 쓸모가 없을 때도 많습니다. 경험적으로 볼 때, 1개 국가에서 특허를 '취득'하는 데 1천 만 원 이상의 비용이 소요될 수 있습니다. 세상에는 아주 많은 나라가 있잖습니까? 10개 국이면 1억 원의 예산이 필요하다는 얘기입니다. 여러분이 스타트업이라면 상당히 부담이 될 수밖에 없는 금액입니다. 12개월은 전속력으로 다가옵니다. 그사이 예산을 확보해 놔야 하는데, 말처럼 쉽지 않습니다. 시간이 너무 촉박하게 느껴집니다. 파리조약의 정신을 존중하면서, 좀 더 여유를 갖고 절차를 진행할 수는 없을까? 그런 생각들이 모여 1984년에 **특허협력조약**(Patent Cooperation Treaty: PCT)이 탄생했습니다.

질문. 전 세계 모든 나라에 특허를 신청할 수는 없을까? 이론적으로는 가능하지만 현실적으로 불가능하고, 미친 짓입니다. 그러면 또 이렇게 반문할 수도 있습니다. 아니, 화이자, 애플, 구글 같은 돈 많은 기업은 전 세계에 특허를 신청할 수 있지 않을까? 이론적으로는 맞습니다만, 그럴 필요까지는 없습니다. 제품을 생산할 수 있는 역량이 있는 국가(생산금지를 청구할 이익이 있는 국가)와 큰 시장이 형성되어 있는 국가(판매금지를 청구할 이익이 있는 국가)에서만 특허를 취득해도 사실상 만족적이기 때문입니다. 그럴 역량이 없는 나라에서는 특허가 없어도 제품과 브랜드로 충분히 시장을 지배할 수 있습니다. 〈신청〉의 관점에서 '거의' 모든 국가에 특허를 시도해 보는 걸 가능하게 하는 절차가 있기는 합니다. 그것이 바로 PCT국제출원입니다.

특허협력조약은 파리루트를 절차적으로 보완하자는 국제협약입니다. 파리루트에서는 시간이 너무 촉박했습니다. 12개월은 전속력으로 지나갑니다. 그러면 그걸 30개월 이상으로 연장하면 어떻겠냐는, 절차에 관한 협정이 특허협력조약입니다. 이런 방식으로 외국에 특허를 신청하는 방법을 **PCT 루트**라고 합니다. 홍길동은 대한민국에 특허출원을 합니다. 한국특허출원일이 우선일입니다. 그날로부터 12개월(1년)이 되기 전에 PCT 국제출원을 합니다. 그러면서 우선권주장을 합니다. 이때 특허를 받고자 하는 전세계의 조약 가입국을 지정합니다(PCT 조약에 가입하지 못한 국가, 예를 들면 대만의 경우에는 PCT 루트를 이용할 수 없음에 유의해야 합니다). PCT 국제출원이 접수되면, 파리루트를 이용할 때에는 1년 이내에 해당 국가의 절차를 밟아야 했지만, 그 기간을 30개월(2년 반)로 자동 연장해 주는 것입니다. 31개월, 32개월 등등 더 연장해 주는 나라도 있습니다. 요컨대 PCT 국제출원은 국제적인 기간연장 제도입니다.

어쨌든 PCT국제출원을 한 다음에 실제로 특정 국가로 진입(실무적으로 몇몇 나라만 합니다)할 때까지의 절차적 대기 상태를 〈국제단계〉, 특허를 받고자 하는 나라에 번역문을 제출한 이후의 단계를 〈국내단계〉라 칭합니다. 국제단계는 스위스 제네바에 있는 세계지식재산기구(World Intellectual Property Organization: WIPO)가 담당하고, 국내단계는 각 나라의 특허청에서 사무를 처리합니다. 국제단계에서는 PCT 수수료를 많이 받은 WIPO가 국제조사 서비스를 제공하고 현황을 잘 관리해줍니다. 그러나 실제 특허심사는 각국이 독립해서 진행합니다.

다음으로 상표에 관련한 국제조약을 간략히 살펴보겠습니다. 1889년 상표의 국제등록에 대한 협정이 만들어집니다. 그걸 마드리드 협정이라고 합니다. 파리협약의 정신을 특허가 아닌 상표에 초점을 둔 협정입니다. 이것이 1995년 〈표장의 국제등록에 관한 마드리드 협정에 대한 의정서: Protocol Relating to the Madrid Agreement Concerning the International Registration of Marks 〉로 발전했고, 우리나라는 2004년에 가입했습니다. **마드리드 의정서**라고 번역합니다. '마드리드 프로토콜'이라고 불러도 좋습니다. 마드리드 프로토콜도 '절차'에 관한 협약입니다. 다시 홍길동의 관점으로 설명합니다.

홍길동이 우리나라에서 사용하고 있는 상표에 대해 외국에서 상표권을 취득하는 루트는 세 가지가 있습니다. ① 특허와 달리 우선권주장(6개월) 주장하지 않고 그냥 단순하게 나라마다 각각 별개로 상표출원을 하는 방법입니다. 시장 상황을 고려하여 필요 시에 나라를 선택해서 상표출원을 합니다. 이때 그 나라의 변호사를 선임해야 합니다. ② 위 ①번 방법에 우선권주장을 더하는 방법입니다. 어느 나라에서 상표출원한 날짜(우선일)로부터 6개월 내에 다른 나라에 상표출원을 할 수 있고, 그러면 우선권의 효력을 행사할 수 있습니다. 이것은 특허와 같습니다. 새치기 가능합니다. 위 두 가지 방법은 단순해서 좋습니다. 그러나 실무적으로 1개의 상표를 1개류의 품목에 대해 상표등록을 하는 데 나라마다 다르지만 대략 200만원의 비용이 필요합니다. 제품을 만드는 것은 기술이 필요해서 좀 어려운 일입니다. 특허를 신청하지 않고도 기술력만으로 시장을 지배할 수 있다는 얘기지요. 상표를 사용하는 건 아무런 기술이 필요하지 않습니다. 그래서 특허보다 더 많은 나라에 권리를 신청해야 할 가능성이 크다는 이야기입니다. 그러면 돈이 굉장히 많이 들겠지요? 나라마다 진행하니 절차도 복잡할 거고요. 그래서 ③ 마드리드 프로토콜이 생겼습니다. 사실 절차는 더 복잡합니다. 유일한 장점은 돈을 절약할 수 있다는 점입니다.

마드리드 프로토콜은 제1국(우리나라)에서 출원되거나 등록되어 있는 상표(기초상표)에 대해 1개 이상의 제2국(다른 나라)에 대해 상표출원하는 절차입니다. 스위스에 있는 국제사무국에서 단번에 절차를 진행하기 때문에 처음에는 제2국의 변호사를 선임하지 않습니다. 그래서 비용이 저렴하다는 얘기입니다. 그러나 반드시 기초상표가 있어야 합니다. 따라서 기초상표가 거절되거나 무효가 되면 안 됩니다. 그리고 만일 제2국에서 무엇인가 문제를 삼고 상표출원을 거절하면 그때에는 현지 변호사를 필수적으로 선임해야 합니다. 결국 처음에는 비용이 저렴하지만 문제가 발생하면 절차가 매우 복잡해지고 심지어 비용도 더 들 수 있습니다.

그 밖에도 국제디자인등록에 관한 헤이그 협정, 상품 분류에 관한 니스협정 등이 있습니다만, 실무적으로 중요도가 떨어지기 때문에 생략합니다. 특허청 웹사이트나 인터넷을 통해 검색해서 정보를 구하면 좋겠습니다.

사례 28

아프리카 르완다의 수도 키잘리에서 **지수비소**라는 사람이 커피콩의 산미를 종전보다 70% 이상 향상시킬 수 있으며, 건조 시간도 종전보다 2배를 절약할 수 있는 건조 방법을 개발해서 2018. 1. 2.자 현지 매체인 키잘리 신문에 뉴스로 그 소식이 보도됐다. 그후 커피 사업가 **홍길동**이 2018. 8. 8.에 르완다에서 지수비소를 만나 그 기술을 알게 되었고, 그래서 2018. 11. 19. 한국 특허청에 그 아이디어에 대한 특허를 신청했다. 한국 특허청 심사관이 르완다어를 알 리 없고, 그래서 지수비소의 아이디어가 있었다는 사실을 모른다. 2020. 1. 2. 홍길동은 무난하게 특허를 취득했다. 그런데 커피업자인 **임꺽정**이 이 사실을 우연히 알게 되어, 2022. 3. 3. 지수비소에게 연락을 했다. 자, 지수비소는 대한민국에서 특허를 취득할 수 있을까?

사례 28은 사례 22에 시간 요소를 더한 것입니다. 아프리카 르완다를 예로 드니까 다소 낯선 사례처럼 보입니다. 그러나 르완다를 미국이나 일본으로 바꾸면 비즈니스 현장에서 흔히 발생하는 익숙한 사건이 됩니다. 만약 지수비소가 르완다 특허청에 특허출원을 했고, 그걸 이용해서 PCT 국제출원을 한 다음, 대한민국 특허청에 권리신청을 한 게 아니라면, 대한민국에서 특허를 취득할 수 없습니다. 우선 2022년 3월 즈음해서는 시간이 너무 많이 지났기 때문에 조약 우선권주장을 할 상황은 못됩니다. 이런 상황에서도 지수비소는 대한민국에서 특허를 신청할 수 있으나, 홍길동 특허 때문에 거절될 것입니다. 홍길동 특허가 방해가 된다면 홍길동 특허를 무효시킬 수는 있습니다. 그러나 홍길동 특허가 사라진다 해도 지수비소가 대한민국에서 특허를 취득할 수 있는 것도 아닙니다. 특허는 인류사적으로 지구차원에서 새로운 것이어야 하는데, 지수비소는 자기 기술을 2018. 1. 2. 공개했습니다. 그다음 시간이 흘렀습니다. 자기가 공개한 행위 때문에 지수비소 본인도 권리를 취득할 수 없습니다.

6

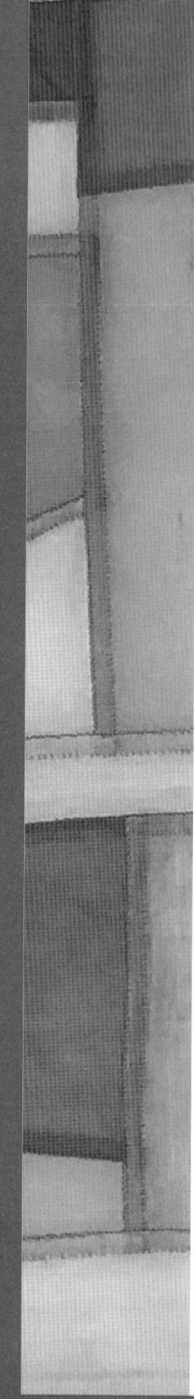

브랜딩

11강 브랜딩과 상표권

좁은 의미로 브랜딩branding이라 함은 제품에 브랜드를 정하는 일을 뜻합니다. 오늘날 상표trademark를 뜻하는 브랜드brand의 본래 뜻은 가축에 주인을 나타내는 낙인을 찍는 행위 또는 그런 낙인을 의미했습니다. 가축은 가장 중요한 재화였고 상품이었습니다. 그러므로 그 출처를 밝혀놔야 했습니다. 이런 **상품 출처**, 누구의 업무에 관련한 상품인지를 나타내는 표장을 상표라 칭합니다. 그리고 그 상표에 관련한 일반 법률이 상표법입니다.

출처를 표시하는 않는 '정상적인' 영업활동은 존재하지 않습니다. 상호를 정하는 것 자체가 출처 표시입니다. 주문자 상표 부착 생산(Original Equipment Manufacturing: OEM)으로 시장활동을 하더라도 제조사로서 어딘가에는 출처를 표시해야 합니다. 그 출처 표시에 차별성이 있느냐, 혹은 거래업계에서든 일반 수요자들에게서든 어느 정도의 신뢰를 받느냐는 별개의 문제이며, 어쨌든 출처 표시는 필요합니다. 최소한의 출처 표시인 상호가 없다면 영업신고를 못하고 사업자등록증이 나오지도 않습니다.

오늘날 브랜드 개념의 의미는 굉장히 확장되었습니다. 예전에는 제조사 관점으로 접근했습니다. 상표를 만드는 사람의 관점이었습니다. 그러나 지금은 소비자의 관점으로 접근되고 있습니다. 상표가 소비자들에게 어떻게 인식되며 어떤 이미지로 소비되는지까지 고려해서 전략을 짜고 그 전략에 따라 마케팅을 합니다. 그런 일련의 계산된 활동을 일컬어 **브랜딩**이라고 부릅니다. 좋은 브랜딩은 소비자로 하여금 브랜드에 대한 신뢰도를 올려주고, 그 신뢰도가 소비행위를 촉진합니다. 브랜딩에 성공한다면, 공급과 수요의 관계에서 공급보다는 수요만이 변수가 되고, 그 수요를 끌어올려 주기 때문에 경쟁제품보다 더 높은 가격의 동인이 되며, 그것이 치열한 경쟁 속에서도 더 많은 이익의 요인으로 작용합니다. 그러니 브랜딩이 중요하지 않을 수가 없습니다. 기업은 신기술을 개발하려고 존재하는 게 아닙니다. 기업은 혁신하려고 존재하는 것도 아닙니다. 이런 점에서 기업의 본질에서 특허라는 지식재산이 차지하는 위상은 생각보다 대단한 것은 못됩니다. 업종마다 회사마다 다르게 그 위상이 정해질 뿐입니다. 그런데 업종이 무엇이든 어떤 회사이든 기업 활동은 결국 자기 이름을 거래업자나 소비자들에게 알리는 방향성을 가집니다. 상표는 반드시 필요하다는 이야기이며, 그러므로 브랜딩에 대한 법적인 보호도 중요해집니다. 경쟁자가 우리 브랜드를 모방한다면 나와 소비자의 신뢰 관계에 이물질이 들어오기 때문에 좋은 브랜딩을 할 수 없습니다. 이런 이물질의 혼입을 막을 수 있는 가장 좋은 수단이 바로 상표권입니다.

상표권은 국가가 권리 탄생에 개입해서 심사를 하고 독점권을 준다는 관점에서 일종의 특허입니다. 이런 권리를 취득하기 위해 상표사용자는 브랜드를 독점하고 싶다는 막연한 생각만이 아닌, 법이 정한 '표현'을 해야 합니다. 첫째, 상표를 표현해야 합니다. 대체로 문자 상표이지만, 로고(도형상표)도 좋고, 홀로그램이나, 소리도 좋습니다. 둘째 그 상표를 사용할 상품을 표현해야 합니다. 막연히 모든 품목에 대해서 나만 그 상표를 사용하겠다는 제도와 절차는 없습니다. 45개로 분류되는 상품분류에서 1개류 이상을 선택한 다음, 그 류에 속하는 품목을 하나 이상 정해야 합니다. 상품분류가 어떻게 이루어지며, 어떤 품목이 등재되어 있는지에 대해서는 아래 링크의 특허청 사이트에서 잘 소개되어 있습니다(만일 코드가 접속되지 않는다면 URL이 변경된 것이고 그러면 특허청 사이트를 검색해 들어가면 됩니다).

상표권자는 적어도 10년, 길면 반영구적인 권리를 소유하기 때문에 품목 선정 전략이 필요합니다. 가급적 스스로 품목을 선정하기보다는 전략적 조언을 하는 전문가와 상의하는 것을 추천합니다. 권리를 신청하면 심사를 받습니다. 두 가지 주요 심사 사항이 있습니다. 첫째, 타인의 동일하거나 또는 **유사한** 선행 상표권이 존재해서는 안 됩니다. 국가가 서로 다른 시장 주체에게 이중으로 독점권을 부여해서는 안 되기 때문입니다. 어떤 경우에 상표가 유사한지에 대해서는 갑론을박이 있습니다(23강 자료를 참고하면 도움이 됩니다). 여러분이 유사하다고 판단한 상표가 법리적으로 유사하지 않을 수 있고, 여러분이 '이건 완전히 다른데?'라고 생각하는 상표들이 법리적으로는 유사한 상표로 여겨질 수도 있습니다. 브랜드의 성패가 이 유사성 판단에 좌우될 수 있으므로 이에 관해 독자들은 전문가의 조언을 경청해야 합니다. 둘째, 상표등록을 거절할 공익적인 요청이 없어야 합니다. 이걸 전문적으로 '상표의 **식별력**' 문제라고 합니다. 상표이긴 해도 그 상표가 타인도 '당연히' 자유롭게 사용할 수 있는 그런 상표에 해당한다면 국가가 누군가에게 독점 사용을 허락하는 것은 사회 정의에 반합니다. 예를 들어 자동차 품목에 〈Car〉, 과자류에 〈깡〉, 사과에 〈apple〉, 의류에 〈Lady〉 등의 브랜드'만'으로 구성된 상표는 독점이 허용되지 않습니다. 그런 상표는 시장에 참여한 다른 주체도 마땅히 사용할 수 있는 자유로운 표현이기 때문입니다.

지식재산권으로서 상표권을 더 폭넓게 혹은 더 깊이 탐구할 수 있으나, 그건 또 한 권의 책이 됩니다. 그러므로 이 정도에서 멈추기로 하고, 몇몇 사항에 대해서는 문답식으로 정리해 보겠습니다.

① **로고 디자인**을 했는데 어떻게 보호해야 하나요? | 답변. 나와 남을 구별하는 모든 표지는 상표법상 상표로 간주됩니다. 그러므로 상표권 등록을 통해 권리화합니다. 다만, 로고보다는 문자의 권리범위가 더 넓습니다. 문자는 읽고 발음할 수 있으며 뜻도 있지만 로고 디자인은 외관만 있기 때문입니다. 로고 디자인이 반드시 상표법에 의해서만 보호되는 것은 아닙니다. 독창적인 표현물이라면 저작권으로 보호받을 수 있습니다. 그런데 저작권 제도는 **공시 기능**이 없습니다. 로고 디자인에 대해 상표권을 신청하면, 사람들은 그 로고 디자인의 저작권자가 해당 상표권을 신청한 그 사람(법인)일 거라고 생각할 수 있으므로, 그런 점에서 사실에 대한 일응의 추정으로써 상표출원을 저작권 공시 도구로 활용할 수 있습니다. 굳이 저작권등록을 하지 않아도 된다는

애기입니다. ② 상표가 **한글도 있고 영어도 있어요.** 두 개 모두 상표출원을 해야 하나요? | 답변. 재정이 충분하고 상표권을 두텁게 보호할 이유가 있다면 한글 단어와 영문자 모두에 대해 상표권을 신청합니다. 패션분야나 화장품 분야처럼 브랜드가 수익에 결정적인 영향을 미치는 분야에서는 특히 그러합니다. 그런데 둘 중 하나만 선택하고 싶다면 일반적으로는 영어 상표로 권리 신청하는 게 좋습니다. 영어가 실생활에서 자주 쓰인다는 점, 상표권의 보호범위는 발음까지 고려해 주므로 한글 상표까지 사실상 보호할 수 있다는 점, 무엇보다 사업이 잘 되어 장차 해외시장에 진출할 때 영어 상표가 더 유용하다는 점을 감안해야 합니다. 그렇지만 해외시장에 전혀 관심이 없다면 그냥 한글 명칭에 대해서만 상표출원해도 특별히 문제는 없습니다. ③ 상표등록이 어렵지 않다고 하던데 굳이 **전문가한테 의뢰**할 필요가 있을까요? | 답변. 권리를 신청/등록했다는 사실만이 중요한 경우 굳이 변리사의 도움을 구하지 않아도 됩니다. 하지만 더 좋은 방법으로 권리를 확보하고자 한다거나(전략적인 접근), 회사의 담당자가 교체되더라도 십 년 이십 년 지속적으로 상표권이 관리되기를 원한다면(관리적인 접근), 전문가의 도움이 필요합니다. ④ **외국 브랜드**인데 한국에서는 아직 권리가 없는 모양이에요. 제가 먼저 상표권을 획득할 수 있을까요? | 답변. 그런 행동을 일컬어 상표선점이라고 합니다. 옛날에는 재빠르게 외국 브랜드를 선점해서 많은 돈을 챙길 수 있었습니다. 그 브랜드를 가진 외국 기업이 한국시장에 진입할 때 큰돈을 받고 상표권을 팔 수 있었기 때문입니다. 모방 상표가 많다고 중국을 비난하기는 어렵습니다. 우리가 옛날에 그랬습니다. 하지만 세상이 올바르게 바뀌었고, 이제

는 거의 불가능합니다. 타인의 상표를 모방해서 먼저 상표권을 취득하는 행위는 대개 부정한 목적이 있다고 봅니다. 자기 비즈니스를 보호하기 위해서 상표권을 취득하는 게 아니라, 타인의 정당한 영업을 방해하거나 부당한 방법으로 이득을 얻는 행동으로 간주돼서 그 사실이 밝혀지면 심사를 통과하지 못합니다. 물론 모방상표처럼 보일 뿐 사실은 모방상표라고 비난할 수 없는 경우도 있습니다. 타인의 브랜드이긴 한데 그게 별로 알려지지 않았다면, 그런 것까지 배려하기는 어렵습니다. 상표등록 제도는 먼저 신청한 사람에게 국가가 우선권을 주는 제도이기 때문입니다. 어쨌든 외국 브랜드에 대해서는 무리하게 상표선점을 하는 것보다는 정식으로 라이선스를 요청하는 게 좋습니다. ⑤ **현재 사용하고 있지는 않은** 상품에 대해서도 상표권 등록이 가능하나요? | 답변. 가능합니다. 대한민국 상표법은 사용 사실을 증거로 요구하지 않습니다. 사용할 의사만 있으면 됩니다. 그런 의사가 있다고 별도로 증거를 제출하지도 않습니다. 미국에서는 실제 사용하고 있는 상품에 한해 상표권이 인정됩니다.

⑥ **식별력 없는 상표들**을 좀더 자세히 예시해 줄 수 없을까요? 심사관의 주관인가요 아니면 법률이 별도로 규정한 것인가요? | 이건 답변이 깁니다. 비유해서 말하겠습니다. 여기 '사과'와 '돌멩이'가 있습니다. '사과'는 맛있게 먹을 수 있으니까 가지세요. '돌멩이'는 먹을 수 없어요. 먹겠다는 생각을 버리세요. 어떤 상표가 있는데 타인의 권리가 없다면 상표권을 취득할 수 있다고 가정합니다. 그것은 '**사과**'입니다. 반면 타인의 권리의 존재여부와 관계없이 그냥 상표권 취득이 불가능

한 상표가 있어요. 그것을 '돌멩이'라고 해 보는 것입니다. 그렇다면 우리는 어떤 게 사과이며 어떤 게 돌멩이인지만 구별하면 됩니다. 홍길동이 〈나주배〉, 〈Pear〉, 〈한국1등배〉라는 단어를, '배'라는 품목에 대해서 상표권을 보유하게 됐다고 가정합니다. 그러면 다른 사람들이 '배'에 그런 표현을 쓰지 못하게 되지 않겠어요? 배를 재배하고 판매하는 사람들에게는 매우 폭력적인 상황이 됩니다. 그래서 〈나주배〉, 〈Pear〉, 〈한국1등배〉는 적어도 배라는 상품에 대해서는 돌멩이입니다. 화장품 품목에 대해서 〈KERATIN〉은 돌멩이입니다. 케라틴은 화장품의 원재료이기 때문입니다. 과자에 대해서 〈허니버터〉만으로는 돌멩이입니다. 역시 과자의 원재료이기 때문입니다. 그런 원재료는 누구나 상품에 표시할 수밖에 없기 때문입니다. 이처럼 상품의 원재료만으로는 돌멩이가 됩니다. 반면 〈KERATIN〉을 휴대폰이라는 상품에, 〈허니버터〉를 의류 브랜드로 사용한다면 사과입니다. 상품의 원재료와 아무런 관련이 없기 때문입니다. 복사기에 〈Quick copy〉, 음료수에 〈생명물〉은 각각 돌멩이입니다. 그 상품의 성능을 직접 나타내기 때문입니다. 상품을 바꿔볼까요? 〈Quick copy〉는 신발에, 〈생명물〉은 복사기에 사용한다면 사과가 됩니다. 그 상품의 성능과 특별히 관련이 없기 때문입니다. 신발에 〈260mm〉라는 상표는 돌멩이입니다. 어떤 상품의 일반적인 형태를 나타내는 로고도 돌멩이입니다. 등산복의 〈Winter〉는 돌멩이입니다. 겨울시즌에 입는 옷이라는 표시인데 그런 표현은 누구나 사용하게 해주는 것이 맞습니다. 방금 살펴본 돌멩이들은 '상품'에 관해서 따진 것입니다. 어떤 상품인가를 묻지 않고 돌멩이가 되는 상표도 많습니다. 대표적인 것으로 누구나 다 알 것 같은 지리 명칭이 있습니다. 나라 이름, 국내외 도시 이름, 유적지나 명소 이름에 대해 누군가 독점사용권을 갖는다면 상식에 맞지 않겠지요. 예를 들어, 〈Seoul〉, 〈뉴욕〉, 〈LONDON TOWN〉, 〈베네치아〉, 〈VIENNA〉, 〈HEIDELBERG〉, 〈남대문〉, 〈불국사〉, 〈한라산〉, 〈진도〉, 〈빛고을〉, 〈종로〉 등의 단어는 모두 돌멩이입니다. 너무 흔하고 간단한 단어들은 나와 남을 구별하는 기능이 미약합니다. 예를 들어 한 음절의 단어인 〈나〉는 돌멩이입니다. 반면 2음절 〈나나〉는 사과입니다. 그러므로 브랜드 네이밍할 때에는 2음절 이상이어야 합니다. 영어는 어떨까요? 〈A〉는 돌멩이입니다. 〈AA〉나 〈AZ〉도 돌멩이입니다. 〈ABC〉는 사과입니다. 영문자 알파벳은 3음절 이상이어야 하고 2음절 이하라면 원칙적으로 돌멩이랍니다. 숫자는 어떨까요? 숫자로만 상표를 사용할 수도 있으니까요. 〈1〉은 돌멩이, 〈17〉도 돌멩이입니다. 숫자는 3개 이상이어야 합니다. 〈777〉은 사과입니다. 그렇지만 〈123〉, 〈345〉처럼 숫자가 연이어 있는 상표에 대해서 한국특허청은 돌멩이라고 규정하고 있답니다. 그렇다면 영어 알파벳 한 개와 숫자 한 개가 결합한 것은 어떨까요? 〈A1〉, 〈F1〉, 〈A6〉, 〈8S〉는 모두 돌멩이입니다. 그렇지만 〈A12〉, 〈FX1〉은 사과입니다. 〈8Second〉도 사과입니다. 브랜드 디자이너들은 이런 미묘한 차이에서 사과와 돌멩이가 결정된다는 점을 잘 알아야 합니다. 만약 돌멩이와 돌멩이가 합쳐지면 어떨까요? 사실 좀 어려운 문제이기는 합니다. 돌멩이들이 모여 봤자 돌멩이인 경우가 많습니다. 〈우리〉, 〈LAND〉, 〈MART〉, 〈CLUB〉, 〈PLAZA〉, 〈WORLD〉, 〈OUTLET〉, 〈마을〉, 〈나라〉, 〈촌〉, 〈BANK〉, 〈VILLAGE〉, 〈HOUSE〉, 〈CITY〉, 〈TOWN〉, 〈PARK〉, 〈DATA〉, 〈WEB〉, 〈NET〉, 〈COM〉, 〈CYBER〉 따위의 단어들은 매우 흔하게 사용되는 표현입니다. 그래서 상표로서 나와 남을 구별해주는 기능이 없습니다. 여기에 앞서 이야기한 현저한 지리 명칭을 더한다거나, 상품의 이름이나 특성을 더한다고 해서 뭔가 달라진다고 보기 어렵습니다. 그래서 돌멩이가 됩니다. 하지만 돌멩이와 돌멩이가 합쳐진다고 해서 항상 돌멩이가 되는 것은 물론 아닙니다. 〈CC〉는 돌멩이입니다. 〈CC CLUB〉은 사과가 됩니다. 컴퓨터 프로그램 품목에서 〈SYSTEM〉은 돌멩이입니다. 하지만 〈K SYSTEM〉은 사과입니다. 돌멩이와 돌멩이가 합쳐져서 어떻게 사과가 될지에 대해서는 안건마다 다를 수 있으므로 전문가와 함께 그때마다 작전을 짜야 합니다. 이제까지 우리는 어떤 상표가 돌멩이인지를 살펴봤습니다. 〈APPLE〉은 먹는 사과에 관련된 상품에 관해서는 돌멩이입니다. 하지만 사과와 아무런 상관이 없는 〈컴퓨터〉와 〈휴대폰〉에 대해서는 사과입니다. 대략 아시겠지요? 내 상품과 다른 사람의 상품을 소비자가 구별하는 데 특별히 문제가 없다면 '사과', 다른 사람들도 자연스럽게 사용하는 표현이어서 상표로서 구별 기능을 갖기 어렵다면 '돌멩이'입니다. 그런데 돌멩이가 사과가 되는 마법이 상표제도에는 있습니다. 〈종로김밥〉은 돌멩이입니다. 누군가에게 독점권을 주기 어려운 단어입니다. 그런데 〈종로김밥〉이라는 명칭으로 상표등록이 되어 있습니다. 〈KT〉, 〈LG〉, 〈CJ〉, 〈GS〉, 〈SK〉, 〈HP〉, 〈NH〉는 돌멩이입니다. 영문자 2개만으로는 돌멩이라고 아까 말했기 때문입니다. 그런데 모두 무사히 상표등록이 되어 있습니다. 상표권자가 어떤 마법을 부렸길래 불가능한 일이 가능해진 걸까요? 돌멩이를 사과로 만든 그 마법이란 무엇일까요? 바로 **시장에서의 성공**입니다. 브랜드의 성공은 시장에서 곧 얼마나 많은 소비자에게 알려졌느냐, 이것으로 결정됩니다. 어떤 명칭이 본래는 상표권을 취득할 수 없는 단어이지만, 소비자들에게 널리 알려졌다면, 그 소비자들의 믿음을 보호해 줄 필요가 있습니다. 소비자의 믿음을 보호하는 것, 그게 바로 '공익'입니다. 그걸 보호해주지 않으면 나쁜 의도를 가진 사람들이 나타나게 마련입니다. 소비자가 착각하게끔 해서 모방으로 돈을 벌려는 사람들은 제법 명석하고 그래서 법을 악용합니다. 이런 악용을 방지하기 위해서라도 상표법은 구별 기능이 없는 상표가 유명해졌다면 예외적으로 돌멩이를 사과로 인정해 줍니다.

12강 상표 모의 실험

이번 강의는 **자발적으로 과제물을 만들어 보는** 시간입니다. 독자 여러분도 함께 실험에 참여해 주시기 바랍니다.

상황은 다음과 같습니다. 홍길동은 스타트업을 해서 (혹은 기업 신사업팀에서 업무 목적으로) 브랜드를 정하려고 합니다. 홍길동은 이 신규 브랜드에 대해 상표권을 확보해야 합니다. 어떤 브랜드를 정해야 하는 것이 좋을까요? 이 실험 **과제**는 다음과 같습니다. 여러분이 위 상황에서 홍길동 입장에서 상표권등록이 가능한 브랜드를 정하는 모의 실험입니다.

① 브랜드를 사용할 품목(지정상품)을 정한다.
② {상표 후보군}을 선정한 다음에, 한국특허정보원 사이트(www.kipris.or.kr)에 접속하여, 메뉴바에서 〈상표〉 버튼을 클릭한 후, 〈항목별 검색을 위해 이곳을 클릭해주세요〉를 클릭하고, 〈상표명칭〉란에 후보군의 상표를, 〈분류정보/상품분류〉란에 분류번호를 입력해서 검색하기를 누른다. 검색결과가 리스트로 나오면 그 리스트에서 소멸/포기/거절은 제외한다. 그 결과를 보면서 유사한 선행상표가 있는지 조회한다.
③ 위 상표 조사의 결과에 따라 상표를 정한다.
④ 그 상표를 브랜드로 선정한 까닭을 간단히 적는다.

즉, 다음과 같이 적어 보는 것입니다.

상표 선정 계획서

— 홍길동

① 저는 스마트폰 앱을 만드는 사업으로 스타트업을 하기로 했습니다. 제가 만들고자 하는 스마트폰 앱은 해시태그 모음 정보 제공앱입니다. 이 앱을 설치하여 원하는 해시태그를 등록해 두면, 해당 해시태그를 사용한 인스타그램, 페이스북, 유튜브 영상, 뉴스 기사를 모아서 푸시해 줍니다. 상품분류표에서 확인해 보니 제9류 소프트웨어 품목을 선정하면 될 것 같습니다.

② {해시업, HASHUP, 해시콜, HASH CALL, 태그업, TAGUP}으로 후보군을 선정하여 한국특허정보원 사이트에서 검색을 해 보았습니다.

③ 그랬더니 해시업과 HASHUP의 경우 선출원상표가, 해시콜과 HASH CALL은 선등록상표가 있었습니다. 그러나 태그업과 TAGUP의 경우 유사한 선행 상표가 존재하지 않았습니다. 한글상표와 영어상표 중 어느 것을 선택할까 고민하다가, 해외에도 진출할 수도 있으니까 〈TAGUP〉을 선택했습니다.

④ '태그업'이라는 단어는 친숙하고 외우기 쉽습니다. 그리고 '해시태그'의 태그와 같은 단어여서 마케팅하기도 쉽습니다. 그리고 정보를 고객에게 '업'해서 제공하는 단어이므로 어감도 좋습니다. 특히 이 단어는 야구에서 타자의 타구가 플라이볼로 아웃되는 나쁜 상황에서도 주자가 다음 베이스를 향해 달려가는 동작을 뜻하기도 해서, 어떤 상황에서도 원하는 목표에 이르겠다는 의지를 담을 수 있습니다.

연습문제

1. 홍길동, 임꺽정, 장길산, 황진이, 성춘향 다섯 사람은 법Law에 대해서 서로 토론하면서 각자 자기 의견을 밝히고 있습니다. 다음 중 여러분이 장차 자유롭고 열린 문화를 강조하는 어느 IT기업에 취직하여 법무에 관련한 일을 할 때 그 기업의 조직이 채택하기 어려운 견해를 밝힌 사람은 누구일까요?

① 홍길동: 원래 법이라는 단어의 개념적인 속성은 보편성에 있대. 우리가 중력의 법칙이라고 부르는 그 '법칙'이 우리가 배우는 '법률'과 같은 단어라는 거야. 인류는 모두 호모 사피엔스의 DNA를 갖고 있다는 점에서 차이가 없고, 오늘날 글로벌 시대에서는 모든 인류에게 보편적으로 적용될 수 있는 법률이야말로 참된 의미의 법이라고 부를 수 있을 것 같아. 법률이라는 형식으로 입법된 실정법 규정이라 해도 보편적인 속성이 없으면 임의규정이라 해서 어느 정도의 자유가 주어지잖아? 또 입법자들이 언제든지 개정할 수도 있고 그러는 것 같아. 하지만 보편적인 법률 규정은 특히 더 존중해야겠지.

② 임꺽정: 그래서 법률도 정의 관점으로 제정된 법이 있고, 편의 관점으로 제정된 법도 있는 것 같아. 그러나 아무리 편의적으로 정책적인 목적으로 제정된 법이라고 해도 사회 공공선의 관점에서 나름 이유가 있지 않을까? 그걸 단지 보편성의 관점에서만 판단하면 안 된다고 생각해.

③ 장길산: 법은 우리의 행동을 규제하는 원리여서 국가의 역할이 매우 중요하다고 생각해. 우리 인간 개개인은 악하기 때문에 법의 정신을 개인에게 일임할 수는 없고 결국 국가가 법령을 제정하고, 국민들이 그 규범을 지키고 따르도록 해야만 사회 질서를 유지할 수 있어. 마찬가지로 회사도 규칙을 디테일하게 정한 다음 직원들이 그 규칙에 따라 업무를 수행하도록 관리하고 그 규칙을 어기면 벌칙을 부과해야 해.

④ 황진이: 철학자 임마누엘 칸트는 우리들 마음속에서 내 행동을 규제하는 원리를 준칙Maxim이라고 일컫고, 보편적인 법률에 맞는 준칙을 택해서 행동하라고 말했어. 이걸 우리가 '정언명령'이라고 배웠던 것 같아. 각자가 언제나 어디에서나 올바른 좌우명을 택해서 행동하라는 거야. 사람들 각자가 그런 좌우명을 갖고 있다면 사람들의 양심에 호소하는 것도 문제 해결의 좋은 솔루션이 될 수 있을 거라고 생각해.

⑤ 성춘향: 내가 조사를 해 보니까 1994년에 르완다에서 제노사이드가 발생했다는 거야. 아니 글쎄 100일 동안 80만 명이나 학살당했대. 어쨌거나 학살은 끝났고, 학살범을 처벌해야 하지 않겠어? 그런데 범죄로 체포된 사람이 13만 명인데 판사, 검사, 변호사도 엄청 학살당해서 판사와 변호사가 30명 밖에 남지 않았다는 거야. 그래서 내전을 통해 집권한 르완다 정부는 도저히 서양의 사법시스템으로는 해결할 수 없어서 아프리카 방식으로 〈풀밭에서 재판〉을 했대. 마을공동체가 자체적으로 분란을 해결하는 방법이었는데, 처벌할 사람을 처벌하면서도 사회적인 합의와 통합을 가져왔다는 거야. 나는 이런 사례를 접하면서 우리가 익숙하게 알고 배우는 법무 지식에도 기존 지식만을 수긍하고 고집하기보다는 상상력이 필요하다는 걸 알았어. 실정법이 가장 좋은 법률이라기보다는 최소한 이 정도의 법률이어야 한다는, 즉 더 나은 법을 찾을 수도 있다는 생각을 하게 됐어.

2. 다음 중 지식재산 권리의 탄생에 국가가 개입하지 않는 권리는 무엇일까요?
① 저작권, ② 특허권, ③ 디자인권, ④ 상표권, ⑤ 실용신안권

3. 다음 지식재산 중 국가에 관리 비용을 납부하지 않는 권리는 무엇일까요?
① 저작권, ② 특허권, ③ 디자인권, ④ 상표권, ⑤ 실용신안권

4. 김한국이 쓴 소설 〈숭실대학의 비밀〉이라는 소설이 존속기간 만료로 대한민국에서 저작권이 소멸되었습니다. 이에 관해서 홍길동, 임꺽정, 장길산, 황진이, 성춘향 다섯 사람이 각자의 의견을 내놓습니다. 다음 중 가장 올바른 의견을 말하고 있는 사람은 누구일까요?
① 홍길동: 저작권이 소멸됐으니 그 권리는 이제 국가의 재산으로 귀속되는 거야.
② 임꺽정: 에이 설마, 김한국의 소설은 누구나 사용할 수 있는 퍼블릭 도메인이 되는 거야.
③ 장길산: 둘 다 맞는 얘기야. 국유 재산이 곧 퍼블릭 도메인이지. 누구나 저작권위원회에서 신청해서 김한국의 소설을 사용할 수 있어.
④ 황진이: 김한국이 쓴 소설 중에서 〈숭실대학의 비밀〉은 저작권이 소멸되었지만, 그가 쓴 소설 중에서는 저작권이 소멸되지 않는 것도 있대.
⑤ 성춘향: 아니, 소설은 모두 저작권이 소멸되었을 걸? 그런데 최근에 공개된 김한국의 미발표 읽기가 있는데, 그건 아직 공개된 지 얼마 안 돼서 저작권이 소멸되지는 않을 거야.

5. 정우성이라는 사람이 인터넷 쇼핑몰 사이트를 만들어 신발을 수입해서 판매합니다. 그런데 아디다스, 나이키 등의 브랜드 신발 이미지를 그

오리지널 회사의 웹사이트에 업로드된 이미지를 사용하고 있고, 웹 사이트는 외주 개발자가 만든 것인데 정우성이 구입하지 않은 유료 서체를 사용하고 있습니다. 이 정우성 웹사이트의 적법성에 대해 국제법무학과 학생들이 대화하고 있습니다. 다음 중 확실히 잘못된 지식을 갖고 있는 학생은 누구일까요?

① 홍길동: 허락을 받아야지. 남의 이미지 파일을 무단으로 다운로드받아 사용하면 저작권 침해야. 상식적으로 생각해 봐. 그런 건 정식으로 권한을 갖고 있는 대리점에서나 할 수 있다고.

② 임꺽정: 제품사진에 있어 중요한 것은 얼마나 그 피사체를 충실하게 표현하였나 하는 사진 기술적인 문제이고, 그 표현하는 방법이나 표현에 있어서의 창작성이 아니잖아. 비록 사진을 잘 찍었으니까 브랜드 회사가 그 사진을 사용하는 것이고, 창작이 전혀 개재되어 있지 않다고 할 수 없을지는 몰라도, 그런 정도의 단순한 제품 사진은 저작권법에 의하여 보호할 만한 창작 표현으로는 보기 어려워. 나는 괜찮다고 봐.

③ 장길산: 우리 대법원은 서체의 저작권을 인정하지 않는다는 거야. 그러니까 정우성 웹사이트에 그 서체를 사용했다고 해서 그것만으로는 저작권 침해가 성립되지 않을 거야.

④ 황진이: 서체를 소프트웨어 저작물로 보호를 받는데, 정우성이 서체 소프트웨어를 불법으로 다운로드받아서 사용하는 게 아니라면 정우성한테는 문제가 없어. 외주 개발자가 불법 프로그램을 사용했다면 그건 그 사람 문제지 정우성 웹사이트 문제는 아니잖아?

⑤ 성춘향: 사진 이미지가 항상 저작권이 부인되는 것은 아니야. 촬영자의 개성과 창조성이 인정되면 당연히 저작권이 인정되겠지. 예를 들어 다른 소품들을 이용해서 구도를 잡고 특별하게 연출된 제품 사진이라면 저작권으로 보호될 걸? 그런데 단순히 신발 제품 사진만 덜렁 찍은 사진은 저작권 인정이 안 될 거야.

6. 다음과 같은 사건이 있었습니다. (주)한국의 회사 사정이 어려워지면서 대표이사 홍길동은 개발자 임꺽정의 임금을 지불하지 못하게 했습니다. 퇴직금도 지급할 형편이 못됐습니다. 홍길동은 회사를 생존시켜서 사업을 이어나가는 것이 더 이상 불가능하다고 판단했고, 이런 사실을 임꺽정에게 통보했습니다. 임꺽정은 대표이사인 홍길동에게 밀린 임금과 퇴직금을 요구하였으나, 자포자기 심정의 홍길동은 갖고 있는 돈이 없다고 미안하다고 말하는 한편, 회사에서 사용하던 컴퓨터를 퇴직금 조로 갖고 가서 알아서 사업을 해보라고 말했습니다. 이에 임꺽정은 퇴사하면서 자신들이 쓰고 있던 컴퓨터를 갖고 나갔습니다. 그 컴퓨터에는 회사의 개발 자료들이 들어있었습니다. 퇴직 후 임꺽정은 새로운 회사를 설립하여 해당 제품과 유사한 제품을 만들며 상업적 성공에 이르자 홍길동이 임꺽정을 상대로 (주)한국의 영업비밀을 침해하여 이익을 취했다는 이유로 형사 고소, 불법행위에 대한 손해배상과 부당이득을 반환하라는 민사소송을 제기했습니다. 이 사건에 관한 학생들이 각자의 의견을 개진합니다. 가장 올바른 견해를 개진하는 학생은 누구일까요?

① 장길산: 그 컴퓨터는 (주)한국의 소유가 아니라 임꺽정 소유물이므로 법적으로 문제되지는 않을 거야.

② 황진이: 이건 빼박이지. 임꺽정이 딱 걸린 거야. 홍길동이 돈 좀 벌겠네.

③ 성춘향: 홍길동이 회사의 개발 자료들을 '대외비'로 잘 관리했는지 여부를 살펴봐야 할 것 같아. 만약 비밀로 관리한 노력을 뒷받침하는 증거가 제출된다면, 홍길동에게 유리하겠지.

④ 이몽룡: 아니, 망한 회사의 컴퓨터에 보관된 자료들이 얼마나 경제적 가치가 있겠어. 영업비밀 침해를 홍길동이 주장하더라도 영업비밀의 요건인 '경제적 유용성'이 부인될 거야.

⑤ 사임당: 홍길동이라는 사람 참 저질이네. 자기가 컴퓨터를 가져가라고

해놓고서는… 그걸 부인해 버리네. 우리 법원은 재판을 통해 홍길동한테 천벌을 내릴 거야.

7. 지식재산은 '생각(Idea)'과 '표현'에 관한 소유권이라고 우리가 배웠습니다. 홍길동은 수업시간에 배운 사항을 메모로 정리하고 있습니다. 다음 중 홍길동이 명백히 잘못 정리한 메모는 무엇일까요?
① 저작권은 독창적인 표현물에 대한 권리, 그러므로 저작권제도는 원칙적으로 '생각(idea)' 자체를 보호하는 제도는 아님.
② 독창적인 생각을 보호하려는 제도가 특허제도. 그러나 그 생각은 특허문서(특허명세서)로 적법하게 표현되어야 함.
③ 지식재산은 내 생각을 세상에 표현할 때 생기는 권리. 회사의 지식재산은 회사의 표현물이므로 회사 소유. 함부로 외부로 표현해서는 안 됨. 영업비밀침해 우려.
④ 디자인권은 물건의 외관 형태에 관한 권리. 국가의 심사를 받아야 하므로 절차에 관해서는 특허와 유사, 생각보다는 표현물 자체를 보호한다는 관점에서는 저작권과 유사.
⑤ 상표는 자기가 생각하는 브랜드를 표현하는 권리이므로 상품을 필수적으로 지정해야 하는 것은 아님.

8. 다음은 회사 법무를 담당하는 직원 홍길동이 회사 임꺽정 이사에게 자기 견해를 밝히고 있습니다. 다음 중 가장 걱정스러운 홍길동은 누구입니까?
① (회사는 비영리 사단법인으로 오랫동안 여러 자영업자들이 회사의 상표권을 무단으로 사용하고 있는 상황) 우리가 상표권을 보유하고 있어서 민형사상의 법적 조치를 취할 수 있기는 합니다만, 자칫 약자의 생업을 공격한다고 SNS에서 비난 여론이 일면 우리 법인의 이미지가 훼손될 우

려가 있으므로 법적 조치를 취하기보다는 먼저 공문을 보내 상표권 침해 사실을 안내하면서 일정한 계도 기간을 통해 자발적으로 사용을 중단할 수 있도록 유도하겠습니다.

② (홈쇼핑방송을 하는 회사의 상품기획팀이 이탈리아산 가죽 슈즈를 수입해서 판매하려고 하는데 이 브랜드의 유럽 사이즈 37은 한국의 안전품질표시 기준인 몬도포인트 기준 230으로 표기해야 하는데, 상품기획팀은 신발이 좀 크게 나와서 240으로 표기하는 게 좋다고 의견을 제시한 상황) 소비자들의 불만이 예상되고, 안전품질표시 기준은 행정규칙에 해당하고 국민의 권리의무에 영향을 미치는 법령이 아니므로 소비자를 좀더 배려하는 것이 좋겠습니다. 현장의 요구 대로 240으로 표기해도 좋다는 법무팀 의견을 제시할 계획입니다.

③ (회사는 안경 브랜드에 대한 상표권을 보유하고 있는데, 경쟁사는 수입제품의 총판으로 자신의 상표권과 비교할 때 '상이한' 외국어 상표와 '동일한' 한국어 명칭 상표를 병행해서 사용하고 있는 상황) 상표권 침해 소송을 하면 우리가 승소할 가능성이 높습니다만, 일단 소송을 하기보다는 협상을 먼저 해보는 게 더 좋을 것 같습니다. 우리가 유리하기 때문에 협상을 통해 우리가 원하는 바를 얻을 수 있고, 시장에서 우리가 오리지널 상표권자라는 사실을 자연스럽게 퍼뜨릴 수 있는 장점이 있습니다. 상대방이 있는 분쟁이므로 저쪽에서 상표권 무효소송을 걸면 소송에 소요되는 시간과 비용이 만만치 않을 것 같습니다.

④ (대리인에게 특허권 침해 내용증명 업무를 의뢰했는데 특허침해경고장 문서에 지나치게 공격적인 글귀가 포함되어 있는 상황) 변호사가 이런 문서를 초안으로 작성했습니다만, 감정적이고 공격적인 부분은 삭제하는 게 바람직해 보입니다. 우리가 모르는 우리 권리의 흠이 있을 수 있기 때문에, 너무 과하지 않게, 냉정하고 이성적으로 표현하는 게 좋을 것 같습니다.

⑤ (신제품 개발 중에 특허를 침해 가능성을 검토하는 상황) 우리가 이렇게 자체적으로 특허조사를 해서 제품을 개발하고 있지만, 설령 우리의 분석과 판단이 맞더라도, 객관성을 위해서 또 만일의 경우를 대비한다는 관점으로, 좋은 전문가를 찾아 정확하고 객관적인 분석을 의뢰하는 게 좋겠습니다.

9. 특허제도에 대해 각자 의견을 표현하고 있습니다. 다음 중 명백히 잘못된 지식으로 의견을 표현하는 사람은 누구인가요?
① 홍길동: 특허는 국가가 적극적으로 개입하는 제도래.
② 임꺽정: 공무원이 심사를 해야만 특허라는 권리가 나온다는 거야.
③ 장길산: 그러려면 먼저 특허를 신청하는 게 필요하겠어.
④ 황진이: 특허를 신청하면 국방비밀 등의 특별한 경우가 아니면 특허문서가 공개가 된다는 거야.
⑤ 성춘향: 특허를 받으려면 그 특허발명을 구현한 시제품 계획서를 제출해야 한대.

10. 우리나라 상표제도에 대해 각자 의견을 표현하고 있습니다. 다음 중 가장 정확한 지식으로 자기 견해를 말하는 사람이 누구일까요?
① 성춘향: 상표권을 취득하려면 자기가 쓰고 싶은 상표를 어디에 사용할지 상품을 꼭 1개 이상 선택한 다음, 특허청에 권리를 신청해야 한다는 거야. 그걸 '지정상품'이라고 불러.
② 황진이: 동일하거나 유사한 타인의 선행권리가 있으면 안 된다는 거야. 하기야 그러면 헷갈리겠지. 어떤 표장이라도 타인의 선행상표가 존재하지 않는다면 상표권을 취득할 수 있어.
③ 장길산: 〈모짜르트〉는 유명한 사람이잖아? 이런 이름에 상표권을 허락한다면 공익에 반하기 때문에 상표등록이 불가능해.

④ 임꺽정: 자기가 실제로 사용하고 있는 품목에서 상표권을 취득할 수 있다는 거야. 그래서 상표등록을 위해서는 실제 사용증거를 제출해야 한다고 하더라고.
⑤ 홍길동: 상표는 상표권자만 사용할 수 있어서 다른 사람한테는 상표 사용을 허락할 수 없대.

11. 영업비밀에 관해 여러분이 꼭 알고 있어야 할 지식이 아닌 것은?
① 부정경쟁방지 및 영업비밀 보호에 관한 법률이 있음.
② 어떤 회사 자료가 영업비밀에 해당하려면 그 자료의 비공지성이 인정되어야 함.
③ 영업비밀로 보호를 받으려면 경제적 유용성이 인정되어야 함.
④ 상당한 노력에 의하여 비밀로 유지될 것이 필요함.
⑤ 특허를 받지 못하는 기술정보에 해당한다면 영업비밀로 보호될 수 없음.

12 다음은 회사에서 일하고 있는 직원들이 커피를 마시면서 환담을 즐기고 있습니다. 가장 올바른 견해를 표명하는 사람은 누구일까요?
① 성춘향: 우리가 코로나 때문에 재택근무 비중이 늘었잖아. 회사 클라우드 시스템에 로그인해서 집에서도 회사 자료를 자유롭게 사용할 수 있고, 내 컴퓨터에 저장할 수도 있고… 완전 내 컴퓨터가 회사라니까. 이제는 출근하지 않아도 일을 더 잘할 수 있겠어. 혹시 퇴사하게 되면 요긴하게 사용하려고 데이터를 잘 정리해 놓고 있어. 너희들도 미리미리 정리해 두는 게 좋아.
② 황진이: 이번에 내가 임원이 된 다음에 회사에서 전직금지약정을 요구하더라고. 퇴사하더라도 2년간은 경쟁업체에 입사할 수 없다는 거야. 그럴 만한 지위가 됐으니까 뭐 어쩔 수 없는 사정인 거지.

③ 홍길동: 이런 사건이 있었어. A가 B 회사의 프로그래머로 입사하면서 회사 재직 중에 습득한 경영정보와 기술정보는 회사만의 소유, 사용할 권리가 있고 A는 비밀유지의무를 지켜야 한다는 근로계약서를 작성한 다음에, 코로나 때문에 재택근무를 하게 됐다는 거야. A는 쇼핑몰 웹사이트 소프트웨어를 개발하는 업무를 하다가 임금이 체불됐대. 그래서 자기 컴퓨터에 보관되어 있던 해당 소프트웨어 소스 파일을 이용해서 쇼핑몰을 제작한 후 자기 사업을 시작했다는 거야. 그런데 B가 영업비밀침해죄로 기소했거든. A는 어이가 없었지. 그 소스 파일은 인터넷에서 공개된 거거든. 이삼일이면 쉽게 만들 수 있는 수준이야. 근데 검사가 공개된 소스파일을 이용목적에 맞게 수정, 조합하여 시스템에 최적화하는 것도 기술력의 중요한 부분이라는 거야. 일부 소스파일은 인터넷에 전혀 공개되지 않았다면서 억지를 부렸대. 개발자라면 며칠 정도의 수고만 하면 되는 수준인데 이걸 영업비밀침해라니, 기각될 거라고 봐.

④ 임꺽정: 이런 사건도 있었어. C라는 사람이었는데, 휴대폰 판매점에서 근무하면서 근무를 시작할 때나 퇴사할 때에나 비밀의무를 부여받은 적이 없었대. 직원 누구나 회사 아이디와 비밀번호로 고객정보에 접근할 수 있었으니까 직원들이 자기 저장매체를 사용해서 자료를 외부로 반출하는데 별다른 제재도 없었대. 그치만 C는 양심도 없지. 2,545명의 고객정보를 USB 저장매체에 저장한 다음, 바로 인근에 휴대폰 판매점을 개업했다는 거야. 그러고는 오픈 홍보활동에 그 고객정보를 활용했대. 원래 근무하던 휴대폰 판매점 사장이 펄쩍 뛰었다는 거야. 이건 진짜 딱 걸린 거지. 영업비밀침해죄로 한 번 당해 봐야 한다니까.

⑤ 장길산: 영업비밀로 보호되려면 독립된 경제적 가치를 가져야 하는데, 이런 경제적 유용성에 관해서는 상당한 비용이나 노력이 필요하기 때문에 우리 판례가 아주 엄격하고 제한적으로 판단한다는 거야. 가치 있는 재산을 보호해야 한다는 입장인 거지. 그래서 '경제적 유용성'을 입증하는

게 실무적으로 어려워.

13. 상표법과 부정경쟁방지법의 차이에 관해 회사원들이 대화 중입니다. 명백히 잘못된 지식으로 견해를 밝힌 사람은 누구입니까?
① 홍길동: 상표법과 부정경쟁방지법은 상품 표지에 관련해서 공통되기도 하지만 충돌하기도 합니다. 만약 충돌한다면 원칙적으로 상표법을 우선 적용합니다.
② 임꺽정: 그렇지만 상표권을 신청하는 행위 자체가 부정경쟁행위가 될 수도 있어요. 그러면 상표권이 부정되고 부경법이 적용됩니다. 예를 들어 타인의 유명한 표장이 상표등록되어 있지 않은 상황에서 부정한 목적으로 상표권을 선점하는 행위가 대표적입니다.
③ 장길산: 상표법은 어떤 상표에 관해 상표 사용자가 국가에 권리를 신청하고 국가를 심사한 후에 등록하는 권리입니다. 그러나 부정경쟁방지법이 보호하는 표장은 등록 여부를 따지지 않습니다.
④ 성춘향: 누군가 부정경쟁방지법을 근거로 타인의 부정경쟁행위를 주장하는 경우 표장이 유사해야 하며 또한 상품도 유사함으로써 소비자들이 출처에 대한 오인 혼동을 일으킬 염려가 있어야 합니다.
⑤ 황진이: 저명한 상표권자는 상표권을 주장할 수도 있고, 부정경쟁행위를 주장할 수도 있습니다. 그러나 신속, 간단, 경제성 관점에서는 상표권을 활용해서 권리주장을 하는 것이 좀더 유리합니다.

14. 다음 중 자기 생각을 함부로 표현해서는 안 되는 지식재산은 무엇입니까?
① 영업비밀 ② 저작권 ③ 특허권 ④ 상표권 ⑤ 디자인권

15. 다음 중 상표등록이 불가능한 상표에 대한 설명이 가장 잘못된 것은?

① 그 상품의 보통명칭만으로 된 상표는 안 되니까 사과에 〈APPLE〉이라는 상표는 상표등록이 안 되겠군.
② 그 상품의 성질(산지, 품질, 원재료, 효능, 용도, 수량, 형상, 가격, 생산방법, 가공방법, 사용방법 또는 시기)을 직접적으로 나타내는 표장만으로 된 상표는 안 되는 거니까 화장품 품목에는 〈QUEEN〉이라는 상표는 상표등록이 안 되겠군.
③ 그 상품의 성질을 직접적으로 나타내는 것이 아니라 암시적으로만 나타내는 경우라면 상표등록이 가능할 수 있으니, 예컨대 과즙함유 발효유에 〈불가리스〉라는 상표는 상표등록이 가능할 수 있다더군.
④ 그 상품의 성질표시 표장만으로 된 상표는 상표등록이 안 된다고 하니 구두 품목에 〈키높이〉라는 단어를 처음 만들어 사용했더라도 상표등록이 안 되겠군.
⑤ 현저한 지리적 명칭으로만 된 상표는 상표등록이 안 되는 거니까 〈나이아가라〉라는 상표는 상표등록이 안 되겠군.

16. 연예인의 사진과 동향 정보를 주요 콘텐츠로 하는 정가 15,000원 월간잡지 〈홍길동연예〉를 발행하는 홍길동 미디어는 판매고를 올릴 수 있는 뭔가 특별한 이벤트를 생각한 끝에, BTS 화보집을 특별부록으로 제공하는 '심층취재판'을 43,000원에 발행했다. BTS 매니지먼트 회사 임꺽정의 동의를 구하지는 않았기 때문에 임꺽정은 잡지 판매금지 가처분을 신청하면서, 첫째 특별부록 인쇄/제본/제작/복제/배포/판매/수출 금지, 둘째 잡지 〈홍길동연예〉에서 장차 BTS 관련 성명표시, 사진 등이 포함된 기사를 실지 말 것을 주장했다. 이에 홍길동은 〈홍길동연예〉는 연예인의 사진, 기사 등을 이용하여 연예인의 활동에 대한 정보를 제공하는 잡지이기 때문에 언론, 출판, 표현의 자유가 보호되는 범위에서는 연예인의 초상, 이름, 사진 등을 이용할 수 있고, 통상의 범위로 상품을 부록으로 제공할

수 있다고 항변했다. 자, 이러한 사건에서 판례 입장이 아닌 것은 무엇인가?

① 이 사건은 부정경쟁방지법 제2조 제1호 (파)목에 규정된 "그 밖에 타인의 상당한 투자나 노력으로 만들어진 성과 등을 공정한 상거래 관행이나 경쟁질서에 반하는 방법으로 자신의 영업을 위하여 무단으로 사용함으로써 타인의 경제적 이익을 침해하는 행위"에 관련한 판례입니다.

② 이 사건은 부정경쟁방지법 제2조 제1호 (파)목은 '성과 등'의 유형에 제한을 두고 있지 않으므로 유형물뿐 아니라 무형물도 포함되고 종래 지식재산권법에 의해 보호받기 어려웠던 새로운 형태의 결과물도 포함될 수 있습니다.

③ '공정한 상거래 관행이나 경쟁질서에 반하는 방법으로 자신의 영업을 위하여 무단으로 사용'한 경우에 해당하기 위해서는 권리자와 침해자가 경쟁 관계에 있거나 가까운 장래에 경쟁관계에 놓일 가능성이 있는지, 권리자가 주장하는 성과 등이 포함된 산업분야의 상거래 관행이나 경쟁질서의 내용과 그 내용이 공정한지 여부, 위와 같은 성과 등이 침해자의 상품이나 서비스에 의해 시장에서 대체될 가능성, 수요자나 거래자들에게 성과 등이 어느 정도 알려졌는지, 수요자나 거래자들의 혼동가능성이 있는지 등을 종합적으로 고려해야 합니다.

④ 연예인의 이름과 사진 등을 상품이나 광고 등에 사용하기 위해서는 연예인이나 그 소속사의 허락을 받거나 일정한 대가를 지급하는 것이 엔터테인먼트 산업분야의 상거래 관행인 점을 감안해 보면, 통상적인 정보제공의 범위를 넘어 특정 연예인에 대한 특집 기사나 사진을 대량으로 수록한 별도의 특별 부록 책자를 제작하면서 연예인이나 소속사의 허락을 받지 않거나 대가를 지급하지 않는다면, 상거래 관행이나 공정한 거래질서에 반한다고 볼 수 있습니다.

⑤ 이런 부당한 행위를 한 잡지 〈홍길동연예〉는 앞으로도 그런 행위를 할

가능성이 있으므로 예방적인 차원에서 앞으로도 BTS 관련 성명표시, 사진 등을 하지 않도록 해야 합니다.

17. 〈지식재산레슨〉을 받은 다섯 명의 사람들이 지식재산법에 관련한 지식 중에서 권리의 소멸에 관해 대화를 나누고 있습니다. 가장 올바른 견해를 밝힌 학생은 누구일까요?
① 홍길동: 저작권, 특허권, 상표권, 디자인권은 모두 권리의 존속기간이 있어. 존속기간이 지나면 원칙적으로 권리는 소멸하지.
② 임꺽정: 특허권이 소멸되면 그 권리는 소멸됐으므로 국유재산에 귀속돼.
③ 장길산: 저작권보다는 특허권이 아무래도 더 오래 가지.
④ 성춘향: 특허권의 존속기간은 출원일로부터 20년이라고 하고, 국가의 심사를 통과했으므로 특별히 관리하지 않더라도 그 20년 동안은 권리가 보장돼.
⑤ 황진이: 업무상 저작물은 그 단체가 해산되더라도 그 해산 일로부터 70년간 존속할 수 있어.

18. 다음 중 지식재산관련 국제조약이 아닌 것은 무엇인가요?
① 공업소유권 보호를 위한 파리협약, ② 베른협약, ③ 제네바협약, ④ 마드리드 프로토콜, ⑤ 특허협력조약

19. 임꺽정은 스타트업을 시작하면서, (주)꺽정을 설립했습니다. 그런데 임꺽정은 처음 스타트업을 하느라 여러가지로 경험이 없어서 미숙했습니다. 그 결과 임꺽정은 함께 스타트업을 했던 직원과 인간적인 반목을 겪었고 그러는 사이 투자자 장길산이 경영에 자꾸 간섭하는 일이 벌어졌습니다. 미래의 꿈을 위해서 사내 분쟁에 처한 회사를 없애고 새로운 회사

를 설립해서 다시 영업을 시작하려고 합니다. 그런데 (주)꺽정 명의로 2건의 상표권과 3건의 특허권을 갖고 있었습니다. 이런 상황에 대해 홍길동이 임꺽정에게 조언합니다. 다음 중 잘못된 견해는 무엇입니까?

① (주)꺽정을 없애는 게 쉽지는 않아. 법이 정한 절차에 따라 청산을 해야 함.
② (주)꺽정이 소멸되면 (주)꺽정 명의로 권리도 함께 소멸함.
③ (주)꺽정의 권리를 임꺽정에게 이전시키면 간단하게 해결됨.
④ 처음부터 임꺽정 명의로 권리를 소유하고 있었다면 새로운 회사를 만들 때 도움이 되었을 것임.
⑤ (주)꺽정의 권리를 새로운 법인에 양도하려면 양도인인 (주)꺽정의 법인인감이 날인된 양도증과 법인인감증명서가 필요하고, 법인과 법인의 이사가 거래하는 것이므로 이를 승인하는 이사회회의록도 준비하는 게 좋음.

20. 다음 중 특허 제도에 대해 잘못된 지식을 갖고 있는 사람은 누구일까요?

① 홍길동: 기술의 변화는 빠르고 시장의 트렌드는 역동적이야. 아무리 좋은 특허라고 해도 시장에서 발생한 트렌드의 변화를 이길 수 없어. 트렌드가 바뀌어서 과거의 특허기술이 사용되지 않게 되면 그 특허는 사실상 시장에서 소멸됐다고 볼 수 있겠지.
② 임꺽정: 인류의 산업과 문화를 이끈 혁신은 자유로운 정신에서 비롯된 것이야. 그런데 특허가 인류의 자유를 제한하잖아? 특허가 수십 만, 수백만 개 있어서 자유로운 시장활동은 거의 불가능할 지경이야. 그러므로 특허제도는 인류 혁신의 장애물이라고 생각해.
③ 장길산: 혁신기술에 대해 선도적으로 연구활동하는 사람들이 대학이나 연구기관에서 근무하고 있잖아. 이런 탁월한 연구원들도 특허활동을

해. 그들의 특허는 대학산학협력단이나 연구기관이 소유하게 돼서 경제적 이득을 만들어 내기도 하지만, 그들의 논문에 게재된 발명이 실제 시장 제품에 적용되기까지 20년 이상의 시간이 걸릴 수 있고, 그러다 보면 최초의 특허들은 존속기간 만료로 소멸하고 퍼블릭 도메인이 늘어난다니까. 결국 특허제도에도 불구하고 연구원들의 논문발표에 의해 오히려 인류의 자유기술의 영역이 늘어나는 사례를 우리가 주목해 볼 필요가 있겠어.

④ 성춘향: 기술표준에 대해서도 '기술'이니까 특허가 만들어질 수 있어. 하지만 시장에서 표준이라는 것은 누구나 그 표준을 이용할 수 있도록 자유롭게 개방되어 있기 때문에, 필수표준특허들의 경우, 특허권자가 자기 멋대로 해당 특허기술을 독점할 수는 없어. 누군가 그 기술을 사용하기를 원한다면 공정하고 합리적이며 비차별적인 라이선스를 해야 해.

⑤ 황진이: 특허는 관리해야 해. 관리 중에 가장 중요한 것 중의 하나가 국가(특허청)에 정해진 기간 내에 특허료를 납부하는 일인데, 이걸 깜빡해서 납부하지 못하거나 납부할 상황이 안 되는 경우에는 권리가 소멸될 수도 있어.

21. 구글은 어째서 대한민국에 특허출원하는 것인지에 대해 가장 잘못된 지식을 갖고 있는 사람은 누구입니까?

① 홍길동: 한국은 구글의 기술을 이용하거나 경쟁할 수 있는 기업들이 있는 나라이고, 행여 모를 경쟁사가 등장해서 유사한 서비스 제공하게 될 때, 그것을 견제하기 위함이야.

② 임꺽정: 삼성전자가 같은 글로벌 기업이 대한민국에 있고, 그런 기업이 제품을 생산하는데 그 제품이 구글 비즈니스와 관련된 제품일 때 한국특허가 있다면 그런 기업들을 견제하기 좋겠지.

③ 장길산: 대한민국 정부로부터 유튜브 방송 서비스 인허가를 받기 위해

서는 특허가 필요하기 때문이야.
④ 성춘향: 대한민국의 시장이 작지 않다고 생각하기 때문이야.
⑤ 황진이: 한국의 IT 산업이 국제적인 경쟁력이 있기 때문이야.

23. 다음 다섯 사람이 특허에 관해 대화를 나누고 있습니다. 가장 올바른 견해를 말하는 사람은 누구일까요?
① 홍길동: 지식재산은 생각을 표현한 것입니다. 하지만 그것만으로는 돈을 벌지 못합니다. 시장에서 돈을 벌기 위해서는 그 지식재산을 이용해서 상품을 만들어야 합니다. 지식재산은 상품화를 전제로 시장에서 의미를 갖습니다. 즉, 기업 입장에서 볼 때 상품화가 불가능한 지식재산은 가치가 적음을 유념해야 합니다.
② 임꺽정: 특허권자가 권리를 행사하는 침해행위에는 수출은 포함되지만 수입은 포함되지 않습니다.
③ 장길산: 대한민국 기업이 미국 시장에 진출하는 경우 반드시 대한민국 특허를 미리 신청해 둬야 합니다.
④ 성춘향: 특허권자가 특허침해를 주장하면서 가처분신청을 했는데, 이에 반발하면서 상대방이 특허무효 심판을 제기하는 경우 법원은 가처분 결정을 내리기 전까지 해당 무효소송의 결과를 기다려야 합니다.
⑤ 황진이: 오픈마켓 플랫폼 운영 사업자는 단순히 플랫폼만 제공하는 것이고 직접 제품을 생산하거나 판매하는 주체는 아니므로 다수의 공급자들이 자발적으로 판매하는 물건이 특허침해에 해당하더라도 법적인 책임을 지지 않습니다.

24. 잉글랜드의 '존슨'사는 대영제국의 여왕으로부터 특별히 인정받은 지식재산을 보유하게 됐습니다. 그런데 바다를 건너 프랑스에 갔더니 프랑스 정부는 이렇게 말합니다. 〈여기 프랑스인데? 그 권리는 우리 정부가

준 게 아닌데?〉 프랑스 시장에서 돈을 벌고 싶은 존슨은 생각합니다. 〈영국의 권리를 프랑스에서 인정받지 못한다면, 누구나 내 지식재산을 모방할 수 있다는 거잖아?〉 그래서 존슨이 프랑스에 권리를 신청하려고 합니다. 이런 존슨에게 로버트가 충고하려고 합니다. 다음 중 가장 올바른 지식을 이용한 로버트는 몇 번의 로버트인가요?

① 특허는 자기 나라에서만 권리를 가질 수 있어. 다른 나라는 무리지. 모방은 어쩔 수 없는 거야.
② 너는 프랑스 국적이 없잖아. 그러니까 불가능해. 모방은 어쩔 수 없는 거야.
③ 프랑스 법원을 통해 영국에서 받은 특허를 주장하면 보호를 받을 수 있어.
④ 영국에서 특허를 신청한 날로부터 12개월 이내에 프랑스에 같은 발명에 대한 특허를 신청하면 특허심사를 받을 때 영국에서 특허출원한 날로 소급받는 이익이 있어.
⑤ 공업소유권 보호를 위한 파리협약이라고 들어봤어? 우선 파리에 해당 특허를 국제등록한 다음에 영어 프랑스어 대비표를 제출하면 돼.

25. 한국대학교 학생들이 공업소유권 보호를 위한 파리협약과 문학, 예술적 저작물의 보호를 위한 베른협약을 비교하고 있습니다. 다음 중 '가장' 잘못된 견해를 밝히고 있는 학생은 누구입니까?
① 홍길동: 공업 소유권에 관한 파리조약이 먼저 생기고 몇 년 후 저작권에 관한 베른협약이 체결됐어.
② 임꺽정: 말하자면 베른협약은 저작권의 내용에 관한 국제조약이고, 파리조약은 외국에서 특허를 받기 위한 절차에 관한 국제 규범이라고 할 수 있을 거야. 그래서 파리조약이 베른협약보다 복잡하고 난해하다는 인상이 들어.

③ 장길산: 파리조약의 경우 특허협력조약, 마드리드 의정서 등 절차에 관해 후속 국제조약들이 몇 개 더 있고 실무적으로는 이런 조약들이 더 중요하다고 해. 하지만 베른협약의 경우에는 어차피 저작권 탄생에 국가가 개입하지 않고, 각 나라의 저작권법이 제정돼 있으니까 우리가 별도로 후속 조약을 공부할 필요성이 적지.
④ 성춘향: 나라마다 법제와 행정이 다르고, 나라마다 언어가 달라서 각 나라의 절차가 제 각각이라는 한계가 있어.
⑤ 황진이: 베른협약이 정하는 저작권의 범위를 체결국은 존중해야 해. 이보다 더 강한 저작권 제도를 둘 수는 없어.

26. 〈전 세계 모든 나라에서 특허를 취득하려고 한다〉고 생각하는 사람 주위에 다섯 사람이 모여서 조언을 합니다. 다음 중 명백히 잘못된 조언을 한 사람은?
① 홍길동: 이론적으로는 가능하지만 현실적으로는 거의 불가능합니다. 그러므로 몇몇 나라를 적절히 선택하는 것이 바람직합니다. 돈도 매우 많이 들고, 절차도 몹시 복잡합니다.
② 임꺽정: 화이자, 애플, 구글 같은 돈 많은 기업도 전 세계 모든 나라에 특허를 신청하지는 않습니다.
③ 장길산: 일단 발명내용을 법적 양식에 따라 영어로 작성된 문서를 스위스에 있는 국제지식재산기구에 직접 제출해야만 합니다.
④ 성춘향: 사실 그럴 필요가 없습니다. 제품을 생산할 수 있는 역량이 있는 국가(생산금지)와 큰 시장이 형성되어 있는 국가(판매금지) 위주로 특허를 취득하기만 해도 충분합니다. 그럴 역량이 없거나 시장이 작은 나라에서는 스스로 모방 제품을 만들기 쉽지 않겠지요.
⑤ 황진이: 신청의 관점에서 보자면 거의 모든 국가에 특허를 시도해 보는 걸 가능하게 하는 절차가 있습니다. 그걸 PCT국제출원이라고 합니다.

27. 특허협력조약에 가입하지 않은 나라는 어디일까요?
① 대만 ② 베트남, ③ 러시아 ④ 영국 ⑤ 브라질

28. 아프리카 르완다의 수도 키잘리에서 지수비소라는 사람이 커피콩의 산미를 종전보다 70% 이상 향상시킬 수 있으며, 건조 시간도 종전보다 2배를 절약할 수 있는 건조방법을 개발해서 2018. 1. 2.자 현지 매체인 키잘리 신문에 뉴스로 보도됐습니다. 그후 커피 사업가 홍길동이 2018. 8. 8.에 르완다에서 지수비소를 만나 그 기술을 알게 되었고, 그래서 2018. 11. 19. 한국 특허청에 그 아이디어에 대한 특허를 신청했습니다. 우선심사도 신청했습니다. 특허청 심사관이 르완다어를 알 리 없고, 그래서 지수비소의 아이디어가 있었다는 사실을 모릅니다. 그러니 2019. 1. 2. 홍길동은 무난하게 특허를 취득했습니다. 이런 상황에서 다음 중 가장 잘못된 견해는 무엇입니까?
① 지수비소가 한국에서 권리화하는 것을 구두로 홍길동에게 양도해 줬을 수도 있습니다.
② 원칙적으로 말하자면 홍길동의 특허는 당연무효입니다. 그러나 그걸 입증하기는 어려운 일입니다.
③ 만약 지수비소가 2018. 5. 5. 르완다에서 PCT 국제출월을 진행했다면 2020. 12. 5.까지 대한민국에 권리신청할 수도 있습니다.
④ 만약 지수비소가 르완다에서 권리를 신청하지 않았고 그래서 2019. 1. 2일 지났다면 지수비소는 원칙적으로 한국에서 특허를 취득하지 못합니다.
⑤ 지수비소는 2018. 1. 2.자 키잘리 신문을 증거자료로 제출해서 자기가 먼저 개발한 사람임을 밝히는 데 성공한다면 홍길동의 특허는 지수비소에게 이전됩니다.

연습문제 정답

1번 정답 ③. 기업마다 조직 문화가 다르다. 대상 기업은 자유로운 혁신문화를 강조함에도 지나치게 관료적이고 권위적인 관점으로 법을 이해한다면 전근대적인 법무 마인드가 기업의 문화를 해치고 창의성을 방해할 우려가 있다. | 2번 정답 ①. | 3번 정답 ①. | 4번 정답 ②. 소멸된 저작권은 국가로 귀속되지 않는다. 퍼블릭 도메인이 된 저작권은 누구나 자유롭게 이용할 수 있으므로 별도로 저작권 이용을 신청할 필요가 없다. 우리나라 저작권법에서 개인 저작권의 존속기간 만료는 어떤 개별 저작물로 판단한 것이 아니라, 그 개인의 모든 저작물에 적용된다. | 5번 정답 ①. 저작권이 인정돼야 저작권 침해가 생긴다. 병행 수입 상품의 저작권 없는 이미지 사용은 그 상표권자에게 해를 끼치지 않으며, 소비자에게도 손해가 되지 않는다. | 6번 정답 ③. 영업비밀관련 소송은 증거에 의해 사실관계를 확정해야 하고, 사실관계가 밝혀져야 비로소 법리가 적용된다. 사내 자료들의 경제적 유용성은 넉넉히 인정되는 경향이 있다. 단, 증거를 통해 판단된다. | 7번 정답 ⑤. 상표출원을 할 때에는 반드시 상품이 지정돼야 한다. | 8번 정답 ②. 홈쇼핑방송을 하는 회사는 정부로부터 방송사업 면허를 받고 사업을 영위하기 때문에 가급적 정부가 정한 다양한 규정과 기준을 준수하기 위해 노력해야 한다. | 9번 정답 ⑤. 특허출원 시에 어떤 경우에도 시제품 혹은 시제품에 관한 계획서를 특허청에 제출하지 않는다. 그

런 제도 자체가 없다. | 10번 정답 ①. 타인의 유사한 선행상표가 존재하지 않는다 해도 식별력이 없으면 상표등록이 불가. 모짜르트는 상표등록이 가능하다. 단순히 저명한 고인의 성명 그 자체를 상표로 사용한 것에 지나지 아니할 뿐 동인과의 관련성에 관한 아무런 표시가 없는 경우 이를 가리켜 상표법 제34조 제1항 제2호 소정의 고인과의 관계를 허위로 표시한 상표에 해당한다고 볼 수 없고, 또한 상표 자체의 의미에서 선량한 도덕관념이나 국제신의에 반하는 내용이 도출되지는 않으며, 상표로 사용한다고 해서 상표법 제34조 제1항 제4호 소정의 공공의 질서 또는 선량한 풍속을 문란하게 할 염려가 있는 상표라거나 상표법 제34조 제1항 제12호의 수요자를 기만할 염려가 있는 상표라고도 볼 수 없다(대법원 1997. 7. 11 선고 96후2173 판결). 우리나라에서는 상표등록시 실제 사용증거를 제출하지 않음. 상표권자는 타인에게 상표 사용에 대한 라이선스 계약을 체결할 수 있다. | 11번 정답 ⑤. 특허를 받지 못하는 기술이라 해도 영업비밀로는 보호될 수 있다. | 12번 정답 ②. 이 문제가 헷갈린다면 영업비밀에 관한 5강 전체 내용을 다시 읽을 것. | 13번 정답 ④. 부정경쟁방지법이 규정하는 부정경쟁행위는 다양하며, 반드시 상품의 유사 여부를 따지는 것은 아니다. | 14번 정답 ① | 15번 정답 ②. 〈QUEEN〉은 화장품 품목에서 성질표시에 해당하지 않는다. 그 화장품을 사용하면 마치 여왕의 피부처럼 예뻐질 수도 있겠으나, 그런 효능은 직접적이지 않고 간접적이며 암시적인 수준일 뿐이다. 그런 수준이라면 문제 없다. | 16번 정답 ⑤. 통상적인 잡지의 보도 범위 내지 언론, 출판 및 표현의 자유의 보호 범위 내에서는 연예인의 초상, 이름 등이 포함된 상품을 제공될 수 있고, 통상의 보도 범위 내에서는 'BTS'의 이름, 초상, 사진을 사용할 수 있다. | 17번 정답 ①. 특허권이 소멸되면 퍼블릭 도메인이 된다. 국유화되지 않음. 특허권 20년, 저작권 70년. 특허권은 매년 국가에 특허료를 납부하지 않으면 소멸될 수 있으므로 관리가 필요. 업무상 저작물은 그 단체가 해산되면 권리는 퍼블

릭 도메인이 됨. | 18번 정답 ③ | 19번 정답 ③. 사내 분쟁 중인 법인에서 법인의 권리를 법인의 이사에게 이전시키는 일은 간단한 일도 아니고 그런 방법으로 간단하게 해결될 일도 아니다. 형법상 배임으로 처벌될 수 있기 때문이다. | 20번 정답 ②. 임꺽정의 삼단논법은 형식논리 자체로는 잘못이 없다. 그러나 실제 경험지식과는 맞지 않는다. 이에 대해서는 7강과 8강 내용 참고. | 21번 정답 ③ | 23번 정답 ①. 수입행위도 침해행위의 일종(임꺽정). 특허를 신청하지 않는다고 해서 시장에 진출하지 못하는 것도 아니며, 대한민국 기업이 미국에만 특허출원할 수도 있음(장길산). 가처분소송에서 재판부는 행정심판의 결과를 기다리지 않고 판단할 수 있으며, 권리유무효 여부를 직접 판단할 수도 있음(성춘향). 오픈마켓 플랫폼 운영 사업자도 법적인 책임이 없다 할 수 없음(황진이). | 24번 정답 ④. 조약 우선권 제도 | 25번 정답 ⑤. 각 나라는 베른협약이 정하는 수준보다 더 강한 저작권 제도를 둘 수 있다. | 26번 정답 ③. 그런 제도가 없다. 우리나라 기업은 우리나라 특허청에 PCT 국제출월을 할 수 있고, 특허를 받기를 원하는 나라의 특허청에 직접 서류를 제출하거나 유럽특허청처럼 공동기구에 서류를 접수함으로써 특허를 신청할 수 있다. 국제지식재산기구에 직접 영어 문서를 제출하여 국제출원하는 절차는 없다. | 27번 정답 ①. 특허협력조약은 국가간 조약이다. 대만은 하나의 중국 원칙 때문에 가입되어 있지 않음. 그러나 파리조약에는 가입되어 있다. | 28번 정답 ⑤. 홍길동의 특허는 무효가 될 수 있지만, 그것이 지수비소에게 이전되는 것은 아님.

7

법무실무자들

13강 사내 법무실무자들

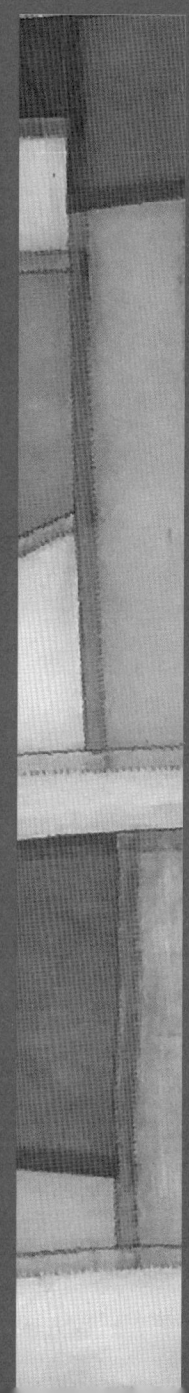

지식재산 법무실무자는 크게 세 군데에서 일합니다. 〈기업〉, 〈공공기관〉, 〈로펌〉입니다. 흔히 기업에서 근무하는 법무실무자들을 일컬어 **인하우스** 실무자라고 일컫습니다. 공공기관에서 근무하는 법무실무자도 그 실질은 같습니다. 인하우스 실무자가 하는 일을 설명하기 전에, 여러분에게 꼭 전하고 싶은 이야기가 있습니다. 일하기 전에 자기가 다루고 있는 일의 속성을 알아야 합니다. 안타깝게도 자기가 어떤 일을 하는지 모르면서 일하는 사람들이 너무나 많고, 그렇기 때문에 자기가 갖고 있는 잠재력의 1할도 사용하지 못하면서 인생을 허비하는 사람들이 있습니다. 오늘날 지식재산에 관련해서 일하는 사람들은 상당한 엘리트들입니다. 아니 '엘리트였습니다'. 한때 똑똑한 사람들이었습니다. 그러나 열에 일곱여덟은 바보들이 됐습니다. 자기가 무슨 일을 하는지 모르고 일을 하다 보면 다 그렇게 됩니다.

우리는 이 책을 시작하면서 '법이란 무엇인가'에 대해 함께 탐구했습니다. 실정법만이 유일한 법이 아님을 이제 우리가 압니다. 세상에는 다양한 법률이 있고, 상황에 따라 우리가 최적의 법률을 선택할 수 있음도 알게 됐습니다. 우리는 '생각하는 기계'가 아닙니다. **생각하는 인간**입니다. 그러므로 내 안의 양심과 인류를 생각하면서 우리 스스로 입법행위를 해서 더 원숙하고 탁월한 해결책을 내올 수 있음도 알게 됐습니다. 다양한 법률의 세계에 대해 우리가 뭘 공부했는지 잊어버렸다면 처음으로 돌아가 다시 한 번 살펴봐 주십시오. 하여간 우리는 그런 탐구를 먼저 했습니다. 제가 그런 강의를 먼저 했던 까닭은 '법무실무자'의 '법무'의 영역을 넓히려고 했던 것입니다. 넓어진 지평만큼 능동적으로 생각하고 상상력을 발휘해서 창조적으로 일할 수 있는 지적 가능성도 함께 넓어집니다.

그다음 우리는 지식재산의 속성과 그것의 탄생과 소멸을 둘러봤습니다. 지식재산은 **생각과 표현**의 권리입니다. 그리고 그것이 **상품화**로 이어지면서 시장에서의 경쟁력에 기여하고 실제 이익을 만들어 낼 때, 실효적인 권리로서 의미를 갖게 됩니다. 이런 성격의 지식재산은 오늘날 기업 경쟁력에 핵심적인 부분을 차지합니다. 창의성, 혁신, 이노베이션 등의 현대에서 가장 중요한 기업활동의 키워드는 모두 지식재산에 관련된 가치이기 때문입니다. 실로 지식재산에 관련된 활동은 기업 조직 내에서 가장 창의적인 활동입니다. 그러나 이것은 이론적일 뿐이며, 이상적인 이야기에 불과합니다. **실제로는** 그렇지 않습니다. 많은 법무실무자가 가장 창의적인 재산을 가장 창의성 없이 일하기 때문입니다. 생각이 있어야 표현이 있습니다. 좋은 생각이 좋은 표현을 만듭니다. 좋은 표현이 좋은 권리가 됩니다. 그렇다면 법무실무자는 어떻게 하면 좋은 생각이 나올 수 있도록 사람들을 자극할 것인가, 혹은 어떻게 하면 좋은 표현이 만들어질 수 있을까 고민하는 것이 바람직하겠지요. 그러나 세상은 그렇게 굴러가지 않습니다. 현장의 법무실무자들은 도전하지 않습니다. 창의성을 발휘하지 않고, 가장 단순하고 쉽게 일하려고 듭니다. 법무실무자들에게 지식재산이란 그저 엑셀파일의 시트 안에 채워지는 기호일 뿐입니다. 여러 셀을 보기 좋게 디자인하고 문자와 숫자를 셀 안에 넣은 다음, 함수를 적용해서 일의 편리함에 감탄하는 노동만을 합니다. 기업의 창의성이 법무실무자의 손아귀에서 죽습니다. 여러분은 그러지 않았으면 좋겠습니다. 현재 지식재산 실무 세계는 현실이 이상에서 너무나 멀리 떨어져 있는, 실로 암흑기라고 말할 수 있지만, 지금 청년들이 사회의 주역으로 나설 때에는 상당히 개선되리라 기대합니다. 솔직히 청년들의 입장에서는 아주 나쁜 상황이라고 단정할 수도 없습니다. 기성 세대가 하지 못하고 남긴 흠결은 다음 세대의 몫이고, 청년들이 그 몫을 담당하게 될 것이기 때문입니다. 능력을 발휘할 기회가 지금보다 훨씬 많으니 결국은 좋은 일이라 생각합니다. 가장 창의적인 지식재산을 가장 창의성 있게 일하시기를 바랍니다.

인하우스 법무실무자가 지식재산만 담당하는 경우는 많지 않습니다. 그런 전담 조직은 지식재산을 많이 보유한 몇몇 대기업에서만 가능한 조직에 불과합니다. 그렇다면 인하우스 법무실무자는 다른 물권이나 채권 등의 재산권의 관리 뿐 아니라, 회사법, 계약법, 인허가 및 준법 업무를 포함하여 일반 기업법무 업무까지 총괄하는 법무팀에 소속될 가능성이 큽니다. 소수의 법무담당자가 기업 법무 일을 모두 담당해야 할 수도 있겠습니다. 업무가 많아도 적응하면 못할 것은 아니니 상황에 따라 유연하게 대응하면 됩니다. 우리가 이 강의에서 다루는 것은 일반 기업법무 업무가 아니라 그중에서 '지식재산'에 관련한 업무이므로, 지식재산 업무에 대해서만 살펴보겠습니다. 크게 다음 세 가지가 핵심 사항으로 보입니다.

① 분업의 존중 그리고 정직한 양심

기업은 여러 조직으로 구성되어 있습니다. 인사팀, 회계팀, 마케팅팀, 연구개발팀, 기획팀, 그리고 법무팀 등의 분업 구조입니다. 여러분이 CEO가 아닌 이상, 조직 내 분업질서를 존중해야 합니다. 이 말은 법무팀은 법무팀에게 주어진 역할을 하면 된다는 얘기입니다. 가끔 CEO가 숙제이기는 합니다. 만약 CEO가 합리적인 이성으로 회사를 경영하지 않고 폭주한다면, 실무자들은 몇 년 경력을 쌓고 다른 직장으로 옮기는 게 좋습니다. 그렇지 않으면 괜히 인생이 피곤해집니다. 폭주라고 하니 좀 웃기긴 합니다다만, 예를 들어, CEO가 사회의 지탄을 받을 만한 갑질 마인드로 경영하고, 조직 내에 만연된 탈법과 부정한 회계가 뿌리 깊이 퍼져 있다면 그런 기업에서 법무실무자가 일하면서 행복감을 느끼기는 어렵습니다. 법무실무자는 정직한 양심으로 일할 수 있는 기업 문화에서 일해야 합니다. 하이어라키 구조 속에서는 자기 개인적인 양심을 분명히 밝히는 것이 법무실무자의 회사생활을 위협할 수 있습니다. 내부자 폭로를 추천하려는 것이 아니라, 법무실무자는 "그것은 법적으로 위험하다." 혹은 "법적인 문제 소지가 있다." 등의 견해를 밝힐 수 있어야 한다는 말씀입니다. 다른 조직에서 다양한 질문이 법무팀이 집중됩니다. 법무실무자에게 둘 중 하나의 답을 요구합니다.

적법한가, 아니면
위법한가.

적법하다면 적법하다고 말할 수 있어야 하고, 위법하면 위법하다고 말할 수 있어야 한다는 것입니다.

모른다고 말하기는 곤란합니다. 모른다고 말하면 법무실무자의 존재 이유를 스스로 부정하는 것이 되기 때문입니다. 법무실무자는 최종 결정권자가 아닙니다. 최종 결정권자가 '법의 지식' 관점에서 검토된 의견을 듣고, 여러 가지 사항을 종합적으로 고려하여 최종 판단을 합니다. 묻는 사람이 듣기 원하는 답을 찾아 법의 지식으로 검토하지 않고 그 '설탕 발린 답'을 내놓는다면, 회사가 위험에 빠집니다. 묻는 사람이 듣기 원하는 답과 반대되는 답일지라도 그 반대되는 답을 표명해야 합니다. 일반 기업법무와 달리, 지식재산은 상당히 전문적인 지식이이서 회사는 실무자의 의견을 대체로 경청할 것이고, 다른 부서에서 법무실무자로부터 원하는 답변을 얻지 못했다면 그들이 더 합리적인 대응 방안을 마련할 것이기 때문입니다.

② 아웃소싱

지식재산에 관한 기업법무에 관련해서 아웃소싱 만큼 중요한 것이 없습니다. 적법이냐 위법이냐, 법적으로 안전한가 아니면 법적으로 위험한가의 판단을 법무실무자들이 해야 합니다. 그러나 사내 법무실무자가 아무리 똑똑하더라도, 설령 자기 경험지식으로 이미 판단을 내렸더라도, 법무실무자는 신중해야 합니다. 속된 말로 '독박'을 써서는 안 됩니다. 잘못된 판단에 따른 결과 책임이 있게 마련이고, 잘못된 판단이 잘못된 결과를 야기하고 말았다면, 자칫 자신의 직장이 혹은 조직이 위험에 빠질 수 있습니다. 경우에 따라서는 회사 전체가 위태로워집니다. 이런 상황까지 생각해야 하므로 지식재산 전문가에게 관련 업무를 아웃소싱합니다. 지식재산 전문가라 하면 대체로 변리사가 될 가능성이 크고, 또한 이 분야 실무를 하는 변호사여도 좋습니다. 사외 전문가에게 법적 검토를 아웃소싱합니다. 다음과 같은 업무가 있습니다.

- 지식재산에 관련한 여러 이슈(우리 지식재산이 타인의 권리를 침해하지 않는지, 우리의 지식재산의 권리 획득 가능성, 타인이 우리의 권리를 침해하지 않는지 등)
- 계약의 검토
- 지식재산의 권리화
- 지식재산 관리

만약 여러분이 법무실무자로서 능력을 발휘하고 싶다면, 무엇보다 훌륭한 사외 전문가를 발굴해서 서로 신뢰를 쌓고 소통을 일상화할 것을 권합니다. 아웃소싱을 잘해서 사외 전문가의 견해를 사내 업무 판단의 기초로 활용하는 것입니다. 일이 잘되는 경우(대부분 일이 잘 됩니다) 그때 활용된 경험지식과 평판은 법무실무자에게 돌아옵니다. 일이 잘 안되는 경우(사외 전문가의 법적인 검토가 잘못된 경우)에는 책임추궁의 위험을 아웃소싱 전문가로 분산시킬 수 있습니다.

아웃소싱은 비용을 지출하는 일입니다. 그런데 법무팀의 관점과 돈을 관리하는 부서의 관점이 다릅니다. 법무팀은 가장 믿을 만한 전문가의 능력을 빌려오는 것입니다. 그런 전문가의 능력을 사내 업무에 활용함으로써 회사에 기여합니다. 그런데 오늘날 지식재산 관련 법무실무의 가장 큰 병폐 중의 하나가 법무팀이 자기 관점을 버리고 돈을 관리하는 부서의 관점으로 회사에 기여하려고 한다는 것입니다. 비용지출을 절약함으로써 회사에 기여하는 것은 법무팀의 역할이 아니라 사업팀이나 총무팀 혹은 회계팀의 역할입니다. 이런 관점의 헷갈림은 아주 빈번하게 발생하는데, 그 까닭은 지식재산 법무실무자가 지식재산을 창의성으로 보지 않고, 라면이나 빵으로 보기 때문입니다.

③ 사내 창의성

지식재산 법무실무자는 '창의적으로' 회사에 기여할 수 있습니다. 지식재산의 속성은 창의성에 있습니다. 그러니 지식재산을 관리하는 담당자는 지식재산을 소극적으로 관리하려고 하지 말고(그건 누구나 다 할 수 있습니다), 적극적으로 관리하는 방법을 고민하는 것이 좋습니다. 즉, **지식재산을 이용해서 어떻게 하면 사내 창의성을 진작시키는 데 공헌할까**를 고민하십시오. 우리는 지난 12강에서 상표 모의 실험을 했습니다. 창업실험을 하면서 상표등록이 가능한 브랜드를 창조해 봤지요. 어땠습니까? 적어도 그 과제를 수행하는 시간만큼은 머리에 집중이 생기고, 뭔가를 조사하고, 머릿속 생각을 표현하면서 내 안에서 창의성이 생기는 체험을 하셨을 것입니다. A4 1장짜리 분량으로 모의 실험을 수행하는 간단한 과제물에서 그런 체험을 했다면, 회사 조직 내에서, 실제로 그런 유사한 과제를 수행한다면 어떨까요? 물론 법무실무자 주도로 지식재산을 활용하여 회사의 창의성을 향상시키려고 시도하는 경우가 우리나라에서는 극히 드뭅니다. 그러나 없지는 않습니다. 앞으로 많아질 것입니다.

사례 29

A 기업의 법무팀장 **홍길동**은 직원들의 창의성을 자극하고 혁신문화를 조직에 도입하기 위해 창의 아이디어 공모전을 기획했다. 모든 직원이 아이디어 공모전에 참여할 수 있으며, 자기 직무와 직접 관련 없어도 회사 업무에 관한 아이디어라면 누구든지 자유롭게 아이디어를 제출할 수 있다. 시행 결과 253건의 아이디어가 접수되었다. 예선 심사는 **임꺽정** 변리사에게 의뢰하고, 예선을 통과한 12건의 아이디어에 대해서는 임원이 심사를 했다. 임꺽정은 어떤 기준으로 예선 심사를 했을까?

현업에서 아이디어를 평가할 때 대체로 '기술성', '진보성', '권리성', '시장성' 등을 평가 항목으로 삼아 아이디어를 평가합니다. 제법 그럴싸하게 보이는 항목이지만, 평가자의 빈약한 통찰력이 더해지면 매우 빈곤한 기준이 되고 맙니다. 높은 수준의 기술 지식이 적용된 아이디어이지만 현업에서 전혀 매력이 없는 경우가 있고, 거꾸로 기술 수준이 낮지만 혁신적인 해결책이 되는 경우가 있습니다. 어떤 아이디어가 문제를 해결하는 데 기여한다면 아이디어는 그 자체로 진보성이 있으므로, 진보성으로 그런 아이디어를 평가한다는 것 자체가 넌센스입니다. 진보성 평가 항목은 국가 공무원이 국가 권력을 대리하는 자격으로 행정행위를 하려는 상황 혹은 그와 유사한 상황에서나 쓸모가 있을 뿐입니다(그러나 그런 상황에서도 진보성이 있느냐 없느냐 문제는 언제나 갑론을박의 이슈입니다). 권리성은 그 아이디어가 특허를 받을 수 있는 수준의 아이디어인지 아니면 이미 특허를 받았는데 어느 정도의 수준의 권리인지 여부를 따지는 항목이지만, 특허를 받은 쓸모없는 아이디어와 특허를 받지 못한 쓸모있는 아이디어 중에서 어느 쪽을 선택할 것인가의 문제라면 혁신기업은 망설이지 않고 후자를 더 중요하게 여깁니다. 시장성은 항상 중요한 항목입니다. 그러나 제안된 아이디어들을 평가하는 경우 유효한 평가 항목으로 활용할 만하지 못합니다. 왜냐하면 그런 항목으로 아이디어를 평가할 수 있는 통찰력을 갖춘 사람이 드물기 때문입니다. 또한 시장성은 모든 아이디어의 내재적 목적이어서 만약 조직의 역량에 한계가 없으며 그 아이디어에 투자할 자원에 제한이 없다면 어떤 아이디어도 시장성이 부인되지 않습니다. 그러므로 상황에 따라 평가 항목은 달라져야 합니다. 공공기관의 아이디이의 경우에는 '공공성'이 가장 중요한 평가 항목이 되며, 타인의 권리를 회피해야 하는 상황에서는 '권리분석'이 중요한 아이디어 평가 항목이 됩니다. 어떤 상황에서는 '경제성'이, 또 어떤 상황에서는 '현실성', '이슈 선점' '소비자의 반응', '재미' 등이 평가 항목이 될 수도 있습니다.

사례 29에서 임꺽정 변리사는 어떤 아이디어가 '특허출원하는 데 적합할지' 결정하는 평가 항목으로는 평소 BMW 기법을 사용했습니다. 회사의 현재 **비즈니스**Business에 직접 관련이 있는 아이디어의 경우 특별한 사정(동일한 아이디어가 이미 존재한다는 등)이 없다면 특허출원 대상이 되는 아이디어입니다. 만약 회사의 현재 비즈니스와 직접 관련이 없는 아이디어인 경우 그것이 장차 **돈**Money을 벌게 해 줄 만한 수익성 아이디어인지를 평가합니다. 때때로 수익성과 무관하게 명목상으로 제안된 아이디어도 있기 때문입니다. 무엇이 수익성이 있는 것인지 판단하기 어려울 때도 있습니다. 그런 경우에는 시장의 트렌드나 요청, 기술 발전의 경향을 종합적으로 고려하여 특허로 신청할 **가치**

Worth가 있는지를 따져 보는 것입니다. 그러나 사례에서 홍길동이 기획하는 창의 아이디어 공모전에서는 특히 이슈가 중요하지 않았습니다. 혁신 문화의 조성이라는 큰 목표가 있기도 하고, 이런 행사에 참여하는 사람들의 생각과 태도를 가급적 객관적으로 평가하면서, 회사에도 이로운 아이디어를 찾아내는 것이 중요합니다. 고민 끝에 다음과 같은 **다섯 가지의 평가 항목**을 정한 다음, 공모전에 제출된 아이디어를 심사했습니다.

① 이 아이디어를 이용하여 회사에 홍보할 때 얼마나 이로울까?(Public Relations, 20점)
② 이 아이디어는 회사의 역량(인력/개발비용/시간 등)을 고려하고 있는가? (Reality, 20점)
③ 아이디어는 어느 정도 구체화되어 있는가? (Details, 20점)
④ 이 아이디어로 인해 초래되는 부작용/불이익은 없을까? (Disadvantage 20 점)
⑤ 소비자의 니즈에 얼마나 부합하는 것일까? (Marketability, 20점)

14강 기업집단에서의 지식재산 실무

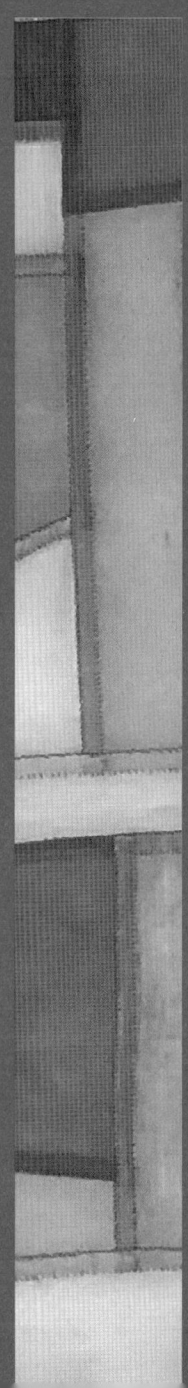

기업이 성장하다 보면 여러 개의 기업그룹을 거느립니다. 경영자의 입장에서는 그룹 경영이며, 사회적으로 말하면 기업집단이라 부릅니다.

우리는 법인과 개인이 분명히 분별되는 존재임을 알고 있습니다. 법인의 소유는 개인의 소유가 될 수 없습니다(그 역도 마찬가지입니다). 그렇기 때문에 주식회사 홍길동의 재산은 주식회사 홍길동의 소유가 됩니다. 주식회사 홍길동에서 근무하는 임꺽정이 회사의 재산을 마치 자기 소유처럼 사용하면 법적인 처벌을 받습니다. 회사의 영업비밀을 임꺽정이 함부로 외부로 유출하거나 자기가 사용하면 영업비밀 침해행위에 해당합니다. 이런 법리는 임꺽정이 법인의 이사여도 혹은 신입사원이든 마찬가지로 적용됩니다.

좀 더 자세히 따져 봅니다. 법인과 개인은 근로계약을 맺음으로써 서로의 권리와 의무 관계를 형성합니다. 근로계약에는 지식재산권의 향방이 정해져 있고, 근무 중 사원이 만들어낸 지식재산은 회사의 소유로 선언됩니다. 월급 받고 일하면서 월급은 월급대로 받고 거기에 더해 회사에서 일한 성과는 회사 소유가 아니라 내 것이라고, 누군가 말한다면 우리는 뭔가 상식에 어긋나고 불공정하다는 반응을 보일 것입니다. 여러분의 상식이 대체로 근로계약에 반영되어 있습니다. 주식회사 홍길동에서 근무하는 성춘향이 〈세상이 깜짝 놀랄 멋진 소프트웨어〉를 개발했다고 가정하지요. 이것은 근로계약에 따라 주식회사 홍길동의 소유가 됩니다. 특허출원도 주식회사 홍길동의 명의로 진행됩니다. 성춘향이 몰래 빼돌려서 남편 이몽룡 이름으로 특허출원하면 불법행위가 됩니다. 영업비밀침해행위가 될 수도 있음은 물론입니다.

주식회사 홍길동의 대주주이자 대표이사인 홍길동은 회사를 지배합니다. 그러나 지배력을 갖고 있다고 해서 홍길동이 법인의 재산에 대한 소유권을 갖는 것은 아닙니다. 예를 들어 대한민국은 문재인(존칭 생략합니다. 이하 같음)의 소유였던 적이 없고, 윤석열의 소유도 아닙니다. 그와 마찬가지로 삼성그룹은 이재용의 소유도 아니며, 현대자동차그룹은 정의선의 것이 아닙니다. 법이 허락한 권력과 그 권력에서 파생된 권한은 인정됩니다. 그렇다고 해서 소유권을 갖는 것은 아닙니다.

주식회사 홍길동의 주요 영업에 관련한 **상표권**은 그 회사가 소유합니다. 때때로 홍길동 개인이 상표권을 소유하는 경우가 있습니다. 상표권은 기술과는 다르게 다같이 궁리해서 새로운 생각을 만들어 내는 게 아니라 그 브랜드를 사용할까 말까 선택의 문제이며, 기술은 제품개발과 직결되고 객관적인 성격을 지니므로 주요한 근로계약 사항이지만, 상표는 우연적이고 주관적이어서 근로계약 사항은 되지 못합니다. 그래서 특허와 달리 홍길동 개인이 소유할 수도 있습니다. 그러나 회사에서 브랜드를 생각해 내는 조직이 있고, 그 조직이 생각해 낸 브랜드를 회사의 대표가 개인 소유를 한다면, 이는 회사의 정당한 소유물을 대표이사 개인의 소유로 하는 불법행위에 해당합니다. 홍길동이 법인의 조직과 무관하게 좋은 생각으로 스스로 상표를 생각해서 상표권을 보유하는 것은 가능합니다. 그런 상표권을 주식회사 홍길동이 홍길동에게 로열티를 지급하고 그 상표를 사용할 수도 있습니다. 대체로 조직이랄 게 없는 소기업의 경우 그런 일이 자연스럽고, 그게 문제는 아닙니다.

어쨌든 위와 같은 문제는 회사 1과 개인 1 사이의 단순한 관계였습니다. **기업집단**에서는 회사가 여러 개가 등장합니다. X라는 기업집단에 소속되어 있는 {회사 1, 회사 2, … 회사 N} 사이의 관계를 살펴봅니다. 회사 1과 회사 2는 서로 다른 법인입니다. 따라서 같은 기업집단이라고 해서 별수 없습니다. 독점을 예방하려는 제한이니 규제에서는 같은 기업집단으로 묶여 법적인 효과를 갖게 되지만, 보통의 평범한 관계에서는 '법적으로' 회사 1과 회사 2는 아무런 관련이 없습니다.

만약 회사 1과 회사 2가 같은 기업집단이라 해도 거래를 하게 되면 거래 대가를 정당하게 지급해야 합니다. 그렇지 않으면 특혜 혹은 부당지원이 돼서 공정거래법에 의해 처벌받을 수 있습니다. 만약 회사 1이 특허권 A를 보유하고 있다면, 회사 2는 특허권 A를 침해하는 기술을 사용할 수 없습니다. 정당한 대가를 지불하는 라이선스 계약을 체결해야 합니다. 같은 그룹에 속해 있을지라도 회사 1의 영업비밀은 회사 2로 함부로 이전될 수 없습니다. 그러므로 아무리 같은 기업집단에 속해 있더라도, 회사 1의 기술이사가 회사 2로 이직해서 회사 1의 기업비밀을 사용한다면 처벌됩니다. 회사 1의 〈BEST SSU〉라를 상표권을 보유하고 있다고 가정합니다. 회사 2가 같은 품목에 대해 〈SSU ELECTRONICS〉라는 상표권을 신청하는 경우, 회사 1의 상표권으로 말미암아 거절됩니다. 이때, "저기요, 저희는 같은 그룹 소속인데요?"라는 항변은 근거 없는 주장으로 쉽게 탄핵됩니다. **같은 그룹**은 법적으로 의미 없습니다. 법적으로는 **다른 기업**이기 때문입니다.

상표권에 관련하여 좀 더 자세히 설명합니다.

여러분도 잘 알고 있는 것처럼, 기업집단은 자신이 동일한 기업집단에 속해 있음을 나타내는 브랜드를 공유합니다. GS칼텍스, GS홈쇼핑, GS리테일, GS 건설 등의 기업집단을 GS그룹이라고 하고, 이 기업집단에 속한 기업들은 아래와 같은 상표권을 사용합니다.

우리는 이런 의문을 가져야 합니다. "어, 기업집단은 모두 법적으로 다르게 취급해야 한다며? 그런데 어째서 같은 상표를 사용하는 거지?" 그러게 말입니다. 어째서 이런 일이 생겼을까요? 대부분의 기업집단에서 이런 상표권 공유가 벌어집니다. 흥미로운 법 상식이니까 잘 기억해 두길 바랍니다.

기업집단은 회사 1, 회사 2, 회사 N이 공평한 관계로 느슨하게 연대해서 시장에 출현하는 집단이 아닙니다. **지배구조**가 있습니다. 보통 **지주회사**가 기업집단에 소속된 회사들을 지배합니다. '모회사'라고도 부릅니다. 주식으로 지배합니다. 지주회사는 안정적으로 기업집단을 지배해야 합니다. 그래서 상당수의 지주회사는 스스로 시장활동을 하면서 투자를 받고 제품을 생산하지는 않습니다. 자칫 지주회사가 시장에서 위험에 빠지면 기업집단에 대한 지배력을 잃어버리기 때문입니다. 즉, 기업집단에서 돈을 버는 것은 소속된 계열사의 몫입니다. 지주회사는 그걸 지배해서 배당을 받습니다. 그런데 배당으로만 매출을 얻는다면 시장의 불황기에서는 인건비 등 기업을 유지하는 비용을 안정적으로 확보하기 어려워집니다. 자, 어떻게 합니까?

지주회사는 아주 손쉬운 방법으로 현금을 확보합니다. 계열사로부터 **상표권 라이선스 계약**을 통해 상표권 사용 비용을 거둬들이기 때문입니다. 그 돈으로 지주회사가 운영됩니다. 그 돈을 일컬어 지주사 상표권 수익이라 칭합니다. 예컨대 지주회사의 브랜드 사용 로열티가 매출액의 0.1%로 가정하면, 회사 1이 2022년에 5조 원의 매출을 기록했다면, 회사 1은 50억 원의 로열티를 지주회사에 지급해야 합니다.

"에이, 우리끼리인데 무슨 돈이야 돈은?", "이야, 이거 너무 부당하네. 이렇게 쉽게 돈을 번다고? 돈을 못 받게 해야 하는 거 아냐?"라고 생각하면 안 됩니다. 국세청은 적정 수준의 로열티를 지주회사가 수취하지 않는 경우 '조세회피', '계열사 부당지원'으로 보고, 응당한 조치를 취합니다. 그러므로 지주회사 입장에서는 계열사로부터 상표권 사용료를 받지 않으면 안 되는 것입니다. 계열사는 로열티를 비용으로 처리하여 법인세 과세표준을 줄일 수 있고, 모회사는 로열티 수취를 통하여 동일한 기업집단 내의 이익을 합법적으로 분여받을 수 있습니다.

[표 4] 30대 그룹 지주사 상표권 수익

지주	상표권 수익		수수료율	증가율	그룹사 개별 매출		증가율
	2019년	2018년			2018년	2017년	
SK	2746억	2353억	0.2%	16.7%	183조7380억	158조800억	16.2%
LG	2705억	2701억	0.2%	0.1%	126조4750억	126조9090억	-0.3%
CJ	1302억	1274억	0.4%	2.2%	24조7650억	23조1030억	7.2%
롯데지주	1039억	1040억	0.2%	-0.1%	73조4300억	72조1810억	1.7%
GS	825억	919억	0.2%	-10.2%	67조8810억	58조5260억	16.0%
한진칼	290억	299억	0.12%~0.25%	-3.0%	16조7360억	15조5310억	7.8%
LS	242억	241억	0.2%	0.4%	22조9030억	22조5100억	1.7%
코오롱	236억	223억	0.35%	5.8%	9조3040억	9조670억	2.6%
하림지주	36억	26억	0.3~0.4%	38.5%	7조3390억	7조680억	3.8%
계	9421억	9076억		3.8%	532조5710억	492조9750억	8.0%

출처 : 전자공시시스템 (단위 : 원)
소비자가 만드는 신문

삼성그룹의 경우에는, 삼성물산과 삼성전자가 그룹 상표권을 공동소유하고 있는 상황이며, 아직 지주회사가 없습니다. 지주회사를 만들기 위한 노력이 계속되고 있는 것으로 알려졌습니다.

15강 사외 지식재산 실무자들

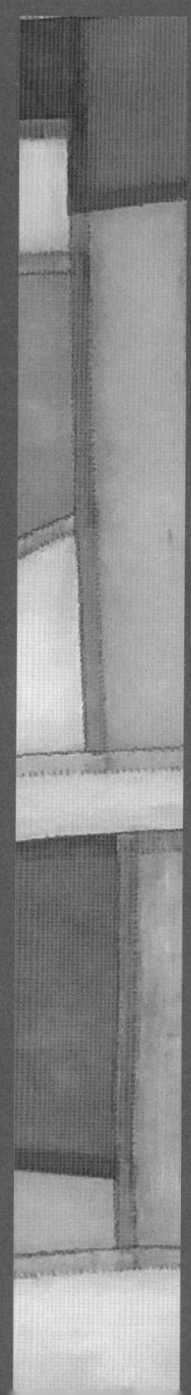

우리는 지금껏 다음과 같은 지식재산법을 알아봤습니다. 계약법은 스쳐 지나가기는 했습니다. 그러나 시장에서 스스로 입법하는 지식재산으로서 매우 중요하다는 점을 강조합니다.

- 특허법
- 상표법
- 디자인보호법
- 저작권법
- 부정경쟁방지법(영업비밀)
- 부정경쟁방지법(부정경쟁행위)
- 계약법

이들 지식재산법이 **어떤 지식재산을 보호하는지** 다시 정리합니다.

- 특허법: 특허문서로 표현된 생각(아이디어: 발명)
- 상표법: 상표와 지정상품으로 표현된 시장활동의 목표
- 디자인보호법: 제품(물품)의 시각적인 형태(디자인)
- 저작권법: 독창적인 표현물
- 부정경쟁방지법(영업비밀): 비밀로 관리된 경제적 가치가 함부로 표현되지 않도록 하는 대상
- 부정경쟁방지법(부정경쟁행위): 건전한 거래질서를 위협하는 부정한 행위가 표현되지 않도록 함(소비자의 혼동 및/또는 타인에게 손해를 가하는 행위)

- 계약법: 당사자 사이에서 정하는 지식재산에 관한 권리의무(지식재산거래 또는 라이선스 계약)

※
이번에는 지식재산 실무자들의 **업무 관점**으로 다시 분류해 보겠습니다.

- 특허법: 특허청을 향한 업무(특허출원(특허문서작성), 의견서 작성, 행정심판, 등록 및 관리), 법원을 향한 업무(심결취소소송, 특허침해소송, 가처분소송), 클라이언트를 향한 업무(각종 조사, 분석, 컨설팅).
- 상표법: 특허청을 향한 업무(상표출원, 의견서 작성, 행정심판, 등록 및 관리), 법원을 향한 업무(심결취소소송, 상표권침해소송, 가처분소송), 클라이언트를 향한 업무(각종 조사, 분석, 컨설팅).
- 디자인보호법: 특허청을 향한 업무(디자인출원, 의견서 작성, 행정심판, 등록 및 관리), 법원을 향한 업무(심결취소소송, 상표권침해소송, 가처분소송), 클라이언트를 향한 업무(각종 조사, 분석, 컨설팅).
- 저작권법: 특별한 사정이 없는 한 행정관청(저작권위원회)을 향한 업무 없음. 법원을 향한 업무(저작권침해소송, 가처분소송), 클라이언트를 향한 업무(각종 분석, 컨설팅)..
- 부정경쟁방지법(영업비밀): 행정관청을 향한 업무 없음. 법원을 향한 업무(영업침해금지소송), 클라이언트를 향한 업무(각종 컨

설팅).
- 부정경쟁방지법(부정경쟁행위): 행정관청을 향한 업무 없음. 법원을 향한 업무(침해금지소송, 가처분소송), 클라이언트를 향한 업무(각종 분석, 컨설팅).
- 계약법: 행정관청을 향한 업무 없음. 법원을 향한 업무(계약위반에 관련해서는 일반 민사 사건), 클라이언트를 향한 업무(계약서 초안 작성, 계약서 검토, 컨설팅).

**
이번에는 어떤 실무자들이 일을 하는지, **사람 관점**으로 분류해 봅니다.

특허법
- 특허청을 향한 업무: '이공계' 전공을 한 변리사(변호사도 자격을 취득할 수 있으나 거의 실무를 하지 않음, 인문계 전공 변리사도 할 자격이 있으나 좀처럼 하지 않음).
- 법원을 향한 업무(심결취소소송): 일부의 변리사와 변호사.
- 특허침해소송, 가처분소송: 보통은 특허 전문 변호사, 변리사가 소송을 돕거나 감정증인으로 참가함.
- 클라이언트를 향한 업무(각종 조사, 분석, 컨설팅): 주로 '이공계' 전공을 한 변리사와 민간 전문가들.

상표법

- 특허청을 향한 업무: 주로 '인문계' 전공을 한 변리사(변호사도 변리사 자격을 취득하여 업무를 할 수도 있으나 대체로 하지 않음. 대리 업무를 하더라도 주로 명의만 빌려줌. 이공계 전공 변리사도 할 자격이 있으나 별로 하지 않음)
- 법원을 향한 업무(심결취소소송): 일부의 변리사와 변호사.
- 상표권침해소송, 가처분소송: 보통은 상표 전문 변호사, 변리사가 소송을 돕거나 감정증인으로 참가함.
- 클라이언트를 향한 업무(각종 조사, 분석, 컨설팅): 주로 '인문계' 전공을 한 변리사.

디자인보호법
- 일이 많지 않아서 특허 쪽 변리사가 하거나, 상표 쪽 변리사가 담당함, 변호사는 실무를 거의 하지 않음.

저작권법
- 법원을 향한 업무: 일부 저작권 전문 변호사.
- 클라이언트를 향한 업무: 소수의 저작권 전문 변호사와 변리사
- 저작권 전문 변호사가 드물고, 변리사들은 지식재산의 가장 중요한 영역임에도 그다지 관련 업무를 하지 않아서 저작권 분야 전문가 찾기 어려운 실정.

부정경쟁방지법(영업비밀)
- 법원을 향한 업무: 일부 부정경쟁방지법 전문 변호사

- 클라이언트를 향한 업무: 일부 부정경쟁방지법 전문 변호사 혹은 특허 전문 변리사
- 전문가 찾기 어려움.

부정경쟁방지법(부정경쟁행위)
- 법원을 향한 업무: 일부 부정경쟁방지법 전문 변호사 및 상표법 전문 변리사.
- 클라이언트를 향한 업무: 위와 같음.

계약법
- 기업 컨설팅을 하는 변호사들과 일부 유능한 변리사.

**

이번에는 **클라이언트 기준**으로 분류해 보겠습니다. 소송의 경우에는 변호사 로펌이 하며, 여러분이 들어 봄직한 대형로펌에서 대부분의 실무자들이 활약합니다. 따라서 지식재산 관련 소송의 경우, 구분의 실익이 별로 없습니다. 그러므로 특허청을 향한 **출원업무** 위주로 분류합니다.

- 해외 대기업: 인커밍 업무. 김앤장 등의 대형 로펌, 수십 년 이상의 역사가 있는 인커밍 특허법인.
- 해외 소기업/개인: 주로 인커밍 업무를 하는 특허법인.
- 국내 대기업 (지식재산을 중요하게 여기는 대기업): 대형 특허법

인. 국내/아웃고잉 업무.
- 국내 대기업 (산업의 특성상 지식재산이 그다지 중요하지 않은 대기업): 대형 특허법인, 부티크 특허법인, 변리사 개인 사무소.
- 국내 중소기업/개인: 대형 특허법인, 부티크 특허법인, 변리사 개인 사무소.
- 국내 연구기관: 중대형 특허법인.

**
국가는 지식재산업무를 수행할 사람에게 **자격**을 요구합니다.

첫째, **변호사**가 있습니다. 로스쿨 졸업해서 변호사 자격증을 취득한 다음 지식재산 전문 실무자로 활약할 수 있습니다. 다만, 〈권리의 탄생〉 영역에서는 실무를 배우거나 실무를 한 적이 없기 때문에, 〈권리 분쟁〉에서 일거리를 찾습니다. 대형 로펌의 분업화된 시스템이 아니라면, 다른 영역의 일거리와 병행합니다. 변호사 자격으로 특허청에 관련한 업무도 하고자 한다면 변리사 자격을 취득하면 됩니다. 그러나 좀처럼 실무를 하지는 않습니다. 실무를 배울 기회가 매우 적고 그 과정이 고되기 때문입니다.

둘째, **변리사**가 있습니다. 매년 1회에 걸쳐 대략 200명의 합격자를 배출하는 변리사 시험에 합격한 다음, 1년의 수습 과정을 거쳐 지식재산 전문 실무자로 활약할 수 있습니다. 주로 〈권리의 탄생〉 영역에서 '전공에 따라' 일하지만, 〈권리 분쟁〉 영역에서는 소수의 대형 로펌에서 소속된 변리사들이 분쟁을 돕지만 근래에는 〈컨설팅〉 영역으로 많이 옮겨가고 있는 추세입니다.

변호사 경로로 지식재산 전문가? 쉽지 않습니다. 실무를 제대로 배울 기회가 적습니다. 또한 로스쿨에서 공부하다 보면 더 재미나고 더 매력 있는 영역이 변호사들을 유혹하리라 생각합니다.

총명하고 빛나던 눈망울에서 통찰이 사라져서는 시계 바늘처럼 일하는 전문가들을 목격할 때마다 우울한 마음이 되고 맙니다. 그것이 현장의 현실입니다. 대안은 그다지 없고, 조언은 빈약합니다. 시장은 매력적인 결과를 내놓지 않은 상품에 대해서는 원하는 가격을 잘 지불하지 않기 때문입니다. 지난 20년 간 라면 가격은 거의 100% 인상됐습니다. 국민들의 필수품이라는 라면의 특성상 가격 인상에 대한 상당한 저항이 있었음에도 저러합니다. 지난 10년 간 최저임금은 2배로 인상됐습니다. 물가와 임금이 인상되더라도 지식재산 분야의 전문가 서비스 비용은 거의 정체돼 있습니다. 인플레이션을 감안했을 때 사실상 서비스 재화의 가치는 2배 이상 떨어졌습니다. 그럼에도 사람들은 지식재산이 중요하다고 강조합니다. 현실과 이상에서 발생하는 간격을 사람들은 모릅니다. 기업의 법무실무자는 창의성과 혁신보다는 비용 지출의 관점에서 지식재산을 생각하고, 기업 바깥의 실무자들은 생산성과 요령으로 인내합니다. 국가가 기업의 지식재산 경쟁력을 향상시키기 위한 목적으로 각종 컨설팅 사업을 벌이면서 왜곡된 시장을 보충하고, 변리사들이 본인의 일(대리인으로서의 업무)을 버리고 그런 사업에 몰려 있는 형국입니다. 이런 객관적인 상황을 현명하게 타개할 방법은 그다지 보이지 않습니다. 이 나라에서 다른 서비스업계에 종사하는 사람들의 고충도 마찬가지일지도 모릅니다. 현장에서 일하는 실무자들이 저마다 분발해서 더 나은 서비스를 증명하는 수밖에 없습니다.

한국의 지식재산 전문가는 매우 '전문화'되어 있습니다. 프로페셔널? 스페셜리스트? 단어만으로도 멋져 보이지요? 저도 처음에는 그렇게 생각했습니다. 그러나 부작용 있습니다. 시간이 흐르고 세월이 더해질수록 자기가 반복적으로 하는 업무에 관련한 지식 외에는 점점 바보가 됩니다. 교양이 부족해지고, 자꾸 자기가 아는 쪽으로 세상을 바라보는 편협함이 생기며, 그러다가 사회를 제대로 바라보는 통찰을 잃습니다. 전문가 생활을 한두 해 한 게 아님에도 오히려 더 무능해집니다. **전문가**와 **지식인**을 비교하는 아래 그래프를 살펴봐 주십시오. 왜 그럴까요? 지식인이 아닌 전문가의 길은 누구에게 이로울까요?

[그림 4] 전문가와 지식인의 지식 다이어그램

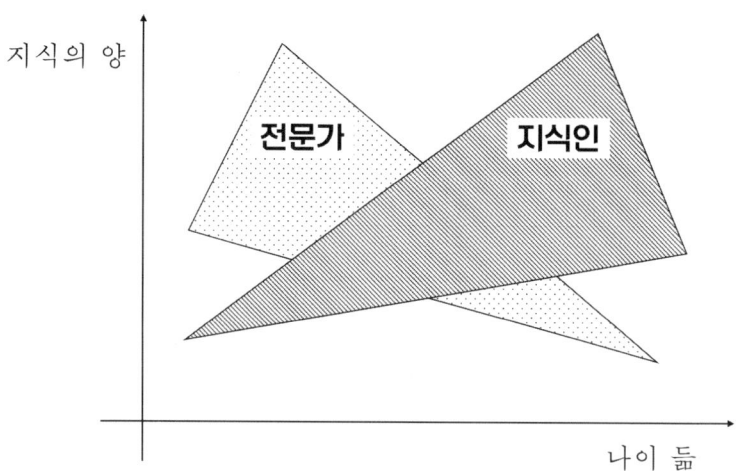

전문화는 개인에게는 이롭지 않습니다. 물론 전문적인 지식으로 말미암아 이런저런 기회가 생깁니다. 하지만 인생 전체를 봤을 때 오랜 시간을 소모한 전문화 과정을 거친 끝에 오히려 지식의 양이 줄어들고 맙니다. 세상이 변해서 지식의 좌표가 달라지면 전문 지식은 금세 낡아진다는 점을 유의해야 합니다. 그러므로 전문화는 개인의 인생을 위태롭게 만듭니다. 나이 들수록 경쟁력을 잃어버리고, 선택의 폭이 좁아집니다. 그렇다면 누가 전문화된 나의 경쟁력을 가져갔을까요? **조직**입니다. 조직이 개인을 희생시키고 가져간 것입니다. 그걸 멋진 말로 **분업화**라고 합니다. 분업화에 최적화된 인간은 전문화된 인간입니다. 한국의 지식재산 실무자들은 지식재산의 특성에 맞게 창의적이고 자유로운 정신을 지닌 활동가라기보다는 대체로 분업질서에 자기를 바친 전문화된 인간입니다. 나는 이를 바람직한 일로 보지 않습니다. 한때 전문가답게 살아야 한다고 생각하던 시절이 있기는 했습니다. 법률의 규정과 판례와 지식재산에 관련한 이런저런 지식에 대한 자부심이 있었고, 반복되는 업무를 전문가라는 환상 속에서 인내하며 기계처럼 일했습니다. 문제는 이것입니다. 전문가들은 자기의 경험지식에 대해 의문을 갖지 않습니다. 그러나 실상 그 지식은 주입된 타인의 생각입니다. 타인이 주입한 지식을 마치 내 생각인 것처럼 생각하고, 그 지식의 작은 분량에 만족해했습니다. 그러나 지금은 아닙니다. 전문가의 덫에서 탈출했습니다. 독자 여러분도 그러시기를 바랍니다. 전문가보다는 지식인의 인생과 노동을 생각합니다. 클라이언트가 전문가를 원한다면, 지식재산에 대해 잘 아는 지식인, 곧 '지식재산에 정통한 전문가'라고 활약합니다. 지식재산에 관련한 지식으로 경제활동을 하는 사람이면 되는 것입니다. 이런 태도로 지식을 탐구하면 지금 지식을 반성할 수 있으며 더 나은 지식을 탐구하고 싶어집니다. 더 훌륭한 생각을 접할 때, 그동안 내가 알던 지식이 낡아질 때, 어렵지 않게 그 생각을 취하고 낡은 지식을 버립니다. '전문가답게'는 위험합니다. '지식인답게'는 유효합니다. 자격증이 있는 사람들은 국가가 그 자격증을 준 업무의 최대 범위까지 관심을 가지고 일하는 게 좋습니다. 스스로를 지식인이라고 여기는 사람들은 타인의 더 좋은 생각을 경청하면서 그 지식을 넓히기 위해 노력합니다.

16강 사외 실무자들이 해야 할 역할

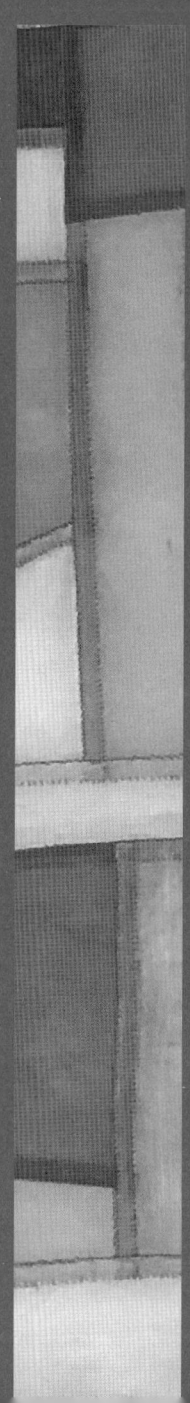

사외 실무자는 대리인으로 활동하거나 클라이언트에게 컨설팅하는 일을 합니다.

대리인은 클라이언트의 **생각**과 **표현**을 대리합니다. 클라이언트의 생각을, 미처 표현하지 못한, 감춰진 의도까지 이해하기 위해 노력합니다. 그다음 그 생각을 표현해서 **원하는 결과**를 얻어내려는 행위를 합니다. 속된 말로 '덕질'과 '지혜'를 구별할 줄 알아야 합니다. '덕질하는 자'는 지나간 사건에 대해 깨알같이 '덕질'합니다. '지혜로운 자'는 당면한 사건을 간명하게 해결합니다. 그런 해결능력은 어디에서 얻을까요? 생각하는 힘, 사고력에서 얻습니다. 천재가 아닌 이상, 남에게서 생각의 소스를 얻어야 합니다. 좋은 대리인으로 활동하고 싶다면, 정확하고 풍부한 경험지식이 필요합니다. 실제 케이스를 통해 '직접' 경험한 지식이 중요하겠지만, 사람의 경험에는 한계가 있습니다. 그래서 '간접' 경험지식을 수득해야 합니다. 법률/판례/논문/서적/뉴스 등을 통해서 얻는 간접 케이스 스터디는 몇 번을 강조해도 모자람이 없습니다. 대리인이 경험지식을 체득하는 방법은 다음과 같습니다.

먼저 **법령**입니다. 지식재산법은 산업 주체들의 역동적인 시장활동과 긴밀한 관련성이 있어서 법령 개정이 잦습니다. 그러므로 대리인으로서 사건을 맡게 되면 시행일자를 잘 파악하여 적용될 법령을 확정해야 합니다. 사람은 컴퓨터가 아니어서 모든 법령을 꿰찰 수는 없지만, 적어도 상담을 거친 후 대리행위를 하기 전에는 반드시 법령을 확인해야 합니다. **판례**는 모두 살아있는 케이스입니다. 따라서 대리인의 경험지식을 자라게 하는 마르지 않는 자양분입니다. 판례를 살펴볼 때에는 판시사항이나 판례요지로 요약되어 있는 법리만 보지 말고, 판례가 확정한 사실관계(사건) 안으로 들어가서 어떤 증거들이 제출되었는지, 재판부는 그 사실 속에서 무엇을 봤길래 그런 결론에 이르렀는지까지 살펴봐야 합니다. 판례가 지식이 되는 게 아니라, 사건이 지식이 되기 때문입니다. 세상에 흔한 '헛똑똑이'는 사건 안으로 들어가지 않고 판례가 설시한 법리만을 마치 수학공식처럼 달달 외우고 다니더군요. 그러면 바보가 됩니다. **논문**은 어떤 문제에 대해 고심한 사람이 쓴 글이기 때문에 실무자의 뒤죽박죽 생각들을 정리하는 데 큰 도움을 줍니다. 특히 판사들이 쓴 논문은 실무자의 경험지식에 깊이를 만들어 주기 때문에, 판사 논문을 접하면 정성껏 읽으십시오. **인터넷**에서 부유하는 수많은 정보들의 상당수는 정확하지 않고, 심지어 잘못된 지식을 퍼뜨립니다. 설령 맞는 정보라 하더라도 '우리 사건'에는 적합하지 않을 수 있습니다. 특히 지식재산 지식의 경우에는 신용하기 어려운 이야기들이 많고, 이따금 전문가라는 사람이 작성한 글에서도 오류와 과장이 적지 않습니다. 그러므로 인터넷을 통해 경험을 보충하고 지식을 퇴적시키려는 경우, 그 소스의 신뢰성을 항상 의심하시기 바랍니다.

실무자는 경험지식만이 아니라 케이스를 꿰뚫는 통찰과 더 멀리 미리 가서 그 사건을 바라볼 수 있는 예지력을 겸비해야 합니다. 클라이언트는 전문가의 견해와 조언을 경청하고 '덥석' 믿어버리기 일쑤입니다. 자칫 클라이언트의 시장활동에 대리인의 조언과 행위가 큰 위험을 초래할 수도 있습니다. 의뢰인을 위험에 빠뜨리는 행위는 대리행위의 본질을 위협하므로 그런 위험을 예방하기 위해서라도 통찰과 예지력이 필요합니다. 그런 점에서 **독서**가 중요합니다. 고전도 좋고, 최근 베스트셀러도 좋고, 지식재산분야 전문서적이어도 좋습니다. 이렇게 말하면, "저는 책 읽는 거 좋아하지 않습니다. 특히 어려운 책은…" 하고 답합니다. 지식재산 실무자는 책보다 어려운 사건에 매일 직면합니다. 지식재산은 생각과 표현입니다. 자기 생각과 자기 표현이 아니라, 남의 생각과 남의 표현입니다. 무릇 타인의 생각과 표현을 이해하는 일은 어렵고 고됩니다. 그럼에도, 그런 상황에서, 실무자는 사건을 종합적으로 이해한 다음 일련의 대리행위를 합니다. 그래서 지식재산 실무자에게 어려움은 당연한 것이고, 어려움에 익숙해져야 합니다. 그런데 열이면 여덟, 아홉, '어려움에 익숙해지는 능력'을 잘못 이해하더군요. 관심분야를 좁히고 좁혀서, 즉 지식의 크기를 줄이고 줄여서, 그 분야의 지식에 관한 일만을 반복하려는 것입니다. 분업과 전문화 시스템 안에서의 이른바 자기 전문분야에 대한 숙련도가 커지면 커질수록 바보, 멍청이가 되고 있음을 눈치채지 못합니다(14강 내용 참고). 관심의 폭을 넓혀도 깊이가 얕아지지 않습니다. 오히려 관심 폭을 넓히면 경험지식은 더 깊어집니다. 그러므로 어려움에 익숙해지기 위해서라도 책을 읽으십시오. 책은 바보가 쓰지 않습니다. 어느 분야에서든 똑똑하다고 자부하는 사람이 책을 씁니다.

다음으로 지식재산 분야 대리인의 활동 목표와 수단에 대해 이야기합니다. 대리인의 주요한 활동은 크게 세 가지가 있습니다. 다음과 같습니다.

- 법원을 향해서는 소송대리 (권리분쟁)
- 행정관청(특허청)을 향해서는 출원대리 (권리의 탄생)
- 분쟁의 사전 단계로서 의사 표현의 대리

이들 업무의 특징은 지식재산의 특성에 맞게 역시나 생각과 표현입니다. 그러나 목표가 있는 행위이므로 독자적으로 생각하고 마냥 자유롭게 표현해서는 안 되고, 목표를 향한 일관된 생각이자 표현이어야 합니다. 우리는 그것을 **설득**이라고 부릅니다. 즉, 지식재산 대리인의 업무는 설득하는 행위라고 요약할 수 있겠습니다. 단, 대리행위이므로 표현된 생각의 화자는 클라이언트이며, 그러므로 클라이언트를 위한 설득이 되겠습니다. 실무자는 클라이언트의 생각과 표현을 대리합니다. 비루한 생각과 보잘것없는 표현으로 어떻게 남을 설득하겠습니까?

사례 30

변리사 **홍길동**은 요즘 고민이 깊다. 특허청 심사관의 행정처분(출원발명의 진보성을 부정하는 심사결과에 관련한 처분)에 맞서 의견서를 제출해도 좀처럼 심사관을 설득하지 못하고 거절결정을 받는 일이 반복되니 클라이언트에게 미안한 마음이 든다. 일을 대충하는 것도 아니고, 서류 작성에 많은 시간을 쓰는데도 성과가 없으니 일에 보람이 없다.

특허라는 권리는 국가가 개입함으로써 탄생하므로 심사를 받아야 합니다. 행정관청(특허청)의 공무원(심사관)이 심사를 합니다. 특별히 문제가 없다면 심사관은 바로 특허결정을 내릴 수 있습니다. 그러나 거절하는 행정처분을 하는 경우 행정절차법상 의견제출기회를 줘야 합니다. 그런 의견제출기회에 변리사는 서면을 작성해서 심사관의 부정적인 심사결과에 맞섭니다. 그걸 **중간사건**이라 하고, 변리사 실무의 상당 비중을 차지합니다. 기술분야마다 다르지만 심사하는 안건 중에서 90% 이상이 중간사건을 거칩니다. 그러므로 사례 30에서 홍길동의 고민은 직업의 본질적인 괴로움이라 하겠습니다. 홍길동이 처한 상황은, 예컨대 심사관이 출원발명의 진보성을 부정하는 판단을 내리면서 복수 개의 선행문헌을 제시한 경우이고, 홍길동은 이런 상황을 효과적으로 대응하지 못하는 상황입니다. 현장에서 이런 일이 잦습니다. 비단 변리사 실무만이 아니라 다른 직역에서도 마찬가지라고 생각합니다. 실패와 좌절의 상당수는 설득을 해야 하는 시점에서 설명을 하기 때문에 생깁니다. **설명**은 상대방의 이해를 목적으로 하는 언어 사용법입니다. 그런데 이미 판단 속에 이해가 형성되어 있는 상황의 경우 설명은 부작용을 낳음에 유의해야 합니다. 즉, 담당 공무원이 자신의 이해에 따라 이미 부정적인 판단을 내린 상황인데, 실무자인 홍길동이 서면을 작성하면서 출원발명과 선행문헌들의 차이를 재차 설명하는 데 그치면 설득될 리가 없습니다. 홍길동은 공무원의 판단에 어떤 잘못이 있는지를 구체적으로 밝히면서 자세히 반증하고 주장해야 합니다. 즉 실무자의 서면은 기본적으로 설득이어야 하고, 논리와 근거에 기초해야 하므로 **논증**이어야 합니다. 논증은 옳고 그름을 밝히면서 자기 주장을 논리적으로 펼쳐내는 활동입니다. 홍길동은 이런 논증 활동을 제대로 하지 못하기 때문에 실패가 반복되는 것이며, 핵심이 아닌 곳에서 쓸데없는 이해와 설명을 하느라 시간을 낭비하기 때문에 생산성이 없는 것입니다. 물론 행정관청을 상대로 하는 설득작업은 공무원의 부정적 판단이라는 심리적 편향이 커다란 방해가 됩니다. 확증편향이 있는 사람을 설득하는 것만큼 어려운 일도 드뭅니다. 편향과 싸우면서 공무원을 설득해야 하므로, 논리뿐 아니라 애티튜드를 겸비한 '논증'을 해야 합니다. 이에 관해서는 졸저 〈논증과 설득〉(에이콘출판사, 2017)을 참고하시면 도움이 되리라 생각합니다. 의욕이 앞선 나머지 함부로 과장하거나 비유해서는 안 됩니다. 그것은 공무원의 심리적 편향을 오히려 강화하는 역효과를 낳습니다. 한편, 법원 재판에서의 설득은 '법리'에 맞아야 합니다. 추상적인 법리가 아니라 증거에 의해 뒷받침되는 사실관계와 섬세하게 맞물리는 '디테일한' 법리여야 하고, 두루뭉실한 설득은 예리한 판사의 지적을 피하지 못합니다. 그러나 재판의 경우, 판사들은 아직 판단하지 않았습니다. 확증편향이 없는 상태입니다. 그러므로 대리인의 작업에 심리적 장애물이 없다는 장점이 있습니다.

의사표현의 대리를 할 때의 설득은 대체로 분쟁을 하기 전의 사전공방의 일환으로 행해집니다. 예를 들어 권리침해를 경고하는 업무가 있습니다. 내용증명으로 경고하는 경우가 있고, 등기우편, email, Fax, 전화 등의 방법으로 경고할 수도 있습니다. 사건을 해결하는 방법은 크게 두 가지가 있습니다. 첫째 복잡하고 난해하게 끝내는 것입니다. 둘째 간단하고 쉽게 끝내는 것입니다. 어느 쪽 방법이 좋은 해결책입니까? 그래서 설득이 중요한 것입니다. 이때의 설득은 **합리적인 이성이**

작성한 문서입니다. 감정을 자극하기보다는 누구나 지니고 있는 인류의 이성에 호소하고, 상대방의 역량과 상황을 초월하는 요구를 하지 말 것이며, 누가 읽어도 사건의 개요를 쉽게 파악할 수 있어야 하고(활용성), 이 문서의 독자라면 누구든지 클라이언트를 지지하는 심리적 편향을 만들도록 작성합니다.

사외 지식재산 실무자는 대리행위만 하지 않습니다. 기업의 중요한 전략적 판단을 보충해 주는 역할을 합니다. 주로 경영상/영업상/전략상의 이런 판단이, 적어도 지식재산 관련해서는, 정확하고 안전하게 내려질 수 있도록 실무자가 클라이언트를 돕습니다. 과거와 달리, 지식재산은 양적으로 크게 증대됐습니다. 또한 날로 심화되는 복잡성을 감안하면 이러한 **기업 컨설팅 업무**가 과거보다 중요해졌고 앞으로도 그 필요성과 역할이 강화되리라 생각합니다. 사외 지식재산 실무자가 클라이언트를 만나 상담하고 자문에 응하며 회의에 참석해서 토론하는 컨설팅활동은 결국 문서작업입니다. 기업 내부로 회람되고 토의될 수 있는 자료가 필요하기 때문입니다. 이러한 컨설팅 업무는 몇 가지 원칙에 따라 수행합니다.

① **클라이언트의 역량과 상황을 고려해서 컨설팅합니다.**
같은 사건이어도 조직이 없는 개인과 체계적인 조직을 갖고 있는 대기업에 대한 컨설팅 내용이 같지 않습니다. 법적으로 같은 사건처럼 보여도 변화가 심한 시장에서 활동하는 클라이언트와 변화가 거의 없는 시장에서 활동하는 클라이언트에 대한 컨설팅이 달라집니다. 이걸 구

별하지 못하는 실무자는 그 사람의 이력이 어떻게 됐고, 어떤 화려한 인생을 살았는지 간에 풋내기 실무자입니다.

② 합리적 이성으로 판단할 수 있도록 돕습니다.
최악의 실무자는 클라이언트의 감정을 자극하는 사람입니다. 시장주체는 시장에서 이성적으로 판단하고 행동해야 합니다. 그걸 돕는 게 전문가입니다. 시장의 소비자들은 비합리적인 행동과 다양한 심리적인 편향을 보일 수 있습니다. 그러나 '법적인' 내용의 컨설팅은 합리적 이성이 작동하는 영역입니다.

③ '감춰진 사실'이 있을 수 있으므로 확률적으로 컨설팅합니다(단언적 결론 금지).
클라이언트의 언변이 좋지 않아서, 아니면 의도적으로 감추는 것이 있거나 미처 얘기하지 못한 정보가 있을 수도 있기 때문에, 사외 실무자는 클라이언트에게서 얻은 사실관계로만 판단해서는 안 됩니다. 클라이언트가 알고 있으나, 클라이언트가 가르쳐 주지 않은 불리한 사실관계도 있을 수 있으므로, 실무자가 보기에 100% 승리를 자신할 수 있는 케이스여도 '현재 상황에서는 매우 유리하다' 정도면 족합니다. 혹은 현 단계에서는 80~90% 수준으로 유리하다 정도면 충분합니다.

④ 지식재산은 기업의 다양한 시장활동의 일부분임을 잊지 않습니다.
전문가가 자기 전문지식에 취해서, 클라이언트에게 당면한 사건을 섣불리 과장해서는 안 됩니다. 기업활동 중에는 지식재산보다 중요한 게

많습니다. 중요한 판단을 내려야 할 클라이언트를 유혹해서는 안 됩니다.

⑤ 결론은 간명해야 하며, 대안은 창조적이어야 합니다.

글쓰기는 늘 중요합니다. 인간은 텔레파시로 소통할 능력이 없습니다. 내용만이 아니라 형식도 중요합니다. 형식이 인상을 좌우하고, 인상이 내용의 신뢰성에 영향을 미칩니다. 그러므로 정성껏 준비한 문서라면, 그 정성에 합당한 형식을 부여하는 것이 좋습니다. 따라서 문서의 레이아웃과 타이포그래피의 적절성에 대한 식견을 갖출 필요가 있습니다.

⑥ 더 나은 법으로 컨설팅합니다.

지식재산 실무자는 법 전문가입니다. 나쁜 법을 권하지 말고, 더 나은 법의 길로 클라이언트를 안내합니다. 이런 얘기가 모호하게 들린다면 독자 여러분은 다시 1강과 2강이 펼쳐낸 법의 지평선에 가야 합니다.

8

지식재산 통계

17강 지식재산을 통찰하는 통계

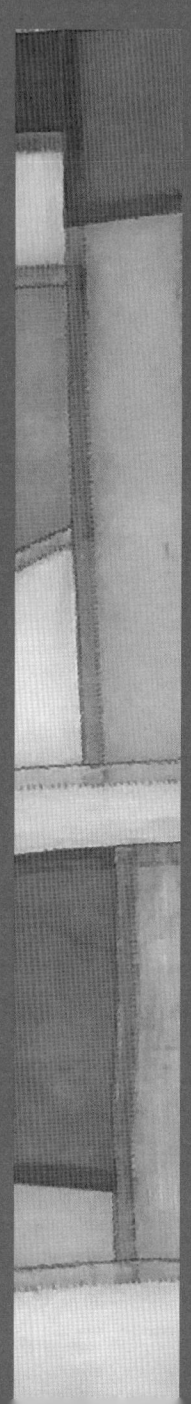

이 책에서 다루는 지식재산 중에서 저작권, 영업비밀 등은 국가가 권리 탄생에 개입하지 않기 때문에 권리분쟁에 관련한 데이터를 제외하고 그다지 의미있는 통계를 수집할 수 없습니다. 반면 산업재산권(공업소유권)의 경우, 국가가 권리 탄생에 개입하므로 다양한 데이터가 수집됩니다. 그러므로 특허와 상표를 중심으로 지식재산 통계[5]를 살펴봅니다.

[표 5] 최근 5년간 권리별 출원 현황(단위: 건, %)

구 분		'17년	'18년	'19년	'20년	'21년
특 허		204,775	209,992	218,975	226,759	237,998
	증감률	(△1.9)	(2.5)	(4.3)	(3.6)	(5.0)
실용신안		6,809	6,232	5,447	4,981	4,009
	증감률	(△12.3)	(△8.5)	(△12.6)	(△8.6)	(△19.5)
디 자 인		63,453	63,680	65,039	67,583	64,787
	증감률	(△3.4)	(0.4)	(2.1)	(3.9)	(△4.1)
상 표		182,918	200,341	221,507	257,933	285,821
	증감률	(0.7)	(9.5)	(10.6)	(16.4)	(10.8)
총 계		457,955	480,245	510,968	557,256	592,615
	증감률	(△1.3)	(4.9)	(6.4)	(9.1)	(6.3)

* 출원서 접수 기준임
* PCT, 마드리드, 헤이그 등 국제출원(지정관청·지정국 기준)을 포함

표 5에서 대한민국에서는 특허출원 건수가 해마다 20만 건을 넘는다는 사실을 확인할 수 있습니다. 특허출원이란 무엇입니까? 인류사적으로 지구 차원으로 새로운 아이디어에 대한 생각을 표현하니 그 표

---

[5] 제8부의 통계는 특허청이 발간한 〈2021 통계로 보는 특허동향〉(2021년 12월)과 〈2021년도 지식재산백서〉(2022년 7월)에 수록되어 있는 데이터에 기초한다.

현에 특허를 달라는 권리 신청을 일컬어 특허출원이라고 합니다. 그런 특허출원이 대한민국에서만 물경 20만 건에 이른다는 것입니다. 실용신안출원은 지속적으로 감소하여 다른 제도에 비해 유명무실한 수준이 된 상황입니다. 수준 높은 생각은 특허의 대상이 되는 발명이라는 것이며, 수준이 비교적 낮은 생각은 실용신안의 대상이 되는 고안이라는 것인데, 그 수준 판단은 심히 주관적입니다. 어차피 심사를 통과할 요건(신규성 및 진보성)도 동일하고 심사를 진행하는 행정절차(행정처분의 이유의 제시와 의견제출의 기회)도 동일한 반면, 권리를 취득했다는 사실에 동반되는 시장에서의 활용도와 권리의 존속기간에서 실용신안이 특허에 비해 불리한 점을 고려한다면 실용신안출원 안건은 앞으로도 줄어들 것으로 예상됩니다.

상표출원 안건은 최근 5년간 거의 10만 건이 증가했습니다. 상표출원이란 무엇입니까? 새로운 브랜드를 런칭했으니(런칭하려고 하니) 그 브랜드에 대한 권리를 확보하겠다는 행위를 뜻합니다. 시장에 활력이 있으면 새로운 상품이 더 많이 출현하리라 기대할 수 있고, 그렇다면 상표출원도 더 활발하게 행해질 것임을 추론할 수 있습니다. 그러므로 최근 5년 동안의 지속적인 상표출원 안건은 대한민국 시장의 활력을 방증한다 하겠습니다. 물론 특허출원의 통계도 시장의 영향을 받습니다. 그러므로 5년 연속 특허출원 안건이 증가했다는 것은 그만큼 대한민국 시장에 활력이 지속된다는 의미로 해석될 수는 있습니다. 하지만 국가와 기업의 장기적인 전략과 각종 정책에 의해 특허활동이 촉발될 수 있다는 점을 감안하면 아무래도 시장과의 긴밀성은 특허보다는 상표 쪽에서 찾는 것이 합리적입니다.

과거와 비교하면 표 5의 데이터가 제시하는 의미를 좀 더 실감할 수 있습니다. 2010년 대한민국 특허출원 건수는 169,573건이었으며, 실용신안 건수는 13,657건, 디자인출원은 57,167건, 상표출원은 108,261건이었습니다.[6] 디자인출원은 조금 증가했고, 실용신안출원은 크게 감소했지만, 특허출원 건수는 10만 건 이상 증가했으며, 상표출원 건수는 두 배로 성장했습니다. 그런데 표 5의 통계로는 다른 나라에 비해 어느 정도 수준인지 파악하기 어렵습니다. 이웃 나라 일본과 비교하면 대체적인 파악이 가능합니다. 일본 특허청이 발간한 자료에서 2021년 일본 출원 현황(잠정치)[7]을 살펴 보니, 2021년 한 해 동안 특허출원은 289,183건[8], 실용신안은 5,239건, 의장(디자인)출원은 32,442건, 상표출원은 184,633건이었습니다. 일본이 한국보다 특허출원 건수에서는 5만 건 정도 많지만, 한국이 디자인출원 건수가 2배 정도 많고, 상표출원도 10만 건이 더 많습니다.

---

[6] 특허청, 〈2010년도 지식재산 백서〉(2011년 5월 발행)

[7] 일본 특허청, 〈특허출원등 통계속보〉(2022년 2월 22일)

[8] 2005년도 일본 특허출원 건수는 427,078건이었다. 즉, 일본은 지속적으로 특허출원이 감소하고 있는 추세이다. 반면 중국 특허출원 건수는 2005년 173,327건에서 2021년 69만 6천 건으로 비약적으로 증가했다.

[표 6] 최근 5년간 권리별 등록 현황(단위: 건, %)

권리별\연도별	'17년	'18년	'19년	'20년	'21년
특 허	120,662 (10.8)	119,012 (△1.4)	125,661 (5.6)	134,766 (7.2)	145,882 (8.2)
실용신안	2,993 (4.9)	2,715 (△9.3)	2,417 (△11.0)	2,056 (△14.9)	1,817 (△11.6)
디 자 인	49,293 (△11.3)	49,905 (1.2)	52,850 (5.9)	50,694 (△4.1)	57,545 (13.5)
상 표	116,705 (△2.1)	115,025 (△1.4)	125,594 (9.2)	116,153 (△7.5)	136,629 (17.6)
합 계	289,653 (1.1)	286,657 (△1.0)	306,522 (6.9)	303,669 (△0.9)	341,873 (12.6)

* ( )는 전년대비 증감률

산업재산권은 권리를 신청한다고 해서 모두 심사를 통과하는 것은 아닙니다. **출원**과 **등록**은 구별됩니다. 표 6은 표 5와 달리 심사를 통과해서 등록된 안건만의 데이터입니다. 거절돼서 심사를 통과하지 못했거나 출원인이 포기하거나 취하하면 권리로 등록되지 않습니다.

[표 7] 2021년 외국 국가별 설정등록 현황

구 분	미국	일본	중국	독일	프랑스	스위스	영국	기타	합계
특 허	10,041	11,905	2,999	2,853	1,125	784	695	5,129	35,531
실용신안	25	11	66	1	2	1	3	90	199
특·실 소계	10,066	11,916	3,065	2,854	1,127	785	698	5,219	35,730
디자인	2,221	961	880	463	421	400	146	1,175	6,667
상 표	4,458	2,269	4,699	1,305	911	801	813	4,376	19,632
합 계	16,745	15,146	8,644	4,622	2,459	1,986	1,657	10,770	62,029
구성비	27.0	24.4	13.9	7.5	4.0	3.2	2.7	17.4	100.0

* 상표는 국제상표(마드리드) 포함, 디자인은 국제디자인(헤이그) 포함

대한민국 국적의 법인과 개인만이 대한민국에서 권리를 취득할 수 있는 게 아닙니다. 파리조약에 의해 내외국인은 모두 평등하게 대우됩니다. 표 7은 2021년에 대한민국에서 **등록**된 권리 중에서 외국의 국가별 데이터를 보여줍니다(출원 현황은 표 18에서 다시 보여줍니다). 미국과 일본 기업들이 대한민국에 가장 많은 권리를 취득했음을 알 수 있습니다. 다음으로 중국이 차지하고 있습니다.

[표 8] 2021년 현재 존속권리 현황

구 분		내국인		외국인		합 계	
		건수	구성비	건수	구성비	건수	구성비
특 허	등록	1,658,030	100	637,063	100	2,295,093	100
	소멸	770,890	46.5	364,335	57.2	1,135,225	49.5
	존속	887,140	53.5	272,728	42.8	1,159,868	50.5
실용신안	등록	449,732	100	16,237	100	465,969	100
	소멸	432,394	96.1	15,117	93.1	447,511	96.0
	존속	17,338	3.9	1,120	6.9	18,458	4.0
디자인	등록	1,026,146	100	99,133	100	1,125,279	100
	소멸	679,916	66.3	53,700	54.2	733,616	65.2
	존속	346,230	33.7	45,433	45.8	391,663	34.8
상 표	등록	1,763,138	100	478,475	100	2,241,613	100
	소멸	597,233	33.9	172,517	36.1	769,750	34.3
	존속	1,165,905	66.1	305,958	63.9	1,471,863	65.7
합 계	등록	4,897,046	100	1,230,908	100	6,127,954	100
	소멸	2,480,433	50.7	605,669	49.2	3,086,102	50.4
	존속	2,416,613	49.3	625,239	50.8	3,041,852	49.6

표 8은 2021년 현재 존속권리 현황을 보여줍니다. 상당수의 권리가 소멸되었습니다. 그 까닭은 존속기간이 만료되었거나 국가에 등록비용을 납부하지 않아 소멸된 것입니다. 소멸되면 기본적으로 퍼블릭 도메인의 지식재산이 됩니다. 타인의 권리를 침해하지 않는 한 누구나 사용할 수 있습니다(단, 상표의 경우 권리는 소멸했으나 시장에서 여전히 사용되는 상표라면 부정경쟁행위에 해당될 수 있음에 유의할 것). 권리 등록까지 가지 못한 채 거절, 포기, 취하됨으로써 소멸한 지식재산은 표 8의 통계에는 포함되어 있지 않습니다. 그것까지 포함한다면 소멸된 지식재산은 훨씬 많습니다.

[표 9] 특허 1차 심사처리 현황

구 분	계	등록결정	의견제출 통지	기타 통지	취하·포기	심사처리기간
'12년	163,246 (100%)	17,115 (10.5%)	141,890 (86.9%)	477 (0.3%)	3,764 (2.3%)	14.8개월
'13년	181,871 (100%)	18,713 (10.3%)	158,828 (87.3%)	431 (0.2%)	3,899 (2.1%)	13.2개월
'14년	166,915 (100%)	15,798 (9.5%)	146,913 (88.0%)	879 (0.5%)	3,325 (2.0%)	11.0개월
'15년	164,773 (100%)	10,433 (6.3%)	149,484 (90.7%)	947 (0.6%)	3,909 (2.4%)	10.0개월
'16년	174,717 (100%)	7,855 (4.5%)	163,281 (93.5%)	991 (0.6%)	2,590 (1.5%)	10.6개월
'17년	170,532 (100%)	9,712 (5.7%)	157,603 (92.4%)	1,007 (0.6%)	2,210 (1.3%)	10.4개월
'18년	161,290 (100%)	9,126 (5.7%)	148,772 (92.2%)	1,202 (0.7%)	2,190 (1.4%)	10.3개월
'19년	172,371 (100%)	9,637 (5.6%)	158,527 (92.0%)	1,613 (0.9%)	2,594 (1.5%)	10.8개월
'20년	186,495 (100%)	11,483 (6.2%)	170,299 (91.3%)	1,990 (1.1%)	2,723 (1.5%)	11.1개월
'21년	181,976 (100%)	12,900 (7.1%)	164,312 (90.3%)	1,709 (0.9%)	3,055 (1.7%)	12.2개월

표 9를 통해 특허 1차 심사처리기간에 관련한 정보를 알 수 있습니다. **1차 심사처리**에 관한 데이터이므로 특허를 받을 때까지의 기간을 뜻하지 않습니다. 특허출원인이 특허출원과 **심사청구**를 하면(특허출원만 하고 심사청구를 하지 않을 수도 있습니다. 3년 내에 심사청구를 하지 않으면 그 특허출원은 취하 간주되어 소멸합니다), 특허청 공무원이 심사를 합니다. 문제가 없다면 특허결정을 내립니다. 문제가 있다면 공무원은 1차로 거절하겠다는 판단을 하면서 의견을 제출할 기회를 부여합니다. 그걸 **의견제출통지**라 합니다. 특허청 공무원이 이 의견제출통지를 하는 문서를 발급할 때까지 걸린 시간이 바로 1차 심사처리기간입니다. 그러므로 표 9의 통계에서 2021년 1차 심사처리기간이 12.2개월이라 해서 대략 1년이면 특허를 취득한다고 기대하는 것은 무리입니다. 이 통계는 조속히 심사를 처리하는 우선심사[9] 안건을 포함하고 있으며, 무엇보다 90% 이상이 1차 심사에서 거절되고 있으므로 그 이후의 의견서 제출과 재심사에 소요되는 시간까지 고려하면 6개월을 더하는 것이 좋습니다.

---

[9] 우선심사는 3개월 이내로 1차 심사결과가 나오도록 하는 제도이다. 특별한 요건이 없어도 우선심사비용(선행기술조사비용과 특허청 관납료)만 지불하면 우선심사의 자격을 얻을 수 있다.

[표 10] 특허심사 종결처리 현황

구 분	계	등록결정	거절결정	취하·포기·무효
'12년	163,912 (100%)	108,236 (66.0%)	51,912 (31.7%)	3,764 (2.3%)
'13년	179,794 (100%)	121,866 (67.8%)	54,029 (30.1%)	3,899 (2.1%)
'14년	177,289 (100%)	120,353 (67.9%)	53,611 (30.2%)	3,325 (1.9%)
'15년	149,620 (100%)	92,748 (62.0%)	52,963 (35.4%)	3,909 (2.6%)
'16년	172,024 (100%)	101,641 (59.1%)	66,046 (38.4%)	4,337 (2.5%)
'17년	176,712 (100%)	110,063 (62.3%)	62,781 (35.5%)	3,868 (2.2%)
'18년	165,378 (100%)	106,129 (64.2%)	55,613 (33.6%)	3,636 (2.2%)
'19년	170,160 (100%)	115,302 (67.8%)	50,944 (29.9%)	3,914 (2.3%)
'20년	177,556 (100%)	126,228 (71.1%)	47,331 (26.7%)	3,997 (2.3%)
'21년	184,710 (100%)	134,338 (72.7%)	46,074 (24.9%)	4,298 (2.3%)

표 9의 심사결과에서 알 수 있듯이 안건의 90%가 1차 심사결과에서 특허를 받지 못했습니다. 그러나 그 이후 출원인은 특허문서를 수정하고, 의견서를 제출하면서 대응합니다. 그 결과 표 10에 나타난 것처럼 70% 이상이 특허 심사를 통과합니다. 이 통계 지표에는 나타나 있지 않지만, 기술분야에 따라 특허를 받을 수 있는 비율이 달라집니다. 기술의 차이점이 많이 드러나지 않는 비즈니스 모델과 컴퓨터 소프트웨어 관련한 분야에서는 그 비율이 낮습니다.

[표 11] 상표출원 1차 심사처리 현황

구 분	계	출원공고	의견제출	심사처리기간
'15년	198,981 (100)	108,445 (54.5)	90,536 (45.5)	4.6개월
'16년	192,422 (100)	107,564 (55.9)	84,858 (44.1)	4.9개월
'17년	182,396 (100)	102,507 (56.2)	79,889 (43.8)	4.8개월
'18년	188,161 (100)	104,053 (55.3)	84,108 (44.7)	5.3개월
'19년	198,639 (100)	105,875 (53.3)	92,764 (46.7)	6.5개월
'20년	178,729 (100)	102,112 (57.1)	76,617 (42.9)	8.7개월
'21년	218,018 (100)	127,305 (58.4)	90,713 (41.6)	10.8개월

표 11은 상표출원의 1차 심사처리 현황을 나타냅니다. 다른 지식재산제도와 달리 상표제도는 <출원공고>라는 제도가 있음에 유의해야 합니다. 다른 제도의 경우, 특허청 공무원이 심사한 결과 특별한 문제가 발견되지 않았다면, 등록결정을 내립니다. 그러면 출원인은 등록비용을 납부함으로써 바로 권리를 취득할 수 있습니다. 그러나 상표 제도의 경우, 특별한 문제가 발견되지 않았다면 등록결정을 내리는 것이 아니라 출원공고결정을 내립니다. 이 결정의 의미는 해당 상표출원의 내용을 2개월 동안 공시할 터이니, 누구든지 이 상표의 등록에 이의가 있다면 이의를 제기하라는 것입니다. 누군가 이의신청을 하면 대략 1년 정도의 공방을 거쳐 심사의 향방을 정합니다. 관련 당사자가 특허청의 심사에 참여하도록 함으로써 부정한 혹은 잘못된 상표가 독점권

을 취득하지 못하도록 하는 제도입니다. 이런 제도를 포함해서 2022년 현재 상표등록까지는 권리 신청일로부터 12개월이 넘는 시간이 소요되고 있습니다.

[표 12] 당사자계 심판청구 현황

연 도		'17년	'18년	'19년	'20년	'21년
내내국	특 허	771	741	660	582	651
	실 용	55	41	36	36	20
	디자인	309	360	329	332	287
	상 표	1,502	1,921	1,851	1,903	1,770
	계	2,637	3,063	2,876	2,853	2,728
내외국	특 허	401	213	135	156	183
	실 용	1	-	-	1	3
	디자인	-	3	2	7	7
	상 표	211	223	195	222	224
	계	613	439	332	386	417
외내국	특 허	9	15	20	13	9
	실 용	-	-	-	-	-
	디자인	21	12	18	17	12
	상 표	739	839	940	672	649
	계	769	866	978	702	670
외외국	특 허	20	4	11	6	10
	실 용	-	-	-	-	-
	디자인	-	-	2	1	1
	상 표	195	170	163	180	155
	계	215	174	176	187	166
총계	특 허	1,201	973	826	757	853
	실 용	56	41	36	37	23
	디자인	330	375	351	357	307
	상 표	2,647	3,153	3,149	2,977	2,798
	계	4,234	4,542	4,362	4,128	3,981

* 내내국 : 청구인 내국인·피청구인 내국인　　** 내외국 : 청구인 내국인·피청구인 외국인
*** 외내국 : 청구인 외국인·피청구인 내국인　　**** 외외국 : 청구인 외국인·피청구인 외국인

특허청은 행정처분을 내립니다. 행정처분에 대해서는 불복할 수 있습니다. 지식재산 권리의 향방에 관련한 행정처분은 **특허심판원**이 전속으로 관할하며, 특허청의 결정에 불복하거나 권리의 무효를 주장하려는 자는 이 특허심판원에 행정심판을 제기하게 되고, 그걸 일컬어 이른바 특허심판이라 합니다. 특허심판은 **결정계**와 **당사자계**로 분류합니다. 결정계는 피청구인이 특허청장입니다. 즉, 특허청이 당사자가 됩니다. 특허청 심사관이 내린 거절결정 등에 불복한다는 의미의 특허심판입니다. 당사자계 특허심판에서는 특허청이 당사자가 되는 게 아니라 시장에서 이해관계가 있는 당사자끼리 다투는 행정심판입니다. 예컨대 권리의 무효나 취소를 다투거나, 해당 권리의 권리범위가 어떻게 되는지 따지는 등의 특허심판입니다. 표 12는 당사자계 심판 통계입니다. 특허보다 상표가 3배 이상 다툼이 많습니다. 시장 주체의 관점에서는 상표가 특허보다 더 중요한 까닭도 있지만(소비자는 제1234567호로 특허받은 제품이라면서 제품을 구매하지는 않습니다. 제품의 상표에 끌려 제품을 구입합니다), **외국 기업들이** 한국 시장에서의 자사 브랜드 관리를 위해 분쟁의 당사자로 적극 참여하고 있기 때문이기도 합니다.

특허심판원의 심결에 대해서는 패배한 당사자가 특허법원으로 심결취소소송을 제기할 수 있습니다. 2021년 한 해 동안 특허법원 소제기 안건은 611건이며, 판결건수는 594건, 심결취소의 판결은 152건으로, 소제기 안건 중 25.6%의 안건이 취소됩니다. 즉, 특허심판원의 심결에 불복하여 특허법원에 소를 제기하는 경우, 이길 확률이 25.6% 정도라는 의미입니다. 물론 사안마다 다릅니다. 2021년 특허법원 판결에 대한 대법원 상고는 총 156건이 행해졌습니다.

18강 시장을 체감하는 통계

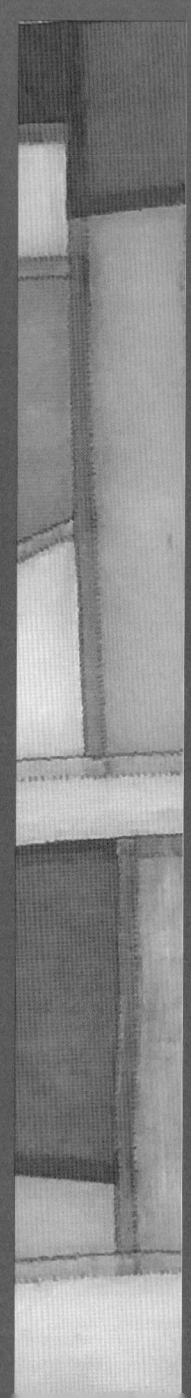

17강에서 인용한 통계들은 지식재산, 특히 산업재산을 통찰할 수 있는 데 중점을 뒀습니다. 이번에는 시장 상황을 이해하는 데 도움을 주는 통계를 살펴보겠습니다.

[표 13] 법인 | 개인별 출원 현황 (단위: 건, %)

구 분	법 인			개 인			전 체		
	'20년	'21년	증감률	'20년	'21년	증감률	'20년	'21년	증감률
특 허	181,873 (80.2)	195,730 (82.2)	7.6	44,886 (19.8)	42,268 (17.8)	△5.8	226,759	237,998	5.0
실용 신안	1,666 (33.4)	1,460 (36.4)	△12.4	3,315 (66.6)	2,549 (63.6)	△23.1	4,981	4,009	△19.5
디자인	35,361 (53.3)	34,482 (54.2)	△2.5	30,993 (46.7)	29,165 (45.8)	△5.9	66,354	63,647	△4.1
상 표	124,214 (50.9)	137,817 (51.0)	11.0	119,721 (49.1)	132,604 (49.0)	10.8	243,935	270,421	10.9
계	343,114 (63.3)	369,489 (64.1)	7.7	198,915 (36.7)	206,586 (35.9)	3.9	542,029	576,075	6.3

* ( )안은 법인·개인별 구성비임

개인이 권리자가 될 수 있습니다. 그러나 법인 명의로도 권리를 신청하고 보유할 수 있습니다. 표 13에 나타난 것처럼, 특허의 경우 80% 이상이 법인 명의로 출원되고 있습니다. 즉, 주로 회사나 단체 명의로 진행된다는 것입니다. 반면 상표출원의 경우에는 개인과 법인의 비중이 크게 차이가 없습니다. 비교적 영세한 개인사업자가 주도하는 유통이나 판매 혹은 서비스 분야에서도 상표권을 확보하는 것이 필수적이기 때문입니다. 특히 타인의 플랫폼을 이용하여 작은 쇼핑몰을 운영하는 것이 보편화된 시장 상황이 반영된 것으로 보입니다.

[표 14] 니스 분류별 상표출원 현형(단위: 건, %)

구 분	내국인		외국인		계	
	건수	구성비	건수	구성비	건수	구성비
화학품, 약제, 화장품	33,420	11.2	3,233	14.0	36,653	11.4
일반금속재, 건축재료, 수동이기류, 비금속제건축재료	3,330	1.1	391	1.7	3,721	1.2
기계, 전기기계, 수송기계기구	36,334	12.1	4,837	21.0	41,171	12.8
섬유, 섬유제품, 의류	17,891	6.0	1,953	8.5	19,844	6.2
가구, 깔개류, 주방용품	12,514	4.2	1,321	5.7	13,835	4.3
귀금속, 시계, 피혁, 가방류	8,436	2.8	1,000	4.3	9,436	2.9
악기, 완구, 운동구류, 담배	6,433	2.1	1,204	5.2	7,637	2.4
종이, 문방구, 인쇄물	6,701	2.2	589	2.6	7,290	2.3
과자, 식품, 음료	34,745	11.6	2,113	9.2	36,858	11.4
고무, 플라스틱재료	700	0.2	121	0.5	821	0.3
서비스업	138,410	46.2	6,256	27.2	144,666	44.8
기타	698	0.2	-	-	698	0.2
계	299,612	100.0	23,018	100.0	322,630	100.0

* 국내출원 대상(마드리드 미포함), 다류 기준(출원 1건당 여러개의 류로 집계됨)

표 14에서 보는 것처럼, 서비스업의 비중이 총 144,666건으로 전체 상표출원 중 44.8%에 이릅니다. 전기전자 제품이나 차량 관련 품목들(제9류~제12류)은 우리 산업의 주요 동력이기 때문에 상표출원 건수가 많습니다. 또한 전통적으로 화장품 분야(제3류)와 식음료 분야(제29류~제34류)는 소비자들의 일상생활에 필요한 기호 품목이 많이 포함되기 때문에 상표출원이 많이 행해집니다. 여기에 의류(제25류), 가구와 주방용품(제20류, 제21류)도 소비재 품목으로 상표출원 건수가 많습니다. 이런 품목들을 모두 합친 건수만큼이나 서비스업 분야의 상표출원 건수가 많다는 것은 시사하는 바가 큽니다. 2010년도 통계에서는 서비스업의 비중이 29.8%에 불과했습니다(총 32,329건).

[표 15] 국내 10대 다출원 기업 현황(단위: 건, %)

순위	업 체 명	특허	실용	디자인	상표	합계
1	삼성전자	9,859	–	403	247	10,509
2	엘지전자	4,009	–	604	166	4,779
3	현대자동차	2,975	–	407	76	3,458
4	삼성디스플레이	2,600	–	42	53	2,695
5	엘지에너지솔루션	2,622	–	13	3	2,638
6	㈜제이에스벤처스	–	–	–	1869	1,869
7	엘지화학	1,785	1	–	9	1,795
8	현대모비스주식회사	1,630	–	109	–	1,739
9	엘지디스플레이	1,299	–	86	34	1,419
10	씨제이	263	–	573	361	1,197
	소 계 (전체국내기업 출원중 점유율)	27,042 (23.8)	1 (0.1)	2,237 (7.6)	2,818 (2.3)	32,098 (12.1)
	전체국내기업 출원 합계	113,831	1,022	29,617	120,686	265,156

* 공동출원은 각 출원인마다 1건으로 처리

표 15는 산업재산 분야의 국내 10대 다출원 기업 현황을 보여줍니다. 삼성전자가 압도적으로 1위를 차지했습니다. 2010년도에는 삼성전자, 엘지전자, 한국전자통신연구원, 현대자동차, 엘지이노텍, 아모레퍼시픽, 엘지디스플레이, 하이닉스반도체, 삼성전기, 포스코 순이었습니다. 11년이 지난 2021년도 통계에서는 삼성전자, 엘지전자, 현대자동차만이 남아있습니다. 표 15에 등재되어 있는 기업 중 삼성디스플레이, 엘지에너지솔루션, 엘지화학, 현대모비스, 엘지디스플레이, 씨제이는 모두 대기업 집단에 속해 있고, 시장 상황을 고려할 때 그 순위를 납득할 수 있습니다. 그러나 6위를 차지한 제이에스벤처스는 이색적입니다. 2021년 한 해 동안 상표출원만 1,869건을 기록했는데, 국가에 납부하는 비용이 비교적 저렴한 상표출원만 했다는 점, 그나마 비용절감을 위해 대리인을 통하지 않고 직접 출원을 했다는 점, 2022년 상반기 동

안에는 불과 8건만 신청했다는 점을 종합적으로 고려하면 의미있는 통계로 보이지는 않습니다.

[표 16] 최근 5년간 공공기관 특허 다출원 순위 (건, %)

순 위	기 관 명	'17~'21 출원건	특허점유율
1	한국전자통신연구원	9,681	16.9
2	한국전력공사	3,725	6.5
3	한국생산기술연구원	2,955	5.2
4	한국과학기술연구원	2,829	4.9
5	국방과학연구소	2,672	4.7
기 타	기타	35,344	61.8
합 계	-	57,206	100.0

* 공동출원은 각 출원인마다 1건으로 처리   * 공공기관 : 공공기관, 연구기관, 공기업 등을 포함

[표 17] 최근 5년간 대학 특허 다출원 순위 (건, %)

순 위	기 관 명	'17~'21 출원건	점유율
1	한국과학기술원	5,682	5.6
2	서울대학교	5,302	5.2
3	고려대학교	4,658	4.6
4	연세대학교	4,633	4.6
5	한양대학교	3,339	3.3
기 타	기타	77,700	76.7
합 계	-	101,314	100.0

* 공동출원은 각 출원인마다 1건으로 처리   * 대학 : 대학, 학교법인 등을 포함

대한민국에는 공공기관이 350개 이릅니다. 그리고 해마다 공공기관이 20,000건 내외의 특허출원을 합니다. 표 16은 최근 5년간의 공공기관의 특허 다출원 순위를, 표 17은 최근 5년간의 대학의 특허 다출원 순위입니다. 시장에 직접 참여하는 공기업을 제외한 국책연구기관과 대학의 경우, 특허출원 실적이 중요하지는 않습니다. 특허출원한 기술을

시장에 이전함으로써 시장 주체를 이롭게 하고, 그것을 통해 연구기관이나 대학도 이익을 보는 생태계 조성이 항상 과제입니다.

이번에는 외국 기업의 대한민국 내에서 지식재산활동을 살펴보겠습니다. 표 18은 외국(법)인 국적별 출원 현황을 나타냅니다. '등록' 현황을 나타내는 표 7과 비교해 보면 출원 현황이 등록 현황보다 더 많음을 알 수 있습니다. 심사를 통과하지 못했거나 포기한 안건들 때문입니다.

[표 18] 외국(법)인 국적별 출원 현황(건, %)

순위	구 분		특허	실용	디자인	상표	계	
							건수	점유율
1	미국	'21년	15,503	21	1326	7,226	24,076	27.7
		'20년	13,352	38	1,478	6,425	21,293	26.9
2	일본	'21년	14,164	30	825	2,880	17,899	20.6
		'20년	14,013	31	827	3,034	17,905	22.7
3	중국	'21년	6,294	158	1280	8,014	15,746	18.1
		'20년	4,266	182	926	7,170	12,544	15.9
4	독일	'21년	3,738	4	180	1,677	5,599	6.4
		'20년	3,650	8	204	1,711	5,573	7.1
5	프랑스	'21년	1,628	3	247	1,261	3,139	3.6
		'20년	1,454	1	243	1,055	2,753	3.5
6	스위스	'21년	1,420	1	193	1,095	2,709	3.1
		'20년	1,309	2	171	953	2,435	3.1
7	영국	'21년	1,320	5	75	1,078	2,478	2.8
		'20년	1,107	4	94	1,071	2,276	2.9
소 계		'21년	44,067	222	4126	23,231	71,646	82.3
		'20년	39,151	266	3,943	21,419	64,779	82.0
기타국		'21년	7,668	145	702	6,900	15,415	17.7
		'20년	7,123	119	845	6,168	14,255	18.0
계		'21년	51,735	367	4828	30,131	87,061	100.0
		'20년	46,274	385	4,788	27,587	79,034	100.0

* 디자인은 헤이그, 상표는 마드리드 포함

다음의 표 19는 2021년도 외국기업 10대 다출원 기업 현황을 나타냅니다. 특허청에 등록되어 있는 기업 이름으로 통계를 표시하니 회사 명칭이 어색합니다. 시장에서 통용되는 이름으로 바꿔 표현하면 이러합니다. 화웨이, 도쿄일렉트론, 어플라이드 머티어리얼즈, 일본 SEL(반도체에너지연구소), 애플, 대만 TSMC, 퀄컴, 닛토덴코(일본전공), 마이크론, 바이두입니다. 모두 반도체 기업입니다. 한국 기업인 삼성전자와 SK 하이닉스 등의 글로벌 반도체 기업을 견제하기 위해서라도 내로라하는 외국 반도체 기업이 대한민국에 특허출원하는 것입니다.

[표 19] 2021년 외국인 10대 다출원기업별 출원 현황(건)

순위	출원인	국적	특허	실용	디자인	상표	합계
1	후아웨이테크놀러지컴퍼니리미티드	중국	603	-	67	63	733
2	도쿄엘렉트론가부시키가이샤	일본	691	-	8	1	700
3	어플라이드머티어리얼즈.인코포레이티드	미국	623	2	16	1	642
4	가부시키가이샤한도오타이에네루기켄큐쇼	일본	641	-	-	-	641
5	애플인크.	미국	371	-	193	15	579
6	타이완세미콘덕터매뉴팩쳐링컴퍼니리미티드	대만	546	-	-	-	546
7	퀄컴인코포레이티드	미국	429	-	-	5	434
8	닛토덴코	일본	415	-	2	-	417
9	마이크론테크놀로지,인크.	미국	413	-	-	-	413
10	베이징바이두넷컴사이언스앤테크놀로지코.,엘티디.	중국	388	-	-	-	388

* 공동출원은 각 출원인마다 1건으로 처리

시장은 변화합니다. 그에 따라 기업별 순위도 달라집니다. 10년 전인 다음의 표 20으로 정리된 2012년 통계와 표 19의 순위를 비교해 보십시오. 10년 전에는 일본 기업이 7개가 순위에 들었으나 2021년에는 3개로 줄어들었습니다. 대신 중국 기업이 2곳, 대만 기업이 1곳이 순위에 들어왔습니다. 이런 최근 10년 동안의 변화를 통해 반도체 분야에서 일본 기업의 경쟁력 혹은 대한민국에 미치는 영향력이 감소했고, 대신 중국의 '반도체 굴기'가 느껴지기도 합니다. 그러나 이 분야 미국 기업의 의지는 여전히 강합니다.

[표 20] 2012년 외국인 10대 다출원기업별 출원 현황

(단위 : 건)

순위	출원인	국적	특허	실용	디자인	상표	합계
1	퀄컴인코포레이티드	미국	1,384	-	-	13	1,397
2	한도오따이에네루기켄큐쇼	일본	688	-	-	5	693
3	도쿄엘렉트론	일본	461	2	21	2	486
4	파나소닉	일본	410	1	35	6	452
5	스미또모가가꾸	일본	425	-	11	12	448
6	알카텔루슨트	프랑스	442	-	-	-	442
7	캐논	일본	421	-	16	2	439
8	애플	미국	373	-	34	28	435
9	소니	일본	377	-	6	16	399
10	닛산	일본	109	-	7	269	385
	소 계 (외국인 출원중 점유율)		5,090 (12.7)	3 (0.6)	130 (3.6)	353 (2.9)	5,576 (9.9)
	외국인 출원 합계		40,183	524	3,648	12,177	56,532

9

특허문서론

19강 특허란 무엇인가?

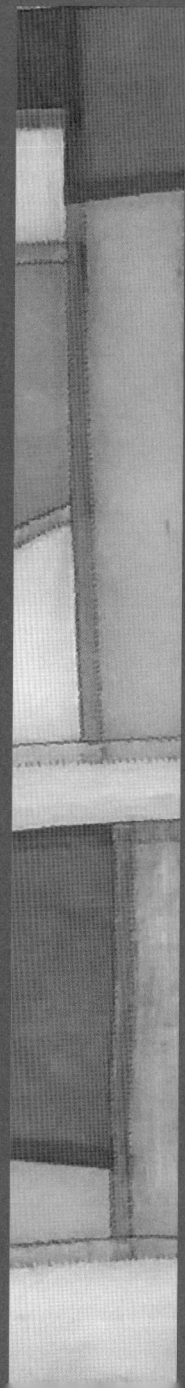

특허법 제2조 1호는 다음과 같이 규정합니다. 〈"발명"이란 자연법칙을 이용한 기술적 사상의 창작으로서 고도한 것을 말한다.〉 이어서 2호는 〈"특허발명"이란 특허를 받은 발명을 말한다.〉고 규정합니다. 제94조 제1항은 〈특허권자는 업으로서 특허발명을 실시할 권리를 독점한다.〉고 규정하고, 제97조는 〈특허발명의 보호범위는 청구범위에 적혀 있는 사항에 의하여 정하여진다.〉고 합니다. 법률의 규정은 이러합니다. 그렇다면 특허란 무엇입니까?

사례 31

특허권자 홍길동은 자신의 특허가 경쟁자인 임꺽정에 의해 심각하게 침해됐다고 생각하여 자신의 '특허제품'과 임꺽정이 제조한 '모방제품'을 들고 변리사 성춘향을 찾아가 상담을 구한다. 홍길동이 성춘향에게 말하길 이 두 제품이 완전히 똑같다고 설명하면서 특허분쟁에서 자기가 당연히 승리하지 않겠느냐며 자신만만하게 말한다. 그런데 성춘향은 임꺽정의 제품만을 유심히 살펴볼 뿐 홍길동의 특허제품에는 그다지 관심이 없다.

사례 31은 특허 현장에서 흔히 발생하는 전형적인 장면을 재구성한 것입니다. 시장에서 활동하는 사람들은 시장에서 판매되는 제품이 얼마나 동일한지에 관심이 있습니다. 이런 관심은 상식적이며 합리적입니다. 경쟁 중인 제품이 사실상 동일하다면 그중 어떤 제품이 다른 제품을 모방했으리라고 충분히 생각할 수 있습니다. 그러므로 홍길동이 자신의 제품을 보여주면서 이른바 '특허제품'과 '모방제품'의 동일성을 말하는 것은 상식적인 행위입니다. 그러나 특허 침해는 법리 문제입니다. 시장 상식의 문제가 아닙니다. 국가가 특허제도에 개입해서 권리를 허락했을 때 '**특허제품**'를 심사한 적이 없습니다. 홍길동은 그런 실제 제품을 국가에 제출한 적도, 제출할 수도 없었습니다. 따라서 특허 침해 판단에서 특허제품은 고려대상이 아닙니다. 성춘향 변리사가 특허제품을 흘낏 살펴볼 수는 있어도 그녀가 전문가인 이상 특허제품은 주된 관심사가 아닙니다. 특허제품은 기술을 이해하는 데 '참고적으로' 도움이 되기는 하지만, 그런 제품에서는 권리가 전혀 나오지 않습니다. 반면 성춘향이 임꺽정의 제품을 주의깊게 살펴보는 것은 올바른 처사입니다. 불법행위는 '**모방제품**'에 구현되기 때문입니다. 그렇다면 홍길동의 권리는 어디에서 정해지는 것입니까? 그것이 이 장의 주제입니다.

특허는 **문서**(특허명세서)입니다. 문서가 아니라면 그것은 특허가 아닙니다. 사람들은 누구나 자유롭게 생각할 수 있습니다. 기술에 관해서 새로운 아이디어를 누구나 생각해 낼 수 있습니다. 그러나 우리가 앞에서 많이, 반복적으로 이야기한 것처럼, 아무리 좋은 생각이어도 표현되지 않으면 아무것도 아닙니다. 탁월한 발명을 했다고 해도 표현되어야만 발명입니다. 결국 특허는 '생각이 표현된' 문서입니다. 아무리 좋은 발명도 문서로 표현되지 않으면 특허가 아닙니다. 만약 엉뚱하게 표현되었다면 엉뚱한 특허입니다. 기묘하게 표현되었다면 기묘한 특허입니다. 매력적으로 표현되었다면 일단은 매력적인 특허입니다. 특허의 세계는 이처럼 문서의 세계입니다. 특허제품은 문서가 아닙니다.

저는 변리사가 되기 전에 특허문서를 본 적이 없었습니다. 전문가 자격증을 취득한 다음에 특허문서를 처음 접했는데 눈이 돌아가는 줄 알았습니다. 무슨 말인지 당최 모르겠더라고요. 우리말로 쓰여 있는데 의미를 파악하기 어려웠습니다. 특허문서에 적힌 기술내용은 둘째 치고 언어 표현이 제가 아는 한국말이 아닐 정도로 이상했고, 관용적인 표현은 낯설었으며, 문법과 논리도 복잡해서 정말이지 그 의미를 파악하기 어려웠습니다. 그 후 많은 세월이 흘러 특허문서에 익숙해진 덕분에 이제는 특허문서를 보는 데 큰 어려움이 없습니다. 최근에 모든 심사를 통과해서 특허를 받은 문서를 하나 소개합니다. 특허공개공보로 표현된 특허문서인데, 좋은 특허문서이기 때문에 소개한다기보다는 발명의 내용이 알기 쉬워서 이 책에 수록했습니다.

(19) 대한민국특허청(KR)	(45) 공고일자 2022년05월03일
(12) 등록특허공보(B1)	(11) 등록번호 10-2393849
	(24) 등록일자 2022년04월28일

등록특허 10-2393849

(51) 국제특허분류(Int. Cl.)
　　　B42D 15/04 (2006.01)　　　**B42D 25/26** (2014.01)
(52) CPC특허분류
　　　B42D 15/042 (2013.01)
　　　B42D 25/26 (2015.01)
(21) 출원번호　　10-2020-0026152
(22) 출원일자　　2020년03월02일
　　　심사청구일자　2020년03월02일
(65) 공개번호　　10-2021-0111080
(43) 공개일자　　2021년09월10일
(56) 선행기술조사문헌
　　　JP2006516050 A*
　　　(뒷면에 계속)

(73) 특허권자
　　　주식회사 블루오리진
　　　서울특별시 강남구 테헤란로81길 51, 5층 (삼성동, 연남(Yeon nam)빌딩)
(72) 발명자
　　　전서윤
　　　경기도 양주시 고덕로 89, 102동 901호 (덕계동, 양주푸르지오아파트)
(74) 대리인
　　　특허법인임앤정

전체 청구항 수 : 총　4　항　　　심사관 : 정원식

(54) 발명의 명칭 **컨퍼런스 행사용 친환경 네임 카드**

(57) 요 약

본 발명은 컨퍼런스 행사용 친환경 단위 네임 카드(100)와 여러 장의 단위 네임 카드(100, 100…)가 연속하여 이어지는 연속 네임 카드(10)에 관합니다.

본 발명의 단위 네임 카드(100)는 사각 형상으로 평량이 150~300g/㎡의 종이 재질을 사용하며, 앞면과 뒷면으로
(뒷면에 계속)

대 표 도 - 도1

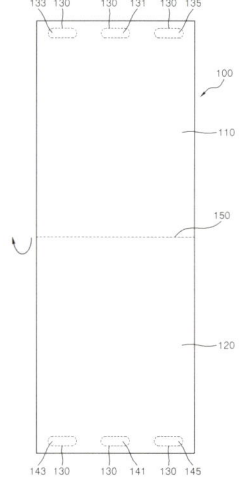

등록특허 10-2393849

이루어집니다.

앞면은 네임 카드 파일이 정방향으로 인쇄되는 제1인쇄영역(110)과 네임 카드 파일이 역방향으로 인쇄되는 제2인쇄 영역(120)으로 이루어지되 제1인쇄 영역(110)과 제2인쇄 영역(120)의 경계 부분에 폭 방향으로 횡단하는 접힘 라인(150)이 설치됩니다. 또한, 제1인쇄 영역(110)의 상단과 제2인쇄 영역(120)의 하단에는 각각 하나 이상의 절개될 홈(131)이 설치되는데 접힘 라인(150)을 기준으로 뒷면으로 접었을 때 제1인쇄 영역(110) 상단의 절개될 홈과 제2인쇄 영역(120) 하단의 절개될 홈이 서로 겹쳐집니다. 뒷면은 제1인쇄 영역(110) 상단의 절개될 홈의 위쪽 단부 및 제2인쇄 영역(120) 하단의 절개될 홈의 아래쪽 단부에는 절단용 인디케이터(190)가 각각 설치되어 있습니다.

(56) 선행기술조사문헌
KR1020130046489 A*
https://blog.naver.com/jungmoon21/50174046420
(2013.05.26.)*
KR2020130006918 U
KR1020040000551 A
KR1020140017375 A
*는 심사관에 의하여 인용된 문헌

명 세 서

청구범위

청구항 1

플라스틱을 사용하지 않고 종이로만 제작되는 컨퍼런스 행사용 참가자의 정보가 인쇄된 친환경 단위 네임 카드(100)로서:

앞면(110, 120)은 미리 정해진 네임 카드 파일이 정방향으로 인쇄되는 제1인쇄영역(110)과 상기 제1인쇄영역(110)에 인쇄되는 네임 카드와 동일한 이미지인 상기 네임 카드 파일이 역방향으로 인쇄되는 제2인쇄 영역(120)으로 이루어지되, 상기 제1인쇄 영역(110)과 상기 제2인쇄 영역(120)의 경계 부분에 폭 방향으로 횡단하는 접힘 라인이 설치되고, 상기 제1인쇄 영역(110)의 상단과 상기 제2인쇄 영역(120)의 하단에는 각각 하나 이상의 절개될 홀이 설치되는데 상기 접힘 라인을 기준으로 뒷면(111, 121)으로 접었을 때 상기 제1인쇄 영역(110) 상단의 절개될 홀과 상기 제2인쇄 영역(120) 하단의 절개될 홀이 서로 겹쳐지며,

상기 뒷면(111, 121)은 상기 제1인쇄 영역 상단의 절개될 홀의 위쪽 단부 및 상기 제2인쇄 영역 하단의 절개될 홀의 아래쪽 단부에는 절단용 인디케이터(191, 192)가 각각 설치되어 있고, 상기 제1인쇄영역의 뒷면(111) 및 상기 제2인쇄영역의 뒷면(121)에는 아무런 구성이 없고, 상기 접힘 라인을 기준으로 상기 앞면(110, 120)을 접었을 때 노출되지 않으며,

사각 형상으로 평량이 $150 \sim 300 g/m^2$의 종이 재질인 것을 특징으로 하는 컨퍼런스 행사용 친환경 단위 네임 카드.

청구항 2

플라스틱을 사용하지 않고 종이로만 제작되는 컨퍼런스 행사용 참가자의 정보가 인쇄된 친환경 단위 네임 카드(100)로서:

앞면(110, 120)은 미리 정해진 네임 카드 파일이 정방향으로 인쇄되는 제1인쇄영역(110)과 상기 제1인쇄영역(110)에 인쇄되는 네임 카드와 동일한 이미지인 상기 네임 카드 파일이 역방향으로 인쇄되는 제2인쇄 영역(120)으로 이루어지되 상기 제1인쇄 영역(110)과 상기 제2인쇄 영역(120)의 경계 부분에 폭 방향으로 횡단하는 접힘 라인이 설치되고, 상기 제1인쇄영역(110)의 뒷면(111) 및 상기 제2인쇄영역(120)의 뒷면(121)에는 아무런 구성이 없으며,

상기 제1인쇄 영역(110)의 상단과 상기 제2인쇄 영역(120)의 하단에는 각각 폭 방향으로 나란히 위치하는 3개의 절개될 홀이 설치되는데 상기 접힘 라인을 기준으로 상기 뒷면(111, 121)으로 접었을 때 상기 제1인쇄 영역(110) 상단의 절개될 홀과 상기 제2인쇄 영역(120) 하단의 절개될 홀이 서로 겹쳐지면서, 상기 뒷면(111, 121)이 노출되지 않으며,

사각 형상으로 평량이 $150 \sim 300 g/m^2$의 종이 재질이고, 상기 접힘 라인을 기준으로 접어서 상기 제1인쇄 영역(110) 또는 상기 제2인쇄 영역(120)이 서로 반대방향으로 노출되도록 한 다음, 겹쳐진 상기 절개될 홀에 목걸이 클립을 연결하여 사용되는 것을 특징으로 하는 컨퍼런스 행사용 친환경 단위 네임 카드.

청구항 3

플라스틱을 사용하지 않고 종이로만 제작되는 동일한 구성의 단위 네임 카드(100)가 길이방향으로 연속하여 이루어지며 프린터 내부에 설치되는 연속 네임 카드(10)로서:

참가자의 정보가 인쇄되는 상기 단위 네임 카드(100)의 앞면(110, 120)은 미리 정해진 네임 카드 파일이 정방향으로 인쇄되는 제1인쇄영역(110)과, 상기 제1인쇄영역(110)에 인쇄되는 네임 카드와 동일한 이미지인 상기 네임 카드 파일이 역방향으로 인쇄되는 제2인쇄 영역(120)으로 이루어지되 상기 제1인쇄 영역(110)과 상기 제2인쇄 영역(120)의 경계 부분에 폭 방향으로 횡단하는 접힘 라인이 설치되고, 상기 제1인쇄 영역(110)의 상단과 상기

등록특허 10-2393849

제2인쇄 영역(120)의 하단에는 각각 하나 이상의 절개될 홀이 설치되는데 상기 접힘 라인을 기준으로 뒷면(111, 121)으로 접었을 때 상기 제1인쇄 영역(110) 상단의 절개될 홀과 상기 제2인쇄 영역(120) 하단의 절개될 홀이 서로 겹쳐지되, 노출되지 않는 상기 제1인쇄영역(110)의 뒷면(111) 및 상기 제2인쇄영역(120)의 뒷면(121)에는 아무런 구성이 없으며

인접한 단위 네임 카드(100)끼리 연속하는 부분의 뒷면에는 상기 프린터가 인식하는 절단용 인디케이터(190)가 폭 방향으로 설치되어, 어느 단위 네임 카드(100)의 절개될 홀과 인접한 다른 단위 네임 카드(100)의 절개될 홀 사이의 위치에서 단위 네임 카드(100)들이 분리되도록 하며,

상기 연속 네임 카드(10)는 평량이 150~300g/㎡의 종이 재질인 것을 특징으로 하는 컨퍼런스 행사용 친환경 연속 네임 카드.

청구항 4

플라스틱을 사용하지 않고 종이로만 제작되는 동일한 구성의 참가자의 정보가 인쇄되는 단위 네임 카드(100)가 길이방향으로 연속하여 이루어지며 프린터 내부에 설치되는 평량이 150~300g/㎡의 종이 재질인 연속 네임 카드(10)로서:

상기 단위 네임 카드(100)의 앞면은 미리 정해진 네임 카드 파일이 정방향으로 인쇄되는 제1인쇄영역(110)과, 상기 제1인쇄영역(110)에 인쇄되는 네임 카드와 동일한 이미지인 상기 네임 카드 파일이 역방향으로 인쇄되는 제2인쇄 영역(120)으로 이루어지되 상기 제1인쇄 영역(110)과 상기 제2인쇄 영역(120)의 경계 부분에 폭 방향으로 횡단하는 접힘 라인이 설치되고, 상기 제1인쇄 영역(110)의 상단과 상기 제2인쇄 영역(120)의 하단에는 각각 하나 이상의 절개될 홀이 설치되는데 상기 접힘 라인을 기준으로 뒷면(111, 121)으로 접었을 때 상기 제1인쇄 영역(110) 상단의 절개될 홀과 상기 제2인쇄 영역(120) 하단의 절개될 홀이 서로 겹쳐지되, 노출되지 않는 상기 제1인쇄영역(110)의 뒷면(111) 및 상기 제2인쇄영역(120)의 뒷면(121)에는 아무런 구성이 없으며

인접한 단위 네임 카드(100)끼리 연속하는 부분의 뒷면에는 상기 프린터가 인식하는 절단용 인디케이터(190)가 폭 방향으로 설치되어, 어느 단위 네임 카드(100)의 절개될 홀과 인접한 다른 단위 네임 카드(100)의 절개될 홀 사이의 위치에서 단위 네임 카드(100)들이 분리되도록 하며,

상기 단위 네임 카드(100)의 접힘 라인을 기준으로 상기 단위 네임 카드(100)들이 접히는 방향이 교호로 달라지면서 차곡차곡 개켜지는 것을 특징으로 하는 컨퍼런스 행사용 친환경 연속 네임 카드.

발명의 설명

기 술 분 야

본 발명은 컨퍼런스 행사 때 참가자들이 소지하고 다니는 네임 카드에 관하며, 더욱 상세하게는 목걸이로 패용할 수 있는 네임 카드에 관한다.

배 경 기 술

컨퍼런스 행사는 공통의 전문적인 주제로 많은 사람들이 참가하는 행사이다. 행사의 목적에 맞게 기획하고 관리하며 지원하기 위해서 대체로 참가자들은 사전에 자기 정보를 등록한다. 그리고 행사 관리자들은 사전에 등록된 정보를 이용하여 네임 카드를 미리 준비하고, 참가자들은 자신의 네임 카드를 옷에 부착하거나 목걸이로 걸어서 패용한다.

도 5는 종래의 목걸이 네임 카드(1)를 나타내었다. 참가자의 정보가 인쇄된 네임 카드 인쇄지(3)를 플라스틱 수납부재(2) 안에 수납하고, 목걸이(9)를 구멍(5, 6)에 걸어 사용한다. 참가자의 입장에서는 행사 관리자들이 미리 준비한 자기 네임 카드를 착용하기만 하면 되기 때문에 큰 문제는 없다. 이런 네임 카드는 컨퍼런스 행사가 종료되거나 참가자가 퇴장하면 버려진다. 최근 지구환경을 위해 플라스틱의 사용을 줄이려는 전세계 차원의 노력을 감안하면 바람직하지 못한 현실이며, 개선해야 하는 문제점이 아닐 수 없다.

행사 관리자의 입장에서는 종래의 네임 카드(1)는 정말 골칫거리였다. 모든 참가자의 네임 카드를 사전에 준비

등록특허 10-2393849

해야 하는데, 플라스틱 수납부재(2)에 설치된 투입구(4)를 벌려서 네임 카드 인쇄지(3)를 일일이 삽입해야 하는 단순 노동을 해야 한다. 대규모 행사일수록 많은 시간과 노동이 투여되어야 했다. 이로 말미암아 네임 카드를 준비하는 데 너무 많은 시간과 너무 많은 인력을 낭비해야 했다. 컨퍼런스 행사의 운영과 관리에 집중해야 함에도 정작 행사 현장에서는 네임 카드 준비 때문에 본말이 전도되는 일이 자주 발생했다.

[0006] 본 발명의 발명자는 이러한 종래기술의 문제점을 해결하기 위해 오랫동안 연구하고 고민하며 고심한 끝에 본 발명을 완성하기에 이르렀다.

발명의 내용

해결하려는 과제

[0008] 본 발명의 목적은 플라스틱을 사용하지 않고 종이로만 제작되고 폐용할 수 있는 컨퍼런스 행사용 네임 카드를 제안함에 있다. 이를 통해 컨퍼런스 행사 관리 업무의 혁신을 도모함과 동시에 친환경 행사라는 사회적인 요청에 부응하고자 한다.

[0009] 한편, 본 발명의 명시되지 않은 또 다른 목적들은 하기의 상세한 설명 및 그 효과로부터 용이하게 추론 할 수 있는 범위 내에서 추가적으로 고려될 것이다.

과제의 해결 수단

[0011] 위와 같은 과제를 달성하기 위해 본 발명의 제1국면은 컨퍼런스 행사용 친환경 단위 네임 카드로서:

[0012] 앞면은 미리 정해진 네임 카드 파일이 정방향으로 인쇄되는 제1인쇄영역(110)과 상기 네임 카드 파일이 역방향으로 인쇄되는 제2인쇄 영역(120)으로 이루어지되 상기 제1인쇄 영역(110)과 상기 제2인쇄 영역(120)의 경계 부분에 폭 방향으로 횡단하는 접힘 라인(150)이 설치되고, 상기 제1인쇄 영역(110)의 상단과 상기 제2인쇄 영역(120)의 하단에는 각각 하나 이상의 절개될 홀(131)이 설치되는데 상기 접힘 라인(150)을 기준으로 뒷면으로 접었을 때 상기 제1인쇄 영역(110) 상단의 절개될 홀과 상기 제2인쇄 영역(120) 하단의 절개될 홀이 서로 겹쳐지며,

[0013] 뒷면은 상기 제1인쇄 영역(110) 상단의 절개될 홀의 위쪽 단부 및 상기 제2인쇄 영역(120) 하단의 절개될 홀의 아래쪽 단부에는 절단용 인디케이터(190)가 각각 설치되어 있으며,

[0014] 사각 형상으로 평량이 150-300g/㎡의 종이 재질인 것을 특징으로 한다.

[0015] 본 발명의 제2국면은 컨퍼런스 행사용 친환경 단위 네임 카드로서:

[0016] 앞면은 미리 정해진 네임 카드 파일이 정방향으로 인쇄되는 제1인쇄영역(110)과 상기 네임 카드 파일이 역방향으로 인쇄되는 제2인쇄 영역(120)으로 이루어지되 상기 제1인쇄 영역(110)과 상기 제2인쇄 영역(120)의 경계 부분에 폭 방향으로 횡단하는 접힘 라인(150)이 설치되고, 상기 제1인쇄 영역(110)의 상단과 상기 제2인쇄 영역(120)의 하단에는 각각 폭 방향으로 나란히 위치하는 3개의 절개될 홀(131)이 설치되는데 상기 접힘 라인(150)을 기준으로 뒷면으로 접었을 때 상기 제1인쇄 영역(110) 상단의 절개될 홀과 상기 제2인쇄 영역(120) 하단의 절개될 홀이 서로 겹쳐지며,

[0017] 사각 형상으로 평량이 150-300g/㎡의 종이 재질이고, 상기 접힘 라인(150)을 기준으로 접어서 상기 제1인쇄 영역(110) 또는 상기 제2인쇄 영역(120)이 서로 반대방향으로 노출되도록 한 다음, 겹쳐진 상기 절개될 홀에 목걸이 클립을 연결하여 사용되는 것을 특징으로 한다.

[0018] 본 발명의 제3국면은 동일한 구성의 단위 네임 카드가 길이방향으로 연속하여 이루어지며 프린터 내부에 설치되는 연속 네임 카드로서:

[0019] 상기 단위 네임 카드의 앞면은 미리 정해진 네임 카드 파일이 정방향으로 인쇄되는 제1인쇄영역(110)과 상기 네임 카드 파일이 역방향으로 인쇄되는 제2인쇄 영역(120)으로 이루어지되 상기 제1인쇄 영역(110)과 상기 제2인쇄 영역(120)의 경계 부분에 폭 방향으로 횡단하는 접힘 라인(150)이 설치되고, 상기 제1인쇄 영역(110)의 상단과 상기 제2인쇄 영역(120)의 하단에는 각각 하나 이상의 절개될 홀(131)이 설치되는데 상기 접힘 라인(150)을 기준으로 뒷면으로 접었을 때 상기 제1인쇄 영역(110) 상단의 절개될 홀과 상기 제2인쇄 영역(120) 하단의 절개될 홀이 서로 겹쳐지며,

인접한 단위 네임 카드 끼리 연속하는 부분의 뒷면에는 상기 프린터가 인식하는 절단용 인디케이터(190)가 폭 방향으로 설치되어, 어느 단위 네임 카드의 절개될 홈과 인접한 다른 단위 네임 카드의 절개될 홈 사이의 위치에서 단위 네임 카드들이 분리되도록 하며,

상기 연속 네임 카드는 평량이 150~300g/㎡의 종이 재질인 것을 특징으로 한다.

본 발명의 제4국면은 동일한 구성의 단위 네임 카드가 길이방향으로 연속하여 이루어지며 프린터 내부에 설치되는 평량이 150~300g/㎡의 종이 재질인 연속 네임 카드로서:

상기 단위 네임 카드의 앞면은 미리 정해진 네임 카드 파일이 정방향으로 인쇄되는 제1인쇄영역(110)과 상기 네임 카드 파일이 역방향으로 인쇄되는 제2인쇄 영역(120)으로 이루어지되 상기 제1인쇄 영역(110)과 상기 제2인쇄 영역(120)의 경계 부분에 폭 방향으로 횡단하는 접힘 라인(150)이 설치되고, 상기 제1인쇄 영역(110)의 상단과 상기 제2인쇄 영역(120)의 하단에는 각각 하나 이상의 절개될 홈(131)이 설치되는데 상기 접힘 라인(150)을 기준으로 뒷면으로 접었을 때 상기 제1인쇄 영역(110) 상단의 절개될 홈과 상기 제2인쇄 영역(120) 하단의 절개될 홈이 서로 겹쳐지며,

인접한 단위 네임 카드 끼리 연속하는 부분의 뒷면에는 상기 프린터가 인식하는 절단용 인디케이터(190)가 폭 방향으로 설치되어, 어느 단위 네임 카드의 절개될 홈과 인접한 다른 단위 네임 카드의 절개될 홈 사이의 위치에서 단위 네임 카드들이 분리되도록 하며,

상기 단위 네임 카드의 접힘 라인(150)을 기준으로 상기 단위 네임 카드들이 접히는 방향이 교호로 달라지면서 차곡차곡 개켜지는 것을 특징으로 한다.

발명의 효과

위와 같은 단위 네임 카드를 사용하게 되면 환경문제를 초래하는 플라스틱 수납부재를 전혀 사용하지 않으면서도 앞면과 뒷면에 동일한 네임 카드 파일이 인쇄된 150~300g/㎡의 종이 재질만으로도 충분한 컨퍼런스용 네임 카드를 사용할 수 있다는 뛰어난 효과를 발휘한다.

또한 플라스틱 수납부재를 사용하지 않기 때문에 종래에 수납부재 안으로 일일이 종이 네임 카드를 삽입해야 했던 단순노동의 수고로움을 없앨 수 있고, 그런 노동에 투자되었던 시간을 컨퍼런스 행사 운영 및 관리에 더 집중할 수 있으므로 더 효율적으로 컨퍼런스 행사를 운영하고 관리할 수 있다는 장점이 있다.

본 발명의 목적은 플라스틱을 사용하지 않고 종이로만 제작되고 폐용할 수 있는 컨퍼런스 행사용 네임 카드를 제안함에 있다. 이를 통해 컨퍼런스 행사 관리 업무의 혁신을 도모함과 동시에 친환경 행사라는 사회적인 요청에 부응하고자 한다.

한편, 여기에서 명시적으로 언급되지 않은 효과라 하더라도, 본 발명의 기술적 특징에 의해 기대되는 이하의 명세서에서 기재된 효과 및 그 잠정적인 효과는 본 발명의 명세서에 기재된 것과 같이 취급됨을 첨언한다.

도면의 간단한 설명

도 1은 본 발명의 바람직한 어느 실시예에 따른 단위 네임 카드(100)의 앞면의 구성을 개략적으로 나타낸다.

도 2는 본 발명의 바람직한 어느 실시예에 따른 단위 네임 카드(100)의 뒷면의 구성을 개략적으로 나타낸다.

도 3은 본 발명의 바람직한 어느 실시예에 따라 실제로 네임 카드를 제작하는 시나리오를 예시한다.

도 4는 본 발명의 바람직한 어느 실시예에 따른 연속 네임 카드(10)의 구성 예를 나타낸다.

도 5는 종래의 플라스틱 네임 카드(1)의 일 예를 나타낸다.

※ 첨부된 도면은 본 발명의 기술사상에 대한 이해를 위하여 참조로서 예시된 것임을 밝히며, 그것에 의해 본 발명의 권리범위가 제한되지는 아니한다.

발명을 실시하기 위한 구체적인 내용

이하, 도면을 참조하여 본 발명의 다양한 실시예가 안내하는 본 발명의 구성과 그 구성으로부터 비롯되는 효과에 대해 살펴본다. 본 발명을 설명함에 있어서 관련된 공지기능에 대하여 이 분야의 기술자에게 자명한 사항으

[0035] 도 1은 본 발명의 바람직한 어느 실시예에 따른 단위 네임 카드(100)의 대략적인 구성을 나타낸다. 단위 네임 카드는 종이 재질이다. 바람직하게는 평량이 150~300g/㎡의 종이인 것이 좋다. 모조지, 아트지, 백상지, 스노우지, 아르떼 등의 다양한 종이를 사용할 수 있다. 평량이 150g/㎡보다 적으면 너무 얇아서 컨퍼런스 행사를 하는 도중에 구겨지거나 찢어질 우려가 있다. 평량이 300g/㎡보다 큰 경우에는 사용하는 데에는 문제가 없으나 프린터에 내장하여 사용할 수 있는 재료의 양이 적어져서 경제적이지 못하다.

[0036] 도시되어 있는 것처럼, 단위 네임 카드(100)는 대략 사각 형태로 이루어져 있다. 물론 물리적으로 완벽한 사각 형태가 아니어도 좋다. 단위 네임 카드(100)의 길이는 220~300㎜인 것이 좋고, 폭은 90~120㎜ 범위로 정해지는 것이 좋다. 단위 네임 카드(100)는 앞면과 뒷면으로 이루어진다. 도 1은 단위 네임 카드(100)의 앞면의 구성을, 도 2는 단위 네임 카드(100)의 뒷면의 구성을 도시한다. 먼저 앞면 구성에 대해서 설명한다.

[0037] 단위 네임 카드(100)는 제1인쇄 영역(110)과 제2인쇄 영역(120)으로 이루어진다. 제1인쇄 영역(110)과 제2인쇄 영역(120)의 넓이는 대략 동일하다. 컴퓨터에 의해 만들어진 미리 정해진 네임 카드 파일은 프린터를 통해 제1인쇄 영역(110) 및 제2인쇄 영역(120)에 각각 인쇄된다. 똑같은 네임 카드 파일이 제1인쇄 영역(110)과 제2인쇄 영역(120)에 두 번 인쇄된다. 다만, 제1인쇄 영역(110)은 정방향으로 인쇄되고, 제2인쇄 영역(120)에서는 역방향으로 인쇄된다.

[0038] 제1인쇄 영역(110)의 상단에는 복수의 절개될 홈(131, 133, 135)이 나란히 설치된다. 이들 절개될 홈(131, 133, 135)은 완전히 천공된 구멍이 아니다. 각각 가장자리에는 절취선(130)이 부여되어 있다. 단위 네임 카드(100)에 인쇄가 완료된 다음 목걸이 클립(미도시)를 연결할 때, 그 절취선(130)을 따라 절개될 홈(131, 133, 135)을 떼어낸다.

[0039] 마찬가지로 제2인쇄 영역(120)의 하단에는 복수의 절개될 홈(141, 143, 145)이 나란히 설치된다. 이들 절개될 홈(141, 143, 145) 또한 완전히 천공된 구멍이 아니다. 각각 가장자리에는 절취선(130)이 부여되어 있다. 단위 네임 카드(100)에 인쇄가 완료된 다음 목걸이 클립(미도시)를 연결할 때, 그 절취선(130)을 따라 절개될 홈(141, 143, 145)을 떼어낸다.

[0040] 또한, 제1인쇄 영역(110)과 제2인쇄 영역(120)의 경계 부분에는 폭 방향으로 횡단하는 접힘 라인(150)이 설치된다. 접힘 라인은 종이가 잘 접히도록 스티치를 주는 공지의 기법을 사용한다.

[0041] 상기 접힘 라인(150)을 기준으로 화살표처럼 뒷면으로 접었을 때, 즉 도면에서는 접힘 라인(150)이 지면 위로 올라가도록 하면서 상기 제1인쇄 영역(110)의 상단과 상기 제2인쇄 영역(120)의 하단이 만나도록 접었을 때, 제1인쇄 영역(110) 상단의 절개될 홈(131, 133, 135)와 제2인쇄 영역(120) 하단의 절개될 홈(141, 143, 145)가 서로 겹쳐진다.

[0042] 이처럼 접힘 라인(150)을 기준으로 접어서 제1인쇄 영역(110) 또는 제2인쇄 영역(120)이 서로 반대방향으로 노출되도록 한 다음, 겹쳐진 절개될 홈에 목걸이 클립을 연결하여 사용되는 것이다.

[0043] 도 2는 도 1의 단위 네임 카드(100)의 뒷면 구성을 나타낸다. 제1인쇄 영역(110)의 뒷면(111)과 제2인쇄 영역(120)의 뒷면(121)에는 아무런 구성이 없다. 접힘 라인(150)을 기준으로 뒷면을 향해 단위 네임 카드(100)를 반으로 접었을 때 노출되지 않기 때문에 굳이 특별한 구성을 추가할 필요가 없기 때문이다.

[0044] 본 발명의 바람직한 어느 실시예에 있어서, 뒷면은 상기 제1인쇄 영역(110) 상단의 절개될 홈(131, 133, 135)의 위쪽 단부 및 상기 제2인쇄 영역(120) 하단의 절개될 홈(141, 143, 145)의 아래쪽 단부에는 절단용 인디케이터(191, 192)가 각각 설치된다.

[0045] 후술하겠지만, 본 발명의 바람직한 어느 실시예에서는 동일한 구성을 갖는 단위 네임 카드(100)가 서로 연속하게 이어지는 연속 네임 카드를 구성한다. 이런 경우, 프린터가 인쇄 영역에 네임 카드를 인쇄하는 공정을 수행하면서 연속 네임 카드를 적절한 위치에서 절단해야 한다. 상기 절단용 인디케이터(191, 192)는 그런 절단 공정을 효과적으로 수행하기 위해 설치된 요소이다. 도 3를 먼저 설명한 후, 도 4를 통해서 다시 설명하기로 한다.

[0046] 도 3은 본 발명의 바람직한 어느 실시예에 따라 제작된 단위 네임 카드(100)의 실제 시나리오를 나타낸다.

[0047] 단위 네임 카드(100)는 반으로 접힘 라인(150)을 기준으로 접힌 상태이다. 제1인쇄 영역(110)에 인쇄된 것과 동일한 이미지가 거꾸로 뒤집혀서 제2인쇄 영역(120)에 인쇄되어 있다. 이렇게 인쇄 및 접힘 구성을 함으로써 사

용자 기준에서는 앞뒤의 구별이 없는 네임 카드가 작용한다.

전술한 바와 같이 제1인쇄 영역(110) 상단에 있던 절개될 홈(131, 133, 135)과 제2인쇄 영역(120, 도면에서는 뒤로 접혀 있으므로 보이지 않는다) 하단에 설치된 절개될 홈(141, 143, 145)이 서로 겹쳐진 상태에서 각각의 절취선을 따라 절개될 홈들이 제거되었고, 도시되어 있는 것처럼 절개 홈(131a, 133a, 135a)이 노출되어 있다. 이렇게 단위 네임 카드(100)의 앞면과 뒷면이 겹쳐진 상태에서 아래쪽으로는 접힘 라인(150)으로 막혀 있고, 위쪽은 열려 있다. 목걸이 클립(미도시)을 절개 홈(131a, 133a, 135a) 중 하나 이상에 물림으로써 위쪽도 막히게 된다. 목걸이 클립을 하나 사용하는 경우 가운데 있는 절개 홈(131a)을 사용한다. 목걸이 클립을 두 개 사용하는 경우에는 양쪽의 절개 홈(133a, 135a)을 사용한다.

도 4는 본 발명의 바람직한 어느 실시예에 따른 연속 네임 카드(10)의 구성을 개략적으로 나타내었다. 동일한 구성의 단위 네임 카드(100, 100…)가 길이방향으로 연속하여 이어지면서 연속 네임 카드(10)를 구성한다. 이와 같은 연속 네임 카드(10)는 프린터 안에 내장된다. 프린터는 연속 네임 카드(10)를 인쇄 위치로 이송하는 기능과, 인쇄될 네임 카드 파일을 단위 네임 카드(100, 100…)의 앞면 인쇄 영역에 인쇄하는 기능과, 적절한 위치에서 단위 네임 카드(100, 100…)를 절단하는 기능을 갖는다.

도 4의 연속 네임 카드(10)은 뒷면의 구성이다. 즉, 인쇄되지 않는 영역이다. 이처럼 인접한 단위 네임 카드(100, 100)끼리 연속하는 부분의 뒷면에는 프린터가 인식하는 절단용 인디케이터(190)가 폭 방향으로 설치되어 있다. 절단용 인디케이터(190)는 어느 단위 네임 카드의 절개될 홈과 인접한 다른 단위 네임 카드의 절개될 홈 사이의 위치에서 단위 네임 카드들을 분리되도록 한다. 바람직한 실시예에서 절단용 인디케이터(190)는 대략 5mm의 폭을 갖는 검정색 띠로 구성되는 것이 좋다. 그러면 프린터가 절단용 인디케이터(190)를 인식해서 대략 폭의 중간 지점에서 폭 방향으로 연속 네임 카드(10)에서 단위 네임 카드를 절단하여 프린터 바깥으로 인쇄된 단위 네임 카드를 배출한다.

연속 네임 카드(10)는 길이방향으로 펼쳐진 상태로 프린터 안에 내장되는 것은 아니다. 접힘 라인(150)을 기준으로 상기 단위 네임 카드(100, 100…)들이 교호로 차곡차곡 접힌 상태가 된다. 따라서 단위 네임 카드(100, 100…)가 접히는 방향이 교호로 달라지면서 개켜진다. 결국 개켜진 상태의 연속 네임 카드(10)의 길이는 단위 네임 카드(100)의 길이와 동일해진다.

한편, 본 명세서에서는 '컨퍼런스' 행사를 위주로 설명했으나, 본 발명의 단위/연속 네임 카드가 사용될 수 있다면 그 행사의 목적과 종류와 분류에 의해 본 발명의 기술사상이 제한되지 아니함을 첨언한다. 요컨대 전시회, 박람회, 세미나, 포럼 등의 행사에도 본 발명의 단위/연속 네임 카드가 적용될 것이다.

본 발명의 보호범위가 이상에서 명시적으로 설명한 실시예의 기재와 표현에 제한되는 것은 아니다. 또한, 본 발명이 속하는 기술분야에서 자명한 변경이나 치환으로 말미암아 본 발명이 보호범위가 제한될 수도 없음을 다시 한 번 첨언한다.

도면

도면1

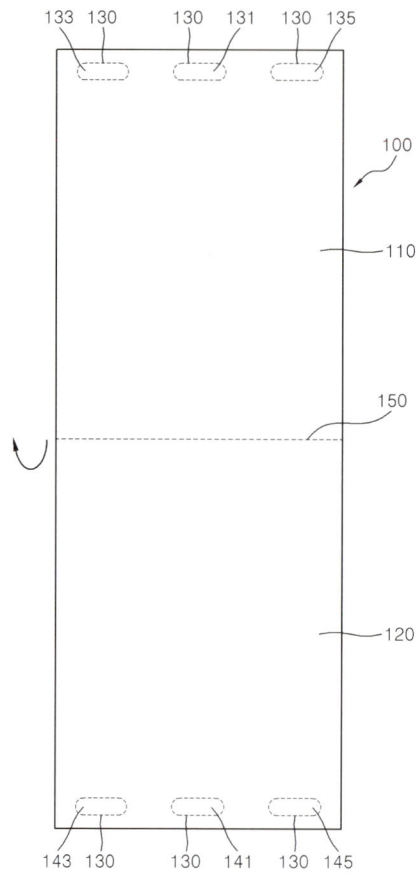

등록특허 10-2393849

도면2

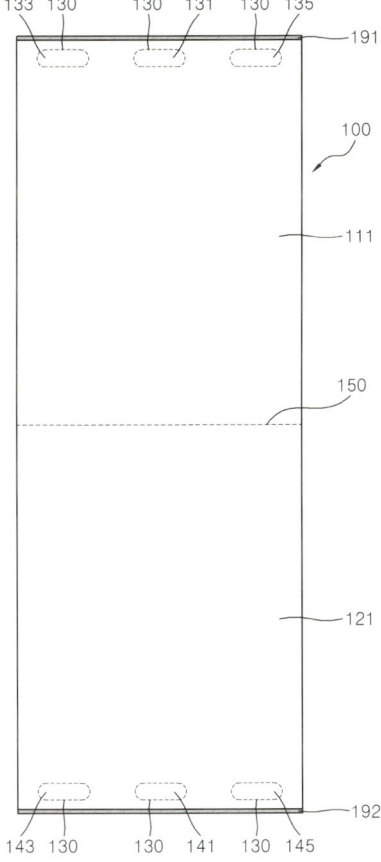

도면3

도면4

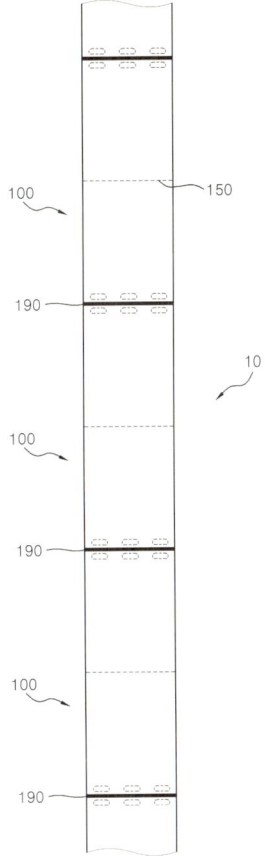

도면5

앞의 샘플 특허문서에 표현된 생각은 간단합니다. '반으로 접히고 구멍 뚫린 종이'입니다. 행사장에서 사용되는 네임 카드는 비닐에 이름표를 넣어 사용합니다. 그런 비닐을 쓰지 않는 네임 카드가 이 발명의 핵심입니다. 기술내용이 어렵지 않기 때문에 샘플로 적당하리라 생각합니다. 이 특허는 심사과정에서 두 번이나 거절됐습니다. 진보성이 없다는 이유 때문이었습니다. 심사관을 설득하는 과정에서 '청구항'에 '도면부호'를 병기했고, 이런 도면부호 병기는 최근 특허실무의 경향과는 좀 다릅니다. 하지만 그것으로 특허범위가 제한되지는 않고, 전체적으로는 특허범위가 매우 넓은 권리입니다.

샘플 특허문서를 참고하면서 다음 내용을 읽어 주시기 바랍니다. 먼저 **특허문서의 구성**을 간단히 살펴봅니다. 특허문서는 특허출원서, 요약서, 명세서, 도면, 이렇게 네 개의 부분으로 이루어집니다. 특허출원서는 법령이 정한 규칙에 따라 기재합니다. 특허출원서에는 발명의 명칭, 출원인과 발명자의 정보, 대리인 정보, 심사청구여부, 우선권주장에 관련한 사항 등을 적습니다. 위임장이나 감면사유에 해당함을 소명하는 문서 등을 필요에 따라 첨부합니다. **특허출원서**는 보통 특허청이 제공하는 서식작성기를 이용해서 서지사항을 입력하는 문서입니다. 그러므로 작성자에게 허락된 자유도는 매우 적습니다. 더욱이 발명의 내용을 포함하지 않습니다. 그러므로 특별한 사정이 없는 한, '특허문서'라 함은 특허출원서를 제외한 다음 세 부분을 지칭합니다.

- 요약서

- 명세서
- 도면

특허출원서는 대체로 **스태프**가 만듭니다. 변리사 등의 **실무자**는 특허문서를 작성합니다. 실무자는 특허문서를 모두 작성한 다음에 스태프에게 그 문서를 전달합니다. 그러면 스태프는 특허청 서식작성기로 특허출원서를 작성하고 실무자가 작성한 특허문서를 특허출원서에 전자적으로 결합합니다. 그렇게 결합된 파일이 인증절차를 거쳐서 특허청에 온라인 접수됩니다. 거의 대부분 이처럼 인터넷을 통해 접수되며, 접수되자마자 즉시 특허출원번호가 할당됩니다.

특허문서의 가장 많은 비중을 차지하며 가장 중요한 부분은 명세서입니다. 특허문서를 협의의 의미로 사용한다면 곧 '**명세서**'를 지칭합니다. 명세서는 기술문헌으로서의 역할과 권리장전으로서의 기능을 갖습니다. 한편으로는 기술내용을 공개해서 공중이 두루 참조할 수 있도록 하는 기능을 하며, 다른 한편으로는 발명에 대한 소유권의 경계를 획정합니다. 다음과 같이 세분화됩니다.

- 발명의 명칭
- 발명의 설명
- 특허청구범위

이 중 발명의 설명은 발명의 내용을 상세하게 설명한 문헌 역할을 함과 동시에 특허청구범위를 뒷받침합니다. 발명의 설명은 기술분야, 배경기술, 발명의 내용으로 세분화되고, 발명의 내용은 다시 해결과제, 과제해결수단, 발명의 효과, 도면의 간단한 설명, 발명을 실시하기 위한 구체적인 내용(발명의 구성) 등으로 나뉩니다.

특허문서를 읽을 때, 일반인과 실무자의 가장 큰 차이는 명세서에 포함되는 특허청구범위에 대해서 어느 정도 이해하고 있으며 얼마나 주목하고 있느냐에 의해 결정됩니다. 특허발명의 보호범위는 청구범위에 적혀 있는 사항에 의하여 정해집니다. 특허청구범위는 1개 이상의 청구항으로 구성됩니다. 그리고 거기에서 권리가 정해집니다. 즉, **특허청구범위가 어떻게 글로 표현되어 있느냐에 따라 권리의 자격이 결정되고 소유권의 경계가 정해집니다.** 명세서의 모든 언어는 꿈틀거리며 특허청구범위 안으로 수렴됩니다. 권리를 부여하고 해석하는 판단자들의 시선도 특허청구범위에 집중됩니다. 권리라는 관점에서 특허문서의 다른 부분은 단지 이 특허청구범위를 거들 뿐입니다. 청구범위의 기재가 넓으면 넓을수록 권리는 강해집니다(경험이 적은 실무자는 글의 양으로 권리범위를 판단하는 기계적인 경향을 보입니다. 청구범위에 적힌 글이 적으면 특허범위가 넓을 것이라는 생각입니다. 그렇지 않습니다. 시장에서 경쟁력 있는 상품을 출시하는 경우, 그 상품이 특허청구범위에 기재된 요소들을 어느 정도 필수적으로 포함하는가에 의해 특허범위의 광협이 정해짐을 유의해야 합니다). 그러면 그럴수록 권리의 자격은 옅어집니다. 즉, 특허받을 가능성은 줄어들고, 특허 취득 후에는 분쟁이 생길 가능성은 증가합니다. 실무자의 작업은 이런 모순을 이치에 맞게 합리적으로 조정하는 일입니다.

특허문서 중 **요약서**는 발명의 개요를 적는 문서이며, 법적으로는 명세서와 별도로 취급됩니다. 요약서는 대개 발명의 내용을 200자 원고지 한두 매 정도로 짧게 쓰고, 도면이 있는 경우 대표도를 표시합니다. 특허문서에 담긴 생각을 비교적 간단하게 파악할 수 있도록 하는 용도이며, 권리와는 상관이 없습니다. **도면**은 명세서에 기재된 발명의 구성을 보다 잘 이해할 수 있도록 도와주는 역할을 합니다. 때때로 도면이 없어도 좋습니다. 예컨대 화학발명에서는 도면이 필요하지 않는 경우가 많습니다.

실무자는 특허문서를 작성해야 합니다. 그런데 실무자는 어떤 고민을 하면서 특허문서 작업을 하는 걸까요? 전통적으로 실무자들은 특허문서를 기술과 권리의 관점으로만 바라보았습니다. 그 결과 넓은 특허 혹은 강한 특허라는 담론이 지배적인 생각이었으며 이는 특허전문가들의 심리를 규정해 왔습니다. 이런 담론과 심리는 특허를 받은 이후까지 이어졌습니다. 가상의 분쟁을 염두에 두면서 특허문서의 기재가 어떻게 넓게 해석될 수 있을 것인지가 실무자들의 주된 관심사였습니다. 이런 관심사가 지나치게 문헌해석론에 빠져들자 독단적인 경향을 보였습니다. 특허문서가 〈누구〉의 권리일진대 권리만 남을 뿐 의뢰인이자 권리자인 〈그 누구〉의 관점이나 입장을 잊고 말았습니다. 난해함과 복잡함이 특허문서 전체에 짙게 드리워졌습니다. 특허권자조차 자기 특허가 무엇인지 제대로 알 수 없는 지경이 되고 말았습니다. 그러나 특허문서는 권리와 기술을 기록한 문헌일 뿐만 아니라 비즈니스 관점이 녹아 있는 **비즈니스 문서**로도 간주돼야 한다는 입장에서는 실무적으로 완전히 다른 생각을 합니다. 우선 이 문서는 기업 조직 내부에서 지식을 공유하고 점검할 수 있는 유력한 수단입니다. 또한 특허문서는 의뢰인이 제3자를 상대로 다양한 비즈니스를 할 때 유용하게 활용될 수 있는 문서이기도 합니다. 예컨대 투자자나 영업 파트너를 설득하거나 그들을 심리적으로 안정시키는 데 사용될 수 있습니다.

그러므로 특허범위를 정하는 언어 표현이 법리적으로 이른바 넓게 씌어 있다고 해서 좋은 특허문서라고 단정할 수는 없습니다. 해당 기술보다 더 나은 기술이 시장을 주도하면 넓은 특허범위는 쓸모가 없습니다. 강력한 특허권조차 그 소유권자가 사업에 실패하면 제대로 평가받지 못하고 소멸합니다. 게다가 특허는 거절되거나 언제든지 무효가 될 수 있습니다. 실무자는 율사처럼 권리의 광협만을 따져서는 안 됩니다. 그런 판단은 쟁송이 있을 때 판사가 할 일이지 실무자가 할 일이 아닙니다. 실무자는 직업적으로 특허범위를 유념할 뿐 오직 권리의 광협에 의해서 생각이 장악돼서는 아니되며, 고객의 비즈니스가 이 문서에 어떻게 투영될 것인지를 항상 염두에 둬야 합니다.

이 특허문서는 어째서 작성되었으며, 누구를 위한 것인가요? 이 질문에 대한 답은 단순하고 명쾌합니다. 바로 특허출원인이 의뢰했기 때문입니다. 특허문서는 의뢰한 사람(기업)을 위해서 존재합니다. 실무자의 문서가 아니라 **의뢰인의 문서**입니다. 그렇다면 의뢰인이 읽는 데 어려움이 없도록 작성돼야 합니다. 적지 않은 비용을 지출하면서 의뢰하는 것이기 때문에, 의뢰인도 자신의 특허문서를 읽고 싶어 합니다.

그리고 자기 발명의 내용이 어떻게 표현되었는지, 제대로 작성되었는지, 그 특허문서가 최선의 상태인지에 대해서 궁금해합니다. 단지 무슨 말인지 몰라서 읽지 못할 뿐입니다. 만약 의뢰인의 지적 수준이 낮다면 더 쉽게 작성되어야 합니다. 반면에 의뢰인이 전문가이거나 전문가에 필적하는 지식을 지녔다면 다소 어렵게 작성되어도 좋겠지만, 그렇더라도 논리적으로 읽는 데 어려움은 없어야 합니다. 쉬운 용어를 사용하면 이해하는 데 도움이 됩니다. 어쩔 수 없이 전문 용어를 사용하더라도 논리에 부합하면 이해하는 데 어려움이 없습니다. 난해한 용어와 비논리가 만나면 독해하기 어려워집니다. 실무자가 특허문서에 담긴 표현의 의미를 독점할 아무런 권리가 없습니다. 특허문서는 의뢰인의 문서이기 때문입니다.

비록 특허범위가 좁게 표현된 것처럼 보인다 해도, 그것이 생각을 언어로 잘 표현하면서 고객의 비즈니스를 적절하게 보호하고 있다면 좋은 특허문서입니다. 아직 특허를 받지는 못했거나 설령 특허를 받지 못한다 하더라도 그 특허문서에 적힌 지식이 회사의 경영과 시장활동에 기여한다면 역시 좋은 특허문서입니다. 요컨대 실무자와 의뢰인 사이의 커뮤니케이션에 봉사할 수 있을 것, 의뢰인 회사 내부 임직원이 자기 특허내용을 파악하는 데 어려움을 주지 말 것, 그리고 의뢰인이 특허문서를 타인에게 건네는 행위가 투자를 촉진하고 영업에 기여하는 데 이점을 제공할 수 있을 것, 이런 세 가지 사항이 일단 좋은 특허인지 아닌지를 결정하는 잠정적인 평가 기준이 될 수 있습니다.

기술내용을 어느 정도 구체적으로 적어야 하는가의 문제가 있습니다. 그 기술분야에서 통상의 지식을 가진 자가 특허문서를 읽으면서 그 내용을 이해하고, 그 내용을 보면서 어려움 없이 재현할 수 있는 정도이면 일응 충분합니다.[10] 그러므로 모든 기술내용, 특히 누구나 다 아는 알려진 기술내용까지 세세하게 적을 필요는 없습니다. 장치와 시스템을 다루는 전자와 기계 분야의 경우 상세한 설명의 기재 정도는 비교적 엄격하지는 않습니다. 기술을 재현하는 다양한 수단과 방법론을 공지기술에서 어렵지 않게 찾을 수 있기 때문입니다. 그렇지만 물질의 특성을 다루는 화학물질발명은 구체적인 데이터가 없으면 기술을 재현하기 어렵기 때문에, 실험예와 데이터가 매우 구체적으로 기재되어

---

[10] 〈'그 발명이 속하는 기술분야에서 통상의 지식을 가진 자가 용이하게 실시할 수 있을 정도'라 함은 보통 정도의 기술적 이해력을 가진 자, 평균적 기술자가 당해 발명을 명세서 기재에 의하여 출원시의 기술수준으로 보아 특수한 지식을 부가하지 않고서도 정확하게 이해할 수 있고 동시에 재현할 수 있는 정도를 뜻하는 것이라고 할 것〉(대법원 1995. 7. 14. 선고 94후654 판결). 〈특허발명의 명세서는 특허발명을 실시함에 있어서 발생될 수 있는 모든 문제점에 대하여 해결방안을 제시하여 하는 것은 아니다.〉(대법원 2006. 11. 24. 선고 2003후2072 판결).

야 함을 유의해야 합니다.[11] 그런데 출원인은 대개 자기 기술의 핵심 내용이 타인에게 온전히 전해지기를 바라지는 않습니다. 특허는 취득하고 싶지만 적절한 은폐도 동시에 원하는 것입니다. 이런 경우의 실무 취급이 조금 어렵습니다. 특허문서 작성자는 출원인의 의사와 특허제도의 허용 범위를 동시에 고려하여 상세한 설명을 확정하되, 특허범

---

[11] 〈특허출원서에 첨부하는 명세서에 기재될 '발명의 상세한 설명'에는 그 발명이 속하는 기술분야에서 통상의 지식을 가진 자가 당해 발명을 명세서 기재에 의하여 출원시의 기술 수준으로 보아 특수한 지식을 부가하지 않고서도 정확하게 이해할 수 있고 동시에 재현할 수 있도록 그 목적·구성 및 효과를 기재하여야 하고, 특히 약리효과의 기재가 요구되는 의약의 용도발명에 있어서는 그 출원 전에 명세서 기재의 약리효과를 나타내는 약리기전이 명확히 밝혀진 경우와 같은 특별한 사정이 있지 않은 이상 특정 물질에 그와 같은 약리효과가 있다는 것을 약리데이터 등이 나타난 시험예로 기재하거나 또는 이에 대신할 수 있을 정도로 구체적으로 기재하여야만 비로소 발명이 완성되었다고 볼 수 있는 동시에 명세서의 기재요건을 충족하였다고 볼 수 있다〉(대법원 2001. 11. 30. 선고 2001후65 판결). 그러나 〈화학물질의 발명은 그 구성이 화학물질 자체이므로 출원 당시의 명세서에 의하여 그 화학물질의 존재가 확인될 수 있어야 할 것인 바, 화학발명은 다른 분야의 발명과 달리 직접적인 실험과 확인, 분석을 통하지 아니하고는 발명의 실체를 파악하기 어렵고, 화학분야의 경험칙상 화학이론 및 상식으로는 당연히 유도될 것으로 보이는 화학반응이 실제로는 예상외의 반응으로 진행되는 경우가 많으므로, 화학물질의 존재가 확인되기 위해서는, 그 화학물질의 합성을 위하여 명세서에 개시된 화학반응이 당업자라면 누구나 수긍할 수 있을 정도로 명확한 것이 아닌 한, 단순히 그 화학구조가 명세서에 기재되어 있는 것으로는 부족하고 출원 당시의 명세서에 당업자가 용이하게 재현하여 실시(제조)할 수 있을 정도로 구체적인 제조방법이 필수적으로 기재되어 있어야 하고, 원소분석치, NMR(Nuclear Magnetic Resonance; 핵자기공명)데이터, 융점, 비점 등의 확인자료가 기재되어 있는 것이 바람직하고, 특히 출원 당시의 기술수준으로 보아 당업자가 명세서의 기재만에 의하여 화학물질을 제조할 수 있는지 여부가 의심스러운 경우에는 이들 확인자료가 필수적으로 기재되어 있어야 한다.〉(특허법원 2006. 8. 3. 선고 2005허5693 판결)는 판결도 유의할 것.

위는 적정선에서 이루어지도록 합니다. 특허범위가 지나치게 넓으면 빈약한 상세한 설명도 크게 부각됩니다. 특허범위가 적정하게 정해져 있다면 빈약한 상세한 설명도 크게 문제가 되지 않을 수 있습니다.

20강 청구항 한 개

특허청구범위는 1개 이상의 청구항으로 구성됩니다. 특허는 청구범위의 기재사항에 의해 정해지는데, 결국 청구항의 기재가 특허권을 결정합니다. 그러므로 특허문서의 꽃은 청구항입니다. 청구항을 권리의 관점, 비즈니스 관점, 기술의 관점을 모두 염두에 두면서 얼마나 유효하게 작성할 수 있느냐가 실무자의 역량을 결정합니다. 지금 우리에게 당면한 과제는 특허실무를 잘 해낼 수 있느냐가 아니라 '청구항 한 개'만이라도 잘 이해해 보자는 것이므로, 이 과제에 충실해 봅시다. 다음은 제가 2017년에 집필한 〈특허문서론〉(에이콘출판사)에 수록된 내용 중 일부만을 이 책에 맞게 요약해서 편집한 내용입니다. 만약 독자 여러분이 특허문서의 깊고 다채로운 실무 세계를 구체적으로 경험해 보고자 한다면 아래의 책을 권합니다.

콜론과 세미콜론

청구항에 많이 사용되는 콜론(:)과 세미콜론(;)의 용법을 알아 두면 유용합니다. 많은 사람이 이 두 가지 기호의 용법을 잘 구별하지 못합니다. **세미콜론**은 쉼표와 마침표가 합쳐진 기호로 이루어졌습니다. 이런 기호 구성의 성질이 세미콜론의 용법에 그대로 반영됩니다. 문장에서 쉼표를 사용할 수도 있고, 마침표를 사용할 수도 있다면, 바로 그곳에 세미콜론을 사용할 수 있습니다. 쉼표의 성질로서 세미콜론은 무엇인가를 열거할 때 사용됩니다. 마침표의 성질로서는 더 이상 열거하지 않아도 괜찮다는 것입니다. 예를 들어 발명이 A, B, C 구성요소로 이루어져 있다면, A와 B와 C는 세미콜론으로 연결될 수 있습니다. 그리고 B와 C 사이에 '및(and)'을 넣고 마지막에 마침표를 찍습니다. 'A; B; and C.' 형식입니다. 세미콜론의 용법은 사례 32와 사례 33에서 확인할 수 있습니다.

사례 32(청구항)
터치패드;
터치모션 검출부;
무선통신부; 및
배터리를 포함하는 입력장치.

사례 33(청구항)
(a) 애플리케이션 소프트웨어를 실행하는 단계;
(b) 초기 알림 메시지가 있는지 판단하는 단계; 및
(c) 광고 콘텐트를 표시하는 단계를 포함하는 광고 방법.

물론 이렇게 단순 배열하는 식으로 청구항을 기재하면 특허를 받을 수 없습니다. 세미콜론으로 연결되는 **각 구성들이 어떤 관계를 갖는지**를 설명해줘야 합니다(이에 대해서는 후술합니다). 어쨌든 청구항을 구성하는 필수구성을 나열할 때 위 두 개의 예제 사례처럼 세미콜론으로 연결하면서 기본 골격을 만듭니다. 그런 다음에 각 구성의 기술적인 의미와

유기적인 관계를 나타내는 적절히 표현을 추가해야 합니다.

콜론은 하위 리스트를 열거할 때 사용합니다. 그리고 콜론 다음에 오는 것들은 하나인 경우에는 그 하나, 여러 개의 리스트인 경우에는 그 여러 개의 '집합'으로서 콜론 앞에 위치하는 어구와 대등한 관계를 갖습니다. '동격의 콜론'입니다. 실무적으로 보자면, 콜론은 세미콜론보다 상위의 등급을 갖습니다. 청구항에 전제부를 사용한다면 콜론과 세미콜론이 함께 등장합니다. 그 용법은 아래와 같습니다.

사례 34 (청구항)
호스트 컴퓨터에 입력신호를 전송하는 입력장치로서:
터치패드;
터치모션 검출부;
무선통신부; 및
배터리를 포함하는 입력장치.

사례 35 (청구항)
모바일 디바이스의 애플리케이션 소프트웨어의 기동 시의 알림 메시지를 이용한 광고 방법으로서:
(a) 애플리케이션 소프트웨어를 실행하는 단계;
(b) 초기 알림 메시지가 있는지 판단하는 단계; 및
(c) 광고 콘텐트를 표시하는 단계를 포함하는 광고 방법.

콜론과 세미콜론을 명확히 구분할 수 있다면 특허문서 작법의 가장 기초적인 지식을 습득한 것입니다. 한편 콜론은 특허문서의 다른 영역에서도 더러 쓰이기도 합니다. **동격의 콜론**을 기억한다면 세미콜론과 헷갈리지는 않습니다. 예컨대 이런 경우입니다. 근거리 무선 통신으로 번역되는 Near Field Communication을 약자인 NFC와 병기하고자 하는 경우, '근거리 무선 통신(Near Field Communication: NFC)'으로 표기합니다. 이때 콜론 대신에 세미콜론을 쓰는 것은 용법이 맞지 않습니다.

지시 보조어

지시 보조어란 그 자체로는 아이디어의 내용을 나타내는 구성은 아니지만 대명사처럼 그 구성을 지칭하거나 또는 다른 구성과 구별되도록 보조해 주는 단어를 말합니다. 일반인들은 특허청구항을 읽으면서, '상기'라는 낯선 단어를 발견합니다. 이 단어는 '앞에서 기록한'이라는 뜻의 한자어 '上記'입니다. 이 단어는 일상 생활에서는 거의 사용되지 않습니다. 그러나 특허청구항에서는 이 낱말이 관습적으로 사용됩니다. 마치 이 단어가 없으면 청구항을 작성하는 것이 실무상 거의 불가능하게 여겨질 정도입니다.

사례 36 (청구항)
터치패드;
상기 터치패드에 발생하는 입력수단의 터치모션을 검출하는 터치모션 검출부;

상기 터치모션 검출부에서 검출한 신호를 호스트 컴퓨터에 전송하는 무선통신부; 및
배터리를 포함하고,
상기 터치모션 검출부는 **상기** 터치패드에서의 복수 터치지점의 궤적을 검출할 수 있는 것을 특징으로 하는 입력장치.

특허법 제42조 제4항 제2호는 "발명이 명확하고 간결하게 기재될 것"이라고 규정되어 있습니다. 이 규정을 어기면 '청구항 기재불비'로 특허출원은 거절됩니다. 독점적인 권리의 경계를 명확히 해야 할 필요가 있기 때문입니다. 지시 보조어는 이 규정을 준수하기 위해서 관습적으로 사용되어 왔습니다. 아마도 그 유래는 영어의 관사에서 비롯되었다고 생각합니다. 영어 문법에서는 명사 앞에 관사를 적절히 사용하지 않는다면 그 단어가 무엇을 지칭하는지 불분명해집니다. 그러나 한국어 문법에는 관사가 없고, 관사를 사용하지 않는다고 해서 표현이 불분명해지지는 않습니다. 관사 없이도 맥락에 의해서 명사의 의미를 파악하는 언어 문화이기 때문입니다. 하지만 미국 실무가 한국에 수입되어 있고, 이것이 관습으로 자리잡은 상황에서는, 관사가 없는 까닭에 지시 보조어를 잘 사용할 수밖에 없습니다. '상기'뿐 아니라, '그', '이', '해당', '제1', '제2' 등도 지시 보조어입니다.

오브젝트와 카테고리

오브젝트Object는 특허청구의 대상을 뜻합니다. '무엇에 대한 특허인가'라는 질문에 대해서 전문가와 비전문가는 서로 다르게 답할 것입니다. 이 특허가 무엇에 관한 특허인가라는 질문을 받으면 전문가는 발명의 명칭이나 특허청구항의 기재를 보면서 몇 개의 단어로 이어지는 간략한 어구로서 답변합니다. 그것이 오브젝트입니다. 실제로 실무자가 특허쟁송에 관련한 서면에서 특허를 간략히 특정하는 문구를 쓸 때 으레 특허청구의 대상을 언급합니다. 그것이 오브젝트입니다. 반면 이 특허가 무엇에 관한 특허인지를 묻는 질문을 비전문가가 받았다면, 그 아이디어가 종래의 다른 기술과 어떤 차이점이 있는지를 설명한다거나 혹은 만들어진 제품 같은 실체를 언급할 것입니다. 그때 언급되는 실체는 오브젝트가 아닙니다. 오브젝트는 시장에서 실시되는 실체가 아니라 특허문서에 적힌 특허청구의 대상입니다.

청구항에서 오브젝트는 대개 마지막 어구에 위치합니다. 예컨대 청구항의 기재가 '~를 포함하는 것을 특징으로 하는 A'라고 할 때 오브젝트는 A가 됩니다. 청구항의 앞쪽에 오브젝트가 위치하기도 합니다. 오브젝트는 발명자의 인식을 반영하고 비즈니스의 요청을 전략적으로 고려하면서 실무자가 적절히 결정합니다.

사례 37 (특허 1486001)
하나 이상의 불포화 염화 폴리에스테르 올리고머, 하나 이상의 아크릴레이트 캐리어, 하이드록시부틸비닐에테르, 하나 이상의 도전성 충전재 및 하나 이상의 광개시제를 포함하는 **도전성 잉크 조성물**.

사례 38 (특허 1485853)

염색체 통합시에 발현 시스템 내에서 목적 유전자의 전사 또는 발현의 증가를 가져오는, TE-13(서열번호 15) 또는 TE-13(서열번호 15)의 단편 또는 이들의 상보적 뉴클레오타이드 서열을 포함하는 **핵산**.

사례39 (특허 1485823)

얼음을 수용하는 얼음 용기(10);
상기 얼음 용기에 연결되며 분말 커피를 수용하는 분말 커피 용기(20);
상기 분말 커피 용기에 연결되며 추출된 커피를 수용하는 추출 커피 용기(30); 및
상기 얼음 용기 내에 수용된 얼음을 가열하는 가열 유닛(80); 을 포함하며,
상기 가열 유닛은 전기 히터(81)와, 상기 전기 히터에서 발생된 열을 상기 얼음 용기 내에 수용된 얼음으로 전달하는 송풍기(82)로 이루어지는 것을 특징으로 하는 **더치 커피 추출기**.

사례 37 내지 사례 39의 오브젝트는 각각 '도전성 잉크 조성물', '핵산', '더치 커피 추출기'이며, 청구항의 말미에 오브젝트가 위치합니다. 그러나 다음의 사례 40 청구항의 경우 막연히 '방법'이라고만 기재되어 있고 더 구체적인 오브젝트 기재가 없습니다. 이런 기재는 자기 특허가 어떤 발명인지 감추기 위한 실무 결과로 그다지 실용적이지도 않고 도덕적이지도 않기 때문에 바람직하지 않습니다만, 발명의 명칭으로 오브젝트를 대신합니다. 사례 40의 발명의 명칭은 '손 검출을 제공하

기 위한 방법'이었습니다.

사례 40 (특허 1486177)
일련의 이미지 프레임에 대한 피처(feature) 변환 이미지 데이터를 수신하는 단계와,
상기 일련의 이미지 프레임 중 복수의 프레임과 기준 프레임의 피처 변환 이미지 데이터 간의 차이를 나타내는 비대칭 차이 데이터를 결정하는 단계와,
상기 비대칭 차이 데이터의 교집합에 기초하여 목표 영역을 결정하는 단계를 포함하는 방법.

오브젝트는 크게 두 가지의 법적인 의미를 지닙니다. 첫째 특허의 보호범위, 즉 특허범위에 영향을 미칩니다. 특허범위는 청구항에 기재된 사항에 의해서 정해지며, 청구항 기재의 어떤 표현 문구도 가볍게 볼 수는 없는 까닭에, 오브젝트의 표현도 특허범위를 판단함에 있어 중요 고려사항이라 할 수 있습니다. 다만, 특허범위는 오브젝트만으로 이루어질 수 없고 다른 필수사항의 의미와 관계에 의해서 이미 결정되며, 오브젝트는 그런 결정을 요약해 줍니다. 그렇기 때문에 다른 구성들은 모두 동일하지만 오브젝트만 달라서 특허침해가 성립되지 않는 상황은 극히 예외적으로만 발생합니다.[12] 오브젝트의 두 번째 의미는 그것이 발명의 카테고리Category를 결정한다는 점입니다. 특허법은 법이

---

[12] 그러나 의약용도발명의 오브젝트는 실무적으로 달리 취급될 필요가 있다. 의약용도발명 청구항에서는 오브젝트에 용도가 일체로 결합돼서 표현되는데 그런 경우에는 오브젝트에 결합되어 간략하게 표현된 용도는 중요한 기술특징을 구성한다. 오브젝트에 표현된 용도에 의해서 특허성이 결정되곤 하며, 또한 특허범위가 정해진다.

허용하는 두 가지 카테고리를 제시합니다. 특허를 신청하는 발명이 이 두 가지 카테고리 중 어느 하나에도 속하지 않는다면 거절됩니다. 카테고리 1은 **물건**이며, 카테고리 2는 **방법**입니다. 물질은 물건에 포함됩니다. 그러므로 위에서 언급한 사례 37 ~사례 39 청구항의 오브젝트는 카테고리 1에 속합니다. 사례 40 청구항은 카테고리 2의 오브젝트입니다.

트랜지션 Transition

오브젝트와 청구항의 구성집합을 연결해주는 표현을 트랜지션 Transition이라 합니다. '연결부'라고도 칭합니다. '~포함하는', '~특징으로 하는', '~갖는', '~포함하는 것을 특징으로 하는', '~구성되는', '~이루어지는', '~함유하는' 등의 표현이 많이 사용됩니다. 초급 실무자들은 트랜지션을 어떻게 표현하는 것이 권리가 넓게 해석되는 데 유리한가를 이론적으로 고민합니다. 그러나 특허문서에 많은 경험 지식을 소유한 실무자들에게는 그다지 중요하지 않은 요소입니다. 앞에서 소개한 사례 청구항에서 어떤 표현이 트랜지션에 해당하는지 살펴 보시기 바랍니다.

전제부 Preamble

전제부는 구성집합 앞에 놓이는 부분이며, 일반적으로 오브젝트를 특정하는 데 사용하는 표현입니다. '~에 있어서', '~로서' 등의 표현을 관습적으로 사용합니다. 청구항은 일반적으로 전제부, 구성집합(이를 'Body'라고 불리곤 합니다), 트랜지션, 그리고 오브젝트, 이렇게 네 가지 요소로 이루어집니다. 구성집합과 오브젝트는 필수 요소입니다. 이런 필수 요소와 달리, 전제부는 실무자가 필요에 따라 사용하는 것이어서 임의 요소라 하겠습니다. 트랜지션은 개조식 청구항에서는 필수 요소이나, 진술식 청구항에서는 때때로 사용되지 않을 때도 있습니다. 사례 41 청구항에서는 '셋톱박스가 연결된 디지털 TV를 이용한 T 커머스 데이터방송의 사용자 인터페이스 방법으로서'가 전제부를 구성합니다.

사례 41 (특허 1475449)
셋톱박스가 연결된 디지털 TV를 이용한 T 커머스 데이터방송의 사용자 인터페이스 **방법으로서**:
(a) 리모콘이 상기 디지털 TV를 온하는 단계;
(b) 텔레비전 방송인 TV 채널 화면에서 상기 리모콘이 T 커머스 데이터방송을 선택하는 단계; 및
(c) 서비스 서버가 T 커머스 데이터방송 사용자 인터페이스를 표출하는 단계를 포함하며, (중략)
상기 서비스 서버는 상기 지역 데이터에 매칭되는 날씨 정보에 따라 상기 다이내믹 스크린 영역의 시각성을 결정하는 것인, 셋톱박스 ID 기반 T 커머스 데이터방송의

사용자 인터페이스 방법.

구성집합론

청구항의 구성집합은 전제부, 트랜지션, 오브젝트를 제외한 나머지 부분을 말합니다. 구성집합의 원소는 집합 개념의 원리상 1개 이상이면 족합니다. 공집합은 허용되지 않습니다. 이 집합의 원소를 실무적으로 **구성요소**라 부릅니다. 즉, 청구항의 구성집합은 1개 이상의 구성요소로 이루어집니다. 구성요소를 어떻게 표현해야 할지에 대한 구체적이고 확립된 규정은 없습니다. 언어 표현이 나타내는 의미가 명확해야 한다는 점, 보호받으려는 사항을 명확히 특정할 수 있어야 한다는 점이 일응의 기준이 됩니다. 특허범위를 판단할 수 있을 정도로 발명을 특정할 수만 있다면 **자유롭고 창의적인 방식**으로 청구항의 구성집합을 기재할 수 있습니다.

구성집합의 원소가 1개인 경우는 실무적으로 드물기는 하지만 화학물질발명에서 자주 발견됩니다. 그 한 개의 구성원소에 특징이 있고 그것만으로도 독창성의 경계가 정해지기 때문에 발명을 특정하는 데 어려움이 없습니다. 다음 사례 42의 발명은 〈굴피나무 열매 추출물〉이 유효성분으로 포함되었다는 점에 특징이 있습니다. 이런 발명에서는 무엇이 더 추가로 포함되는지가 전혀 고려되지 않습니다. 그러므로 다른 구성과의 결합관계도 필요가 없습니다. 오브젝트는 특허의 대상이며, 특허의 대상이 특허요건과 특허범위에서 제외될 수 없으므로, 화장료 조성물의 '피부 미백용'이라는 용도 또한 필수요소로 간주됩니다.

사례 42 (특허1536224)
굴피나무(Platycarya strobilacea) 열매 추출물을 유효성분으로 함유하는 피부 미백용 화장료 조성물.

사례 43 (특허 1481416)
Trp-Tyr-Pro-Ala-Ala-Pro의 아미노산 서열로 이루어진 펩타이드.

사례 43 청구항의 펩타이드는 아미노산이 단백질보다는 많이 연결되지 않은 아미노산 중합체를 뜻합니다. 이런 경우 한 개의 아미노산 서열만으로도 발명이 특정됩니다. 단백질에 관련한 발명은 서열을 이용해서 매우 간명하게 표현함으로써 특정할 수 있습니다.

대부분의 청구항은 구성집합의 원소가 2개 이상입니다. 실무자는 다양한 방식으로 복수의 구성원소를 배열하면서 구성집합을 기재할 수 있습니다. 2개 이상의 구성요소를 어떻게 배열할 것인지부터가 깊고 넓은 실무의 바다입니다. 이에 대해서는 앞에서 소개한 졸저 〈**특허문서론**〉을 참고하시기 바랍니다. 여기에서는 몇 가지 사례만 살펴보도록 하겠습니다.

사례 44 (청구항)

스마트폰 본체를 보호하는 케이스와,
상하로 움직일 수 있는 클리너로 구성되는 것을 특징으로 하는, 클리너가 부착 되어 있는 스마트폰 케이스.

위 사례 44 청구항에서는 '케이스'와 '클리너'라는 구성요소가 있습니다. 그리고 이 두 개의 원소 사이의 관계는 '케이스의 옆면 홈에 클리너가 걸쳐져 있는 관계'가 청구항에 표현되어 있습니다. 그것이 사례 44 청구항의 특징이자 차별입니다. 그러나 사례 청구항에서는 '클리너'가 어떻게 상하로 움직이는지 알 수 없습니다. 청구항에 이렇듯 알 수 없는 기재가 있는 경우 심사관은 이를 지적합니다. 아래의 사례 45 청구항에서는 그런 불분명한 지점이 없습니다.

사례 45 (특허 1460456)

옆면에 홈(102)이 파여져 있고, 클리너(106)가 걸쳐져 있는 스마트폰 본체를 보호하는 케이스(101)와,
옆면의 홈(102)에 나사(103)와 나사(104)에 의해 걸쳐져서 상하로 움직일 수 있는 클리너(106)로 구성되는 것을 특징으로 하는 클리너가 부착 되어있는 스마트폰 케이스.

사례 44 청구항과 사례 45 청구항의 차이를 사례 46 청구항과 사례 47 청구항으로 다시 반복해서 알아보겠습니다. 아래 사례 46 청구항은 어떻습니까? 서버들과 단말 사이에 아무런 결합관계가 표현되어 있지 않습니다. 그러면 특허를 받을 수 없습니다. 파일 전송 시스템의 구성

요소가 제시되었는데, 이들의 관계가 전혀 밝혀지지 않아서 '**뭐 어쩌자는 것인지**' 알 수 없기 때문입니다.

사례 46 (청구항)

파일 서버;

복수 개의 단말; 및

제어 서버를 포함하는 파일 전송 시스템.

그러나 아래의 사례 47 청구항은 사례 46 청구항의 문제를 모두 해결했습니다. 청구항은 이렇듯 구체적인 관계가 해명돼 있어야 합니다.

사례 47 (특허 1552001)

공유 대상 파일이 저장되는 파일 서버;

상기 파일 서버, 또는 상기 파일 서버로부터 상기 공유 대상 파일의 적어도 일부를 다운로드한 타 단말로부터 상기 공유 대상 파일을 다운로드하여 저장하는 복수 개의 단말; 및

상기 복수 개의 단말로부터 하나 이상의 그룹을 구성하고, 각 그룹별로 다운로드 시작 오프셋을 다르게 할당하며, 각 그룹에 속한 단말마다의 상기 공유 대상 파일 다운로드를 제어하는 제어 서버를 포함하는 파일 전송 시스템.

구성집합의 원소가 두 개 이상일 때 실무자는 **개조식으로** 구성집합을 표현할 수도 있으며(이를 Combination 방식의 청구항 기재라고 표현합니다), **진술식으로** 구성집합을 표현할 수도 있습니다. 때때로 이 두 가지 표현 방식이 하나의 청구항에 병용되는 경우도 있습니다. 사례 48 청구항은

개조식으로 기재된 청구항입니다. 그런데 이것을 사례 49 청구항처럼 실무자가 진술식으로 작성하면 어떨까요? 괜찮습니다. 보기만 좀 불편할 뿐 아무런 차이가 없습니다.

사례 48 (특허 1551864)
제품의 위치를 확인하는 제품위치확인부;
공구의 위치를 추적하는 공구위치추적부;및
상기 제품의 위치정보와 상기 공구의 위치정보를 이용하여 상기 공구의 작업지점을 판단하는 제어부;를 포함하는 것을 특징으로 하는 위치인식장치.

사례 49 (위 사례의 변형)
제품의 위치를 확인하는 제품위치확인부와, 공구의 위치를 추적하는 공구위치추적부와, 상기 제품의 위치정보와 상기 공구의 위치정보를 이용하여 상기 공구의 작업지점을 판단하는 제어부를 포함하는 것을 특징으로 하는 위치인식장치.

21강 특허문서 찾기

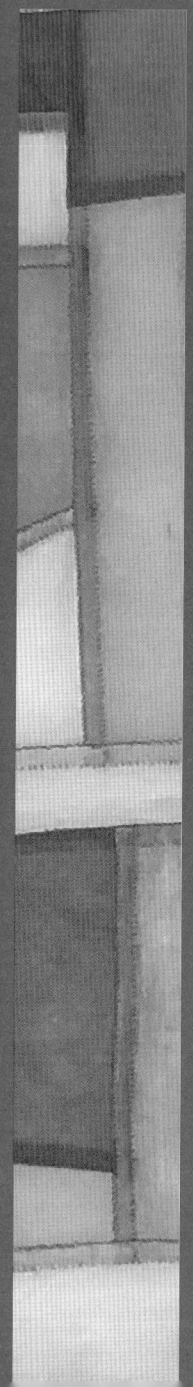

우리는 이제 특허가 무엇이냐는 물음에 충분히 답할 수 있습니다. 누군가 지식재산권이란 '생각'을 '표현'함으로써 생긴 소유권이라고 말한다면 정말이지 멋진 답변입니다. 특허는 그런 지식재산권의 일종으로, 이때의 생각은 기술에 관한 아이디어이며, 그 생각은 문서로 표현되기 때문에, 결국 특허는 문서였습니다. 그렇습니다. 특허는 아이디어 자체도 아니며 제품도 아니고 문서입니다. 그런데 특허는 권리이기도 합니다. 특허문서에는 다양한 요소들이 있으므로 특허라는 '그 권리'는 여러 문서 요소들 중에서 어떤 요소에서 정해지는지를 더 살펴봐야 했고, 그것에 관한 지식은 19강과 20강에서 자세히 살펴봤습니다. 결정적인 요소는 바로 청구범위, 즉 청구항이었습니다. 특허는 청구항의 표현에서 나옵니다. 우리는 쉽게 만족할 수 없었으므로 청구항 한 개가 어떻게 작성되는지 그 실무 세계까지 탐험해 봤습니다. 그런데 지식의 세계는 이렇게 간단하게 정리되기는커녕 도무지 규정할 수 없는 상상력으로 펼쳐져 있습니다. 그러므로 우리는 거기까지, 수많은 생각이 풍요롭게 표현되어 있는 데이터베이스의 세계까지 가야합니다. 그 세계에서 특허문서를 찾는 작업에 대해 말하기를 사람들은 **특허 검색**이라 칭합니다.

데이터베이스에 차곡차곡 쌓인 특허문서는 독점권을 차지하려는 욕망과 그러면서 기술 내용은 세세하게 말하고 싶지 않은 의도가 복합적으로 들어 있습니다. 여기에 특허문서 작성자의 부족한 이해력과 어설픈 문장력이 더해져서 굉장히 모호하고 복잡한 문서입니다. 그러나 기술의 혁신과 인공지능 기술의 진보에 큰 공헌을 했으며, 지금도 하고 있는 수단이기도 합니다. 전자에 대해서는 이해하기 어렵지 않습니다. 기술 혁신에 관한 생각이 표현된 게 특허문서이기 때문입니다. 후자의 관해서는 사람들이 좀처럼 주목하지 않습니다만, 경계를 뛰어넘는 최고의 언어 학습 데이터가 특허문서입니다. 9강에서 설명했듯이 시장이 국제화되는 것에 따라 특허도 국경을 넘습니다. 그럴 때마다 특허문서는 **번역**됩니다. 한국어 특허문서가 영어로, 중국어로, 일본어로, 스페인어로, 독일어로, 프랑스어로 번역됩니다. 서로 다른 언어로 표현되었으나 동일한 생각입니다. 게다가 고도로 정형화된 언어이며, 그 규모도 방대합니다. 현대의 인공지능은 이런 빅데이터를 학습하면서 발전했습니다. 구글 번역이 구글 특허 검색 서비스의 기초 위에서 등장했음을 우리가 압니다.

이제 어떻게 특허를 검색하는 것인지 설명합니다. 특허정보넷 '키프리스'의 웹 사이트(www.kipris.or.kr)에 접속합니다. 그러면 아래의 그림 5와 같은 웹 페이지가 열립니다. '지식재산권검색' 아래의 메뉴 바에는 특허검색, 디자인검색, 상표검색 등의 선택버튼이 있습니다. 해외특허 검색 버튼을 선택하면 외국 특허문서를 검색할 수 있으며, 인공지능의 기계번역 서비스도 지원됩니다.

[그림 5]

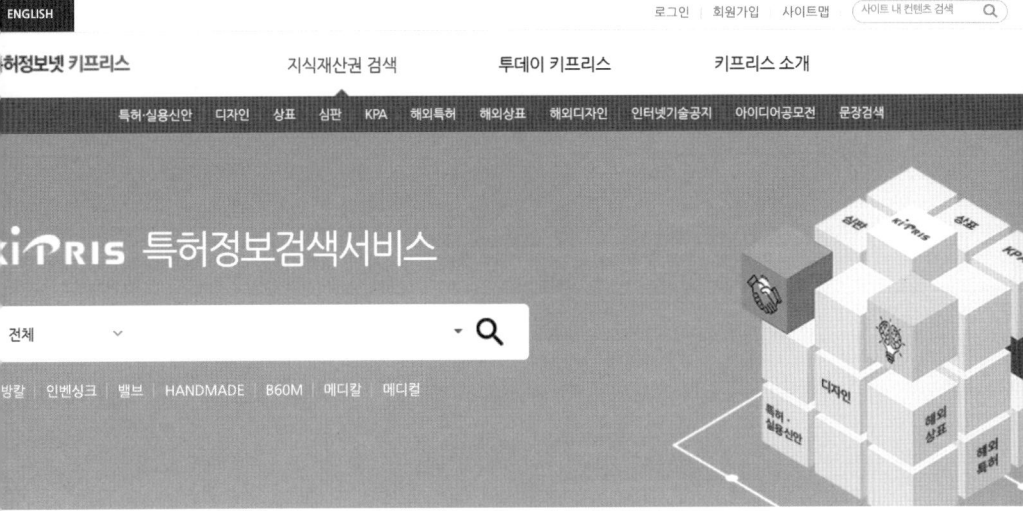

현재 우리의 관심사는 특허검색이므로 그림 5에서 '특허·실용신안' 버튼을 선택합니다. 그러면 아래의 그림 6의 웹 페이지가 나옵니다.

[그림 6]

검색창에 키워드를 입력해서 검색해도 좋습니다. 하지만 그 아래의 스마트검색, "항목별 검색을 위해 이곳을 클릭해주세요"라는 문구에 주목해 봅시다. 그걸 클릭하면 아래의 그림 7 웹 페이지가 나옵니다.

[그림 7]

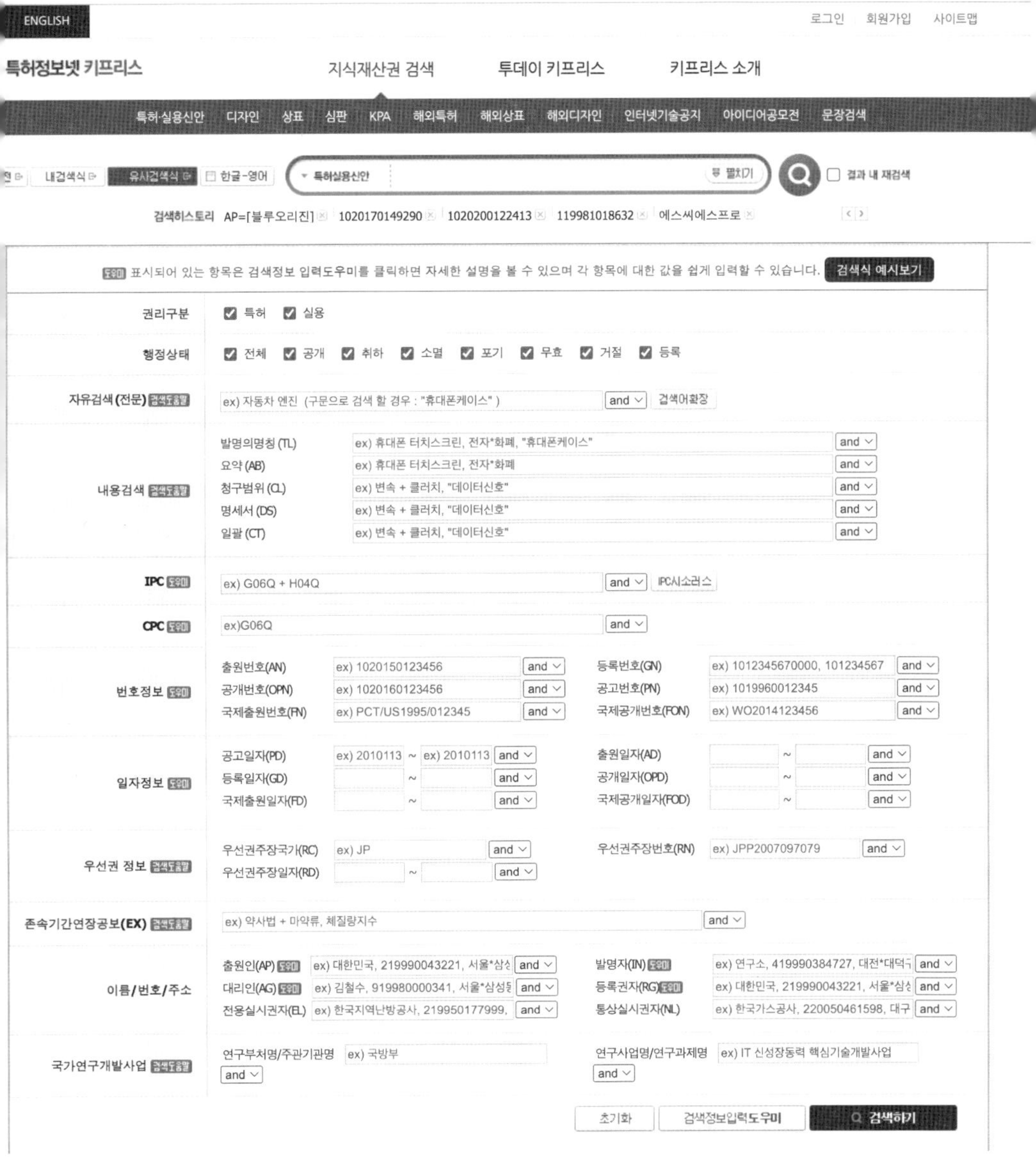
ENGLISH
로그인 회원가입 사이트맵
특허정보넷 키프리스
지식재산권 검색 투데이 키프리스 키프리스 소개
특허·실용신안 디자인 상표 심판 KPA 해외특허 해외상표 해외디자인 인터넷기술공지 아이디어공모전 문장검색
내검색식 유사검색식 한글-영어
특허실용신안
펼치기
결과 내 재검색
검색히스토리 AP=[블루오리진] 1020170149290 1020200122413 119981018632 에스씨에스프로
표시되어 있는 항목은 검색정보 입력도우미를 클릭하면 자세한 설명을 볼 수 있으며 각 항목에 대한 값을 쉽게 입력할 수 있습니다.
검색식 예시보기
권리구분 특허 실용
행정상태 전체 공개 취하 소멸 포기 무효 거절 등록
자유검색(전문)
ex) 자동차 엔진 (구문으로 검색 할 경우 : "휴대폰케이스")
검색어확장
내용검색
발명의명칭(TL) ex) 휴대폰 터치스크린, 전자*화폐, "휴대폰케이스"
요약(AB) ex) 휴대폰 터치스크린, 전자*화폐
청구범위(CL) ex) 변속 + 클러치, "데이터신호"
명세서(DS) ex) 변속 + 클러치, "데이터신호"
일괄(CT) ex) 변속 + 클러치, "데이터신호"
IPC ex) G06Q + H04Q
IPC시소러스
CPC ex)G06Q
번호정보
출원번호(AN) ex) 1020150123456
공개번호(OPN) ex) 1020160123456
국제출원번호(FN) ex) PCT/US1995/012345
등록번호(GN) ex) 1012345670000, 101234567
공고번호(PN) ex) 1019960012345
국제공개번호(FON) ex) WO2014123456
일자정보
공고일자(PD) ex) 2010113 ~ ex) 2010113
등록일자(GD)
국제출원일자(FD)
출원일자(AD)
공개일자(OPD)
국제공개일자(FOD)
우선권 정보
우선권주장국가(RC) ex) JP
우선권주장일자(RD)
우선권주장번호(RN) ex) JPP2007097079
존속기간연장공보(EX)
ex) 약사법 + 마약류, 체질량지수
이름/번호/주소
출원인(AP) ex) 대한민국, 219990043221, 서울*삼성
대리인(AG) ex) 김철수, 919980000341, 서울*삼성
전용실시권자(EL) ex) 한국지역난방공사, 219950177999,
발명자(IN) ex) 연구소, 419990384727, 대전*대덕
등록권자(RG) ex) 대한민국, 219990043221, 서울*삼성
통상실시권자(NL) ex) 한국가스공사, 220050461598, 대구
국가연구개발사업
연구부처명/주관기관명 ex) 국방부
연구사업명/연구과제명 ex) IT 신성장동력 핵심기술개발사업
초기화 검색정보입력도우미 검색하기

다양한 검색 필드가 나옵니다. '행정상태' 필드는 전체 검색으로 설정되어 있습니다. '등록'만 선택한다면 심사를 통과한 특허 중에서 유효하게 존속하고 있는 특허문서만을 볼 수 있습니다. '내용검색' 필드를 활용하면 검색 결과를 좁힐 수 있습니다. 번호를 알고 있다면 '번호정보' 필드를 이용해도 좋고, '일자정보' 필드를 이용하면 검색 구간을 설정할 수 있습니다. 그림 7에서 '인공지능'을 키워드로 자유검색을 해봤더니 아래의 그림 8의 검색결과가 나왔습니다.

[그림 8]

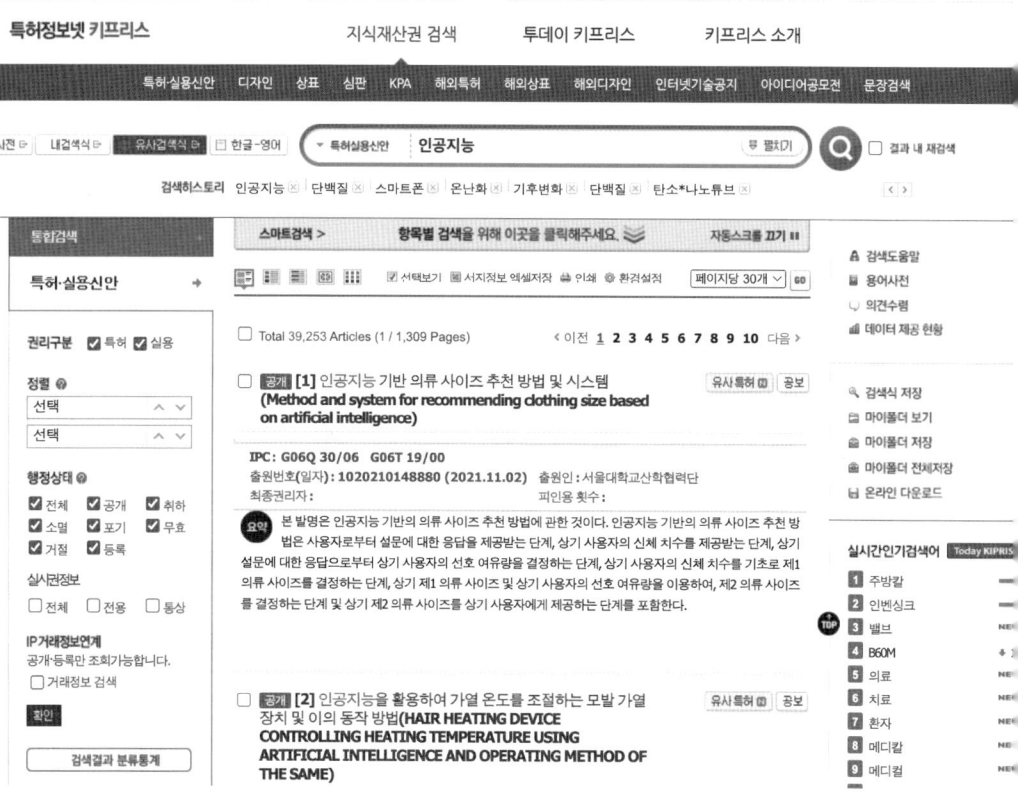

39,253 건의 '인공지능' 자유검색 특허문서가 검색됐습니다. 검색결과가 너무 많은 것 같아서 다시 그림 7의 내용필드 중 '청구범위'에 '신경망'이라는 키워드를 입력해 봤습니다. 신경망 기술을 이용한 인공지능 특허문서를 보겠다는 것입니다. 그 결과가 그림 9입니다.

[그림 9]

그림 9의 웹 페이지는 3,802건의 신경망 기술을 이용한 인공지능 특허문서를 검색결과로 보여줍니다. 이런 데이터베이스에서 삼성전자의

329

관련 특허문서를 보고 싶다면, 그림 7의 웹 페이지에서 '출원인' 검색 필드에 삼성전자를 입력한 다음 다시 검색합니다. 그러면 그림 10의 검색결과를 볼 수 있습니다.

[그림 10]

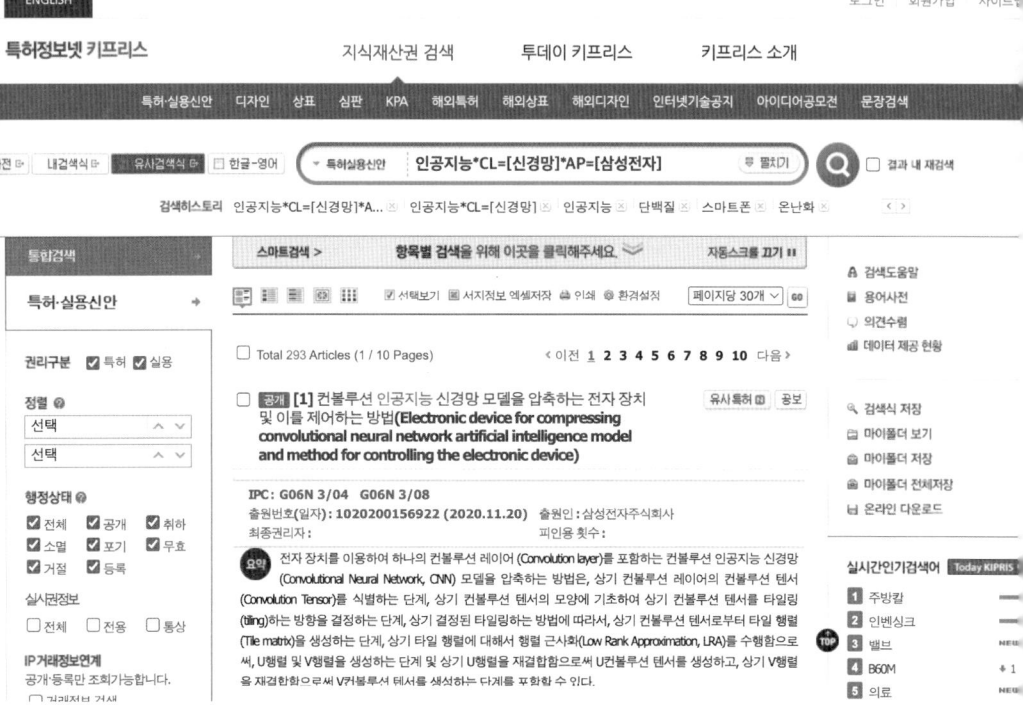

293건의 삼성전자의 특허문서를 볼 수 있습니다. 맨 위에 있는 특허문서를 클릭해 봅니다. 그러면 그림 11의 검색결과 페이지가 팝업됩니다.

[그림 11]

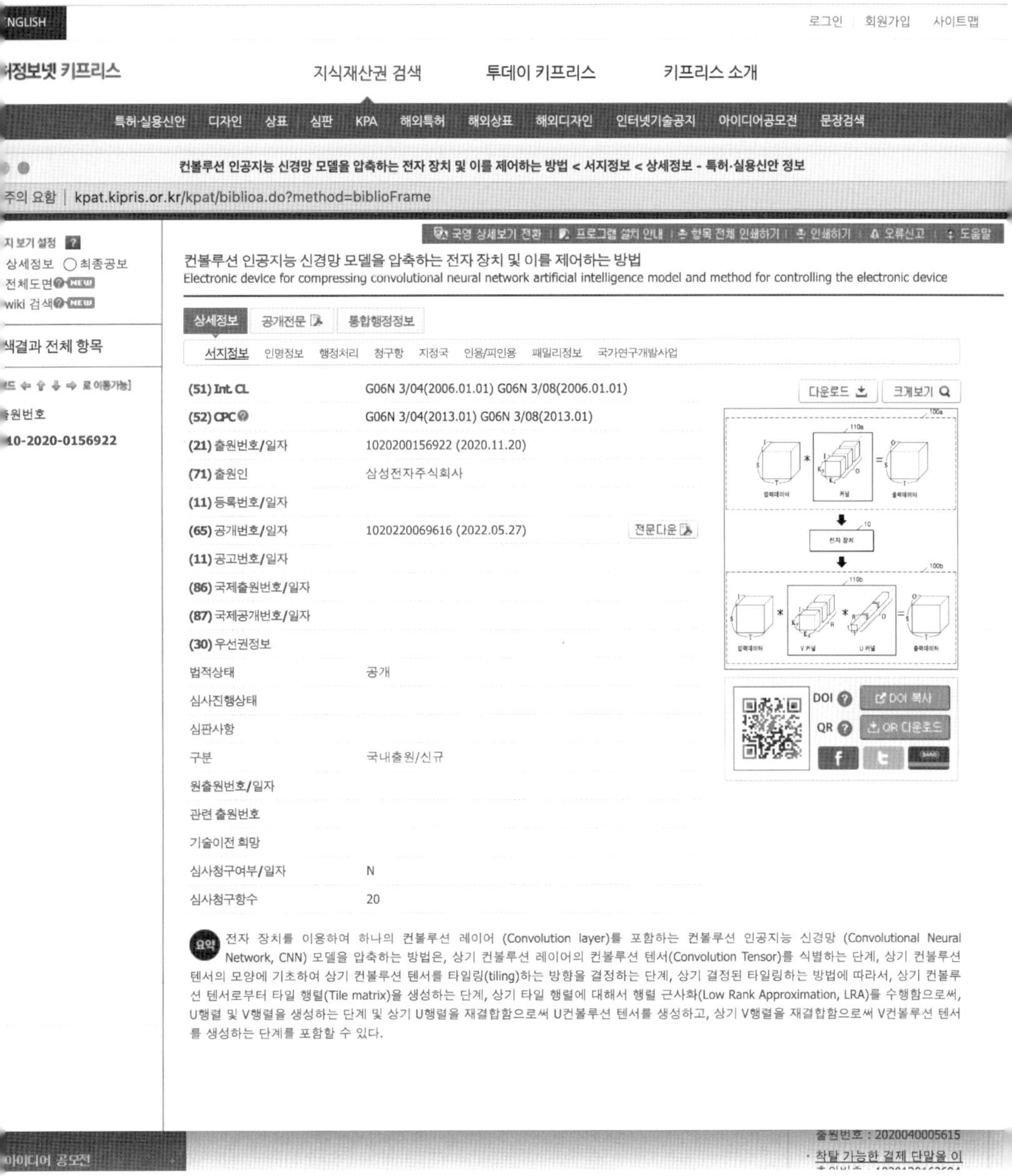
NGLISH 로그인 회원가입 사이트맵

정보넷 키프리스 지식재산권 검색 투데이 키프리스 키프리스 소개

특허·실용신안 디자인 상표 심판 KPA 해외특허 해외상표 해외디자인 인터넷기술공지 아이디어공모전 문장검색

컨볼루션 인공지능 신경망 모델을 압축하는 전자 장치 및 이를 제어하는 방법 < 서지정보 < 상세정보 - 특허·실용신안 정보

주의 요함 | kpat.kipris.or.kr/kpat/biblioa.do?method=biblioFrame

국영 상세보기 전환 | 프로그램 설치 안내 | 항목 전체 인쇄하기 | 인쇄하기 | 오류신고 | 도움말

지 보기 설정
상세정보 ○ 최종공보
전체도면 NEW
wiki 검색 NEW

색결과 전체 항목

원번호
10-2020-0156922

컨볼루션 인공지능 신경망 모델을 압축하는 전자 장치 및 이를 제어하는 방법
Electronic device for compressing convolutional neural network artificial intelligence model and method for controlling the electronic device

상세정보 | 공개전문 | 통합행정정보

서지정보 인명정보 행정처리 청구항 지정국 인용/피인용 패밀리정보 국가연구개발사업

(51) Int. CL	G06N 3/04(2006.01.01) G06N 3/08(2006.01.01)
(52) CPC	G06N 3/04(2013.01) G06N 3/08(2013.01)
(21) 출원번호/일자	1020200156922 (2020.11.20)
(71) 출원인	삼성전자주식회사
(11) 등록번호/일자	
(65) 공개번호/일자	1020220069616 (2022.05.27) 전문다운
(11) 공고번호/일자	
(86) 국제출원번호/일자	
(87) 국제공개번호/일자	
(30) 우선권정보	
법적상태	공개
심사진행상태	
심판사항	
구분	국내출원/신규
원출원번호/일자	
관련 출원번호	
기술이전 희망	
심사청구여부/일자	N
심사청구항수	20

다운로드 크게보기

DOI DOI 복사
QR QR 다운로드

요약 전자 장치를 이용하여 하나의 컨볼루션 레이어 (Convolution layer)를 포함하는 컨볼루션 인공지능 신경망 (Convolutional Neural Network, CNN) 모델을 압축하는 방법은, 상기 컨볼루션 레이어의 컨볼루션 텐서(Convolution Tensor)를 식별하는 단계, 상기 컨볼루션 텐서의 모양에 기초하여 상기 컨볼루션 텐서를 타일링(tiling)하는 방향을 결정하는 단계, 상기 결정된 타일링하는 방법에 따라서, 상기 컨볼루션 텐서로부터 타일 행렬(Tile matrix)을 생성하는 단계, 상기 타일 행렬에 대해서 행렬 근사화(Low Rank Approximation, LRA)를 수행함으로써, U행렬 및 V행렬을 생성하는 단계 및 상기 U행렬을 재결합함으로써 U컨볼루션 텐서를 생성하고, 상기 V행렬을 재결합함으로써 V컨볼루션 텐서를 생성하는 단계를 포함할 수 있다.

아이디어 공모전 출원번호 : 2020040005615
착탈 가능한 결제 단말을 이

그림 11의 팝업 페이지는 그림 10의 검색결과 목록 중에서 어느 하나를 선택한 상세 정보 페이지이며, 메뉴 바에서 '공개전문'을 선택하면 해당 삼성전자의 특허문서를 읽을 수 있습니다. 그 특허문서를 '공개특허공보'라 합니다. 독자 여러분도 키프리스 웹 사이트에 접속하여 이런 식으로 한 번씩 검색해 보시기 바랍니다. 그림 11의 웹 페이지에서 '통합행정정보'를 선택하면 해당 특허문서에 관련한 특허청의 심사 결과까지 모두 열람할 수 있습니다. 현재 그림 11의 특허문서는 특허 출원만 되었을 뿐 아직 심사에 착수되지 않았습니다. 그림 11의 화면을 보면 '심사청구여부/일자'에 'N'이 표시되었음을 알 수 있습니다. 아직 심사청구를 하지 않은 것입니다. 그러므로 특허청 공무원은 해당 특허문서를 열어보지도 않았고, 특허심사는 진행되지 않습니다.

다시 그림 7의 검색 페이지로 돌아가서 검색 키워드로 '단백질'을 입력해 봅니다. 건강은 인류의 변함 없는 관심분야입니다. 바이오 기술이야말로 특허제도를 이끌어온 특허의 대명사라 하겠습니다. 역시나 그림 12에서 보는 것처럼 230,515건의 특허문서가 검색됐습니다.

[그림 12]

23만 건이 넘는 단백질 기술을 일일이 확인한다는 것은 거의 불가능에 가깝습니다. 그러므로 검색 필드를 적절히 활용할 필요가 있습니다. 그림 12의 웹 페이지에서 "항목별 검색을 위해 이곳을 클릭해주세요."를 클릭한 다음에, 출원일자 검색 필드를 선택해서 2020년 한 해 동안 '단백질' 키워드의 특허문서가 얼마나 많이 쌓였는지를 확인해 봅니다. 그러면 그 결과가 그림 13의 검색 결과 웹 페이지입니다.

[그림 13]

2020년 한 해 동안 14,956건의 단백질 관련 특허기술이 대한민국 특허청에 신청됐음을 알 수 있습니다. 다시 그림 7로 돌아가 자유검색으로 '지구온난화'라는 키워드를 입력해 봅니다. 그러면 그림 14의 웹 페이지가 나옵니다. 22,607건의 '지구온난화'를 걱정한 특허문서가 검색결과로 나왔습니다.

[그림 14]

지금 이 책을 읽는 여러분들 곁에는 틀림없이 스마트폰이 있을 겁니다. 그림 7에서 자유검색으로 '스마트폰'을 입력해 봅니다. 그러면 그림 15처럼 검색결과가 나옵니다. 무려 270,074 건의 특허문서가 검색됐습니다.

[그림 15]

지금까지 살펴본 검색결과는 2022년 8월 시점의 데이터입니다. 그러므로 독자 여러분의 검색 시점에서는 결과에 변동이 생겼을 것입니다 (더 많아졌겠지요).

이처럼 특허검색을 통해 수많은 특허문서를 일일이 열람해 볼 수 있습니다. 검색필드를 적절히 이용한 키워드 검색을 통해 관심있는 특허문서를 찾아볼 수 있습니다. 이를 통해 구체적인 기술에 대해 특허동향을 알 수 있으며, 경쟁 회사가 어떤 특허활동을 하고 있는지도 관찰할 수 있고, 또한 자신이 생각한 아이디어가 정말 새로운 생각인지 가늠해 볼 수도 있습니다. 시장에서 특허기술로 승부하겠다는 사람이라면 타인의 특허문서를 찾아보지 않을 수 없습니다.

10

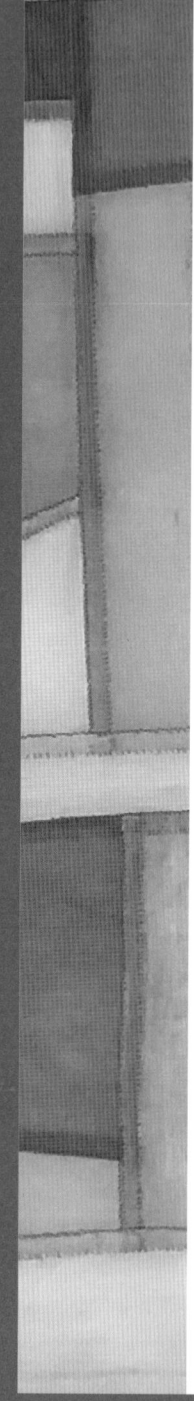

상표권은

어떻게
해석하는가?

22강 상표권의 권리범위

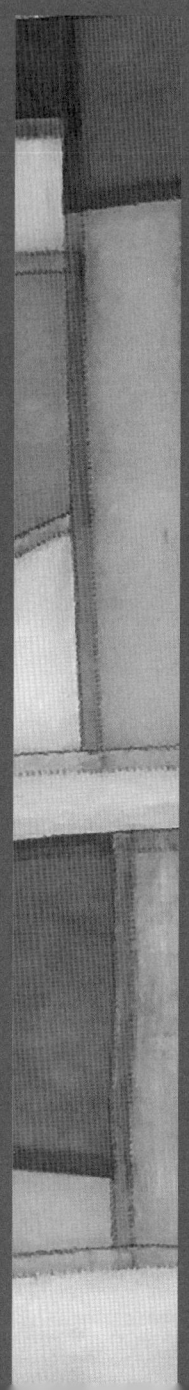

이 책의 화자가 먼 곳을 가리키다가 느닷없이 좁디좁은 곳의 심연을 보여주는 방식으로 지식재산의 세계를 설명하고 있으니 독자 여러분께서 조금은 당황해하실 것 같습니다. 그러나 어쩔 수 없는 산만함을 이해해 주시기 바랍니다. 우리 인간의 생각이라는 것이 본래 그러하듯 지구를 벗어나기도 했다가 물질의 미시계를 탐구하기도 하기 때문이며, 그런 생각을 표현하는 세계관이 바로 지식재산이기 때문입니다. 그러므로 지식재산의 세계에서는 가까운 곳을 보다가도 지평선 너머를 말해야 합니다. 이런 방식의 탐구가 조금은 무질서하고 현기증을 일으키기도 하지만 생각을 바꿔 보면 무척 재미있고 역동적인 방법론이기도 합니다. 지난 강의는 이러했습니다. 실무자들의 활동 속에서 휴머니티를 느꼈습니다. 그다음 통계가 보여주는 넓은 세계를 통해 시장을 통찰했습니다. 그러다가 문득 멈춰 서서는 특허문서가 어떻게 작성되는지 활자의 세계를 펼쳐보면서 수백 만 개의 문서가 범람하는 데이터베이스의 세계까지 다녀왔습니다. 이것이 지식재산입니다. 이 분야에서 전문가라 칭해지는 사람들은 너무 먼 곳만 바라보기도 하고, 너무 가까운 곳만 말하기도 하지만 그것들이 모두 지식재산의 편린입니다. 독자 여러분들은 이제 이 다이내믹한 여정을 마무리할 단계에 진입하셨습니다. 지금껏 다룬 지식재산권을 차분히 해석하고 다가올 분쟁을 지혜롭게 해결할 수 있는 방법론을 얻는다면 충분할 것 같습니다.

지식재산권은 권리입니다. '표현'된 권리 범위 안에서 '생각'을 독점하겠다는 성격의 권리입니다. 독점권은 배타적인 속성을 갖고, 따라서 소유권입니다. 우리 인류는 '역사상 최근'까지 생각을 독점하겠다는 발상을 인정하지 않았습니다. 하지만 최근 이삼 백 년 동안 우리 인류는 이런 방식의 소유권을 인정하기에 이르렀습니다. 하지만 물권과 달리 그 소유권의 범위가 명확하지 않습니다. **표현된 생각만을** 보호하겠다는 규범은 이미 확립되어 있습니다. 그러나 그 표현을 어떻게 해석할지에 대해서는 지식과 사건이 필요합니다. 법률의 규정과 판례법에 의해 만들어진 법리가 지식을 구성합니다. 그런 법리를 사건에 적용하여 권리범위를 정합니다. 다만 **저작권**의 경우, 권리의 탄생에 국가가 개입하지 않았으므로 권리를 해석해서 권리범위를 정하기 전에 우선 ① 그것이 **과연 저작물인가**(창작성이 인정되는 독립된 표현물인가), 즉 소유권을 인정할 만한 권리인가를 따져 봐야 합니다. 그다음 ② **실질적 유사성**에 기초하여 표현을 비교함으로써 권리범위가 정해집니다. 즉 저작권에서는 비교를 전제로 권리범위가 정해집니다. **비교가 없다면** 어떤 일이 벌어질까요? 저작권자는 자기의 표현물에 대해 자신에게 저작권이 있다고 공중에 선언할 수 있습니다. 국가가 저작권의 탄생에 개입하지 않으므로 누구나 그런 주장을 할 수 있습니다. 그런 주장이 거짓말이라고 생각하면 무시하면 그만입니다. 하지만 도무지 부당하다고 생각한다면 권리의 존부에 대해 확인을 구하는 소를 법원에 제기할 수 있습니다(그런 소를 제기할 확인의 이익이 있어야 합니다). 비교가 필요하다면, 즉 저작권을 주장하는 표현물이 있고, 비교가 되는 표현물도 있다면, 위의 ①과 ②를 심리해야 합니다. 이에 관해서는 3강에서 어느 정도 살펴 봤습니다.

지식재산권 중에서는 국가가 권리의 탄생에 개입한 지식재산권이 있고 그런 산업재산권 중에서도 상표권과 특허권의 비중이 큽니다. 이들 권리의 권리범위를 살펴봅니다. 제10부는 상표권에 대해, 제11부는 특허권에 대해 해설합니다. 먼저 상표권입니다.

상표권은 두 가지 표현에서 권리가 나옵니다. 첫째 국가(특허청)에 등록된 **상표**입니다. 둘째 마찬가지로 그 상표를 사용하겠노라고 국가에 등록한 '품목'입니다. 후자를 **지정상품**이라 칭합니다. 국가에 등록한 이 두 가지 표현이 상표권을 구성하며, 어느 하나의 표현이라도 다르다면 그것은 상표권의 권리범위 바깥에 있게 됩니다. 품목은 같지만 상표가 다른 경우를 생각해 볼 수 있습니다. 이 경우 아무런 문제가 없다는 게 우리의 상식입니다. 〈브라보콘〉과 〈월드콘〉은 아이스크림이라는 지정상품이 동일합니다. 그러나 상표가 달라 소비자들이 혼동하지 않기 때문에 어느 누구도 〈브라보콘〉과 〈월드콘〉의 공존에 의문을 품지 않습니다. 그런데 상표는 같지만 품목이 다른 경우에 대해서는 사람들이 가끔 오해합니다. 예를 들어 홍길동이 의류 브랜드로 〈토르와 헬라〉라는 상표권을 취득했는데, 임꺽정이 같은 이름으로 주점을 운영하고 있다고 가정해 보지요. 의류와 주점은 아무런 관련이 없는 이종 품목입니다. 그런데 상표는 같습니다. 홍길동이 먼저 이 상표를 사용했고 임꺽정이 나중에 사용하기 시작했음이 분명하다면, 또한 홍길동도 임꺽정도 장사가 잘되고 있다면, 홍길동은 임꺽정이 자기 상표를 모방했노라고, 자기 상표권을 침해했다면서 분노할 수도 있습니다. 그러나 법리적으로 오해입니다. 상표는 동일하더라도 지정상품이

상이하기 때문에 홍길동은 상표권 침해를 주장하지 못합니다.

한편 지식재산은 표현만 댕그렁 있는 권리가 아니라 그 표현을 방출한 **생각**이 있었음에 유의해야 합니다. 상표권도 마찬가지입니다. 표현은 기본적으로 '언어적인 무엇'입니다. 언어는 저마다 고유한 의미를 갖습니다. 인간은 타인이 표현한 언어를 접하면 머릿속에서 그 언어가 만들어낸 이미지를 생성합니다. 도형이나 소리 혹은 홀로그램조차 그걸 수용한 다음 머릿속에서 이미지를 만들어냅니다. 그런 이미지를 철학에서는 **표상**이라고 부릅니다. 어쨌든 그 이미지가 타인의 생각입니다. 표현된 말은 다름에도 그 말을 들은 사람들의 머릿속에서 생긴 이미지가 동일한 경우가 많습니다. '죽음'과 '사망', '삶'과 '인생', '먹거리'와 '음식'은 기호적으로 보면 완전히 다른 단어입니다. 그러나 단어의 뉘앙스에도 불구하고 그것이 지칭하는 생각은 동일합니다. 문자가 있기 전에 먼저 말이 있었습니다. 문자의 표기법은 사회적 합의와 교육을 통해 정형화되어 1개의 올바른 기호를 제시합니다. 그러나 구어는 개인적 혹은 지역적 언어 습관으로 말미암아 여러 개의 기호를 만들어냅니다. 그 결과 문자에서는 1개의 기호였음에도 복수의 발음을 갖게 마련이고 잘못된 발음조차 머릿속에서 어려움 없이 해당 단어의 올바른 이미지를 만들어냅니다. '삼성'이라는 기호에 대해 홍길동은 '삼성'으로 알맞게 발음하고, 임꺽정은 '삼승'으로, 장길산은 '쌈성'으로 발음할 수 있지만, 소통에 어려움이 없습니다. 각자 발음한 단어에 대한 생각이 동일하기 때문입니다.

그러므로 상표권을 구성하는 두 가지 표현은 **동일성**에서 벗어나 **유사성**까지 인정돼야 하고, 인정되고 있습니다. 즉, 동일하지는 않지만 유사한 범위의 표현까지 권리를 주장할 수 있다는 것입니다. 상표뿐 아니라 지정상품도 마찬가지로 유사 범위로 확장됩니다. 무릇 권리의 주장 혹은 행사는 누군가로부터 자신의 권리가 침해됐다는 사실에 기초합니다. 그런데 침해 사실에서 거론되는 상대방의 상표가 등록된 상표권의 상표와 동일하지는 않습니다. 이 경우 상표권자는 상대방의 상표가 유사하다고 주장할 것이고, 반면 상대방은 유사하지 않다고 반박힙니다. 결국 **유사 판단**은 사건의 향방을 결정하게 됩니다. 유사성에 기초한 상표권의 권리범위 판단은 워낙 중요한 이슈여서 별도로 다루도록 하겠습니다. 일단, 상표권을 담지한 표현은 동일성뿐 아니라 유사성까지 확장된다고 결론만 내리고 다음 얘기를 하겠습니다.

상표권은 다른 지식재산권과 마찬가지로 그 권리를 인정한 **국가의 전체 영토**에서 인정됩니다. 서울 종로구에서 〈중력을 벗어난 시공간〉이라는 간판을 걸고 장사를 하는 작은 식당이 있다고 가정해 보지요. 그 식당 주인이 해당 표현에 대해 대한민국에서 상표권을 취득한다면, 식당에 관해서는 〈중력을 벗어난 시공간〉이라는 이름을 대한민국 전역에서 독점 사용할 수 있습니다. 그래서 식음료 관련 프랜차이즈 사업이 가능해지는 것입니다. 상업적인 성공을 거듭하던 홍길동은 누군가 〈이세계 시공간〉 혹은 〈인류의 시공간〉 등으로 자기 사업을 위협하는 가게를 열 수도 있겠고, 그런 일이 발생했을 때 〈중력을 벗어난 시공간〉이라는 상표권으로 법적인 규제를 할 수 있을지 의문을 품습니다. 이런 의문은 타당합니다. 사람마다 생각이 달라서 유사하지 않은 상표로 여겨질 수도 있기 때문입니다. 홍길동은 더 넓은 권리를 생각하게 되고, 그 결과 〈시공간〉이라는 단어에 대해서도 상표권을 신청하게 되는데, 이런 것이 지식재산 전략입니다. 한편 대한민국의 상표권은 대한민국에서만 효력이 있으므로 다른 나라에서 상표권을 취득하려면 그 나라에 별도로 권리를 신청하고 취득하는 절차를 밟아야 합니다.

제7강 〈권리의 소멸〉에서 설명했던 것처럼, 상표권은 존속기간이 있습니다. 즉, 권리를 주장할 수 있는 기간이 제한적이라는 것입니다. 그런데 상표권만의 특별한 제도가 있습니다. 다른 지식재산은 법으로 인정한 존속기간이 끝나면 지식재산으로 보호된 생각과 표현이 퍼블릭 도메인 영역 안으로 들어갑니다. 그래서 누구나 사용할 수 있는 생각과 표현이 됩니다. 상표권은 그렇지 않습니다. 우선 국가는 10년 단위의 존속기간을 부여합니다. 10년이 끝날 무렵에 상표권자는 **갱신**을 신청할 수 있습니다. 정해진 형식에 따라 의사 표현을 하고 돈만 내면 되는 신청입니다. 그러면 다시 10년의 권리가 이어집니다. 이런 갱신 제도 때문에 상표권은 '반영구적인 권리'라고 칭해지는 것입니다. 어째서일까요? 시장을 보호하기 위함입니다. 상표권자가 그 상표를 시장에서 계속 사용하고 있다면 그 상표에 대한 시장의 신뢰가 지속되고 있음을 증거합니다. 이런 경우 국가는 상표권자의 이익과 소비자들의 신뢰를 저버릴 수 없으므로 상표권자가 원하기만 한다면 그 권리가 연장되도록 돕습니다. 만약 상표권자가 그 상표를 시장에서 더 이상 사용하고 있지 않다면 갱신을 신청하지 않을 것입니다. 그러면 그때 비로소 해당 상표권은 소멸합니다.

상표는 출처 표시이며, 그런 표시는 소비자의 신뢰에 직접적으로 연결되어 있음을 유의해야 합니다. 시장에서 소비자들이 어떤 상품을 구매하는 행위를 할 때, 브랜드는 그런 행위에 영향을 직접 미칩니다. 소비자들은 '제1234567호로 특허를 받은 제품이야'라고 머리에 떠올리면서 상품을 구매하지는 않습니다. 그것보다는 자기에게 각인되어 있고 시장에서 널리 인정받은 브랜드를 떠올리면서 상품을 구매합니다. 그래서 상표권의 보호는 비단 상표권자의 이익만이 아니라 시장 혹은 소비자의 보호라는 **공익적인 요청**도 들어있게 됩니다. 이런 특성은 상표권에 대해 특별한 법적 지위를 부여합니다. 상표권자가 침해에 맞서 상표권을 행사할 때 상표권 침해금지 청구, 생산/판매/유통/광고/수출/수입 금지에 대한 가처분 신청, 손해배상청구 등의 민사상 법적인 조치에 관해서는 특허권의 권리행사와 그다지 차이가 없습니다. 그러나 형사적인 구제조치를 할 때 달라집니다. 특허권은 특허권자가 직접 고소해야 합니다(친고죄). 그러나 상표권은 상표권자가 직접 고소할 수도 있지만, 간이하게 경찰에 고발하여 경찰이 직접 나서서 수사할 수 있도록 요청하는 것도 가능합니다(**비친고죄**). 이런 속성 때문에 국가기관이 타인의 상표권을 함부로 모방한 짝퉁 상품을 단속할 수 있는 것입니다. 다른 지식재산은 이런 단속이 불가능합니다.

이번에는 상표권자의 상대방, 즉 경쟁자의 입장에서 상표권을 생각해 봅니다. 사법제도는 원칙적으로 권리의 침해가 발생했을 때 침해로 말미암아 고통과 손해를 호소하는 자를 보호합니다. 즉, 권리자를 보호하게 마련입니다. 따라서 구조적으로 그 상대방은 불리한 지위에 있습니다. 하지만 현대의 입법자들은 공정과 정의를 늘 염두에 두고 법을 제정하므로, 상대방은 법률 속에 의지할 조항이 있는지를 살펴봐야 합니다. 다음 사례들에서 지혜를 구해 보지요.

사례 50

성춘향은 2017년부터 <바디플레이>라는 상표로 여성용 속옷을 각종 오픈마켓을 통해 판매해 왔다. 상표출원을 한 적이 있었는데 심사를 통과해 놓고서도 상표등록 비용을 납부하지 않아 상표권을 취득하지는 못했다. 그러다가 **황진이**가 동명의 상표에 대해 의류 품목으로 2019년에 상표권을 신청하여 권리를 취득했다. 자기 제품을 시장에서 판매하던 황진이는 오픈마켓에서 판매되는 성춘향의 제품이 자신의 상표권을 침해한다고 판단하여 성춘향을 상대로 상표권 침해 주장의 내용증명을 보냈다. 이에 성춘향은 깜짝 놀란다.

시장에서 활동하는 모든 사람이 영리하게 국가의 법을 이용하는 것은 아닙니다. 법에 대해 무지하기 때문이기도 하고 너무 바빠서 법을 살펴보면서 점검할 여유가 없기 때문이기도 하며 또는 게으르기 때문이기도 합니다. 자기 브랜드로 사업을 하고 있지만 영세한 사업자 중에는 그 브랜드에 대해 상표권을 신청하지 않은 경우가 많습니다. 그렇다고 그/그녀가 나쁜 것은 아닙니다. 상표권을 통해 자기 사업을 보호하는 방법을 생각해 내는 영리함이 없다고 해서 악하다는 판단을 받아야 할 이유는 없습니다. 그런데 상표제도는 **먼저 권리를 신청한 자에게 우선적인 권리를 부여하는 법 제도입니다. 먼저 상표를 사용한 자**보다는 먼저 권리를 신청한자가 우선합니다. 그런데 이렇게만 법이 정해 놓으면 도덕적인 문제가 생깁니다. 타인의 미등록 상표를 '모방'하여 재빠르게 권리를 취득한 자가 이번에는 자기가 모방한 그 상표의 선량한 당사자를 상대로 권리행사를 하는 것인데, 이는 사회 정의감에 맞지 않습니다. 그런데 이런 상황을 국가의 법 제도가 조성했던 것입니다. 옛닐(그렇다고 아주 먼 과거가 아니라 불과 십수 년 전의 시점입니다)에는 법의 이러한 빈틈을 이용해서 법을 악용할 수 있었습니다. 하지만 지금은 법이 정비됐습니다. '먼저 상표를 사용한 자'는 **선사용권**을 주장할 수 있습니다. 배타적인 속성의 권리는 아니지만 적어도 자기를 지킬 수 있는 권리를 상표법이 보호해 주겠다는 것입니다. 상표법 제99조입니다.

> 제99조(선사용에 따른 상표를 계속 사용할 권리) ① 타인의 등록상표와 동일·유사한 상표를 그 지정상품과 동일·유사한 상품에 사용하는 자로서 **다음 각 호의 요건을 모두 갖춘 자**(그 지위를 승계한 자를 포함한다)는 해당 상표를 그 사용하는 상품에 대하여 계속하여 사용할 권리를 가진다.
> 　1. 부정경쟁의 목적이 없이 **타인의 상표등록출원 전부터** 국내에서 계속하여 사용하고 있을 것
> 　2. 제1호에 따라 상표를 사용한 결과 **타인의 상표등록출원 시에 국내 수요자 간에 그 상표가 특정인의 상품을 표시하는 것이라고 인식되어 있을 것**

요컨대 사례 50에서 성춘향은 선사용권을 주장하면서 황진이의 권리 행사에 맞설 수 있습니다. 2017년부터 상품을 판매했음을 증거하는 오픈마켓 자료, 오픈마켓의 고객 게시판에 업로드된 구매자의 반응(제품리뷰) 등을 출력하여 황진이에게 보내면서 적절한 언어로 답하면 분쟁으로 비화하지 않고 자연스럽고 간명하게 해결됩니다.

사례 51

성춘향은 <88카>라는 상호로 중고차를 판매하는 웹사이트를 운영하고 있었다. 그런데 같은 업종에 <팔팔카>라는 **황진이**의 상표권이 있었던 것이다. 남들도 그러는 것처럼 상표법을 잘 모르던 성춘향은 <팔팔카>라는 등록상표가 존재하고 있다는 사실 자체를 알지 못했다. 황진이는 성춘향이 자신의 상표권을 침해한다고 판단했고, 먼저 특허심판원에 성춘향의 상표는 자신의 상표권의 권리범위에 속한다는 심결을 구하는 심판을 청구했다. 상표의 발음도 동일하고, 지정상품도 동일하기 때문에 상표권 침해처럼 보인다. 성춘향을 구원해 줄 법리는 없을까?

결론부터 말하면 사례 51의 성춘향이 안심하고 자기 상호 <88카>를 사용할 법리가 있습니다. 성춘향이 선량하기 때문에 그런 게 아니라, 성춘향이 사용하는 상표가 <88카>이기 때문에 그러합니다. 아라비아 숫자 '88'은 간단하고 흔히 있는 표장에 해당하고(숫자 2개만으로는 간단하고 흔히 있는 표장으로 보는 것이 실무입니다), '카'는 자동차를 뜻하는 'car'의 한글 음역으로 쉽게 인식이 가능합니다. 또한 성춘향이 자기 상표를 사용하면서 그 구성이나 배열에 특별한 주의를 끌 정도로 디자인한 것도 아니고, 〈88카〉가 새로운 의미를 만들지도 않으니, 전체적으로 식별력이 없는 상표입니다. '식별력이 없다'함은 출처를 표시하는 상표 본연의 기능이 약하다는 것이고, 그런 상표는 누구나 쓸 수 있다는 법리입니다. 누구나 쓸 수 있는 표장이라면 성춘향이 써도 무방합니다. 그러므로 상표권자 황진이의 등록상표와 비교되지 않은 채 상표 사용이 인정되는 것입니다. 이를 뒷받침하는 근거 규정은 아래와 같습니다.

> 제90조(상표권의 효력이 미치지 아니하는 범위) ① 상표권(지리적 표시 단체표장권은 제외한다)은 다음 각 호의 어느 하나에 해당하는 경우에는 그 효력이 미치지 아니한다.
> 1. 자기의 성명 · 명칭 또는 상호 · 초상 · 서명 · 인장 또는 저명한 아호 · 예명 · 필명과 이들의 저명한 약칭을 상거래 관행에 따라 사용하는 상표
> 2. 등록상표의 지정상품과 동일 · 유사한 상품의 보통명칭 · 산지 · 품질 · 원재료 · 효능 · 용도 · 수량 · 형상 · 가격 또는 생산방법 · 가공방법 · 사용방법 및 시기를 보통으로 사용하는 방법으로 표시하는 상표
> 3. 입체적 형상으로 된 등록상표의 경우에는 그 입체적 형상이 누구의 업무에 관련된 상품을 표시하는 것인지 식별할 수 없는 경우에 등록상표의 지정상품과 동일 · 유사한 상품에 사용하는 등록상표의 입체적 형상과 동일 · 유사한 형상으로 된 상표
> 4. 등록상표의 지정상품과 동일 · 유사한 상품에 대하여 관용하는 상표와 현저한 지리적 명칭 및 그 약어 또는 지도로 된 상표
> 5. 등록상표의 지정상품 또는 그 지정상품 포장의 기능을 확보

하는 데 불가결한 형상, 색채, 색채의 조합, 소리 또는 냄새로 된 상표

상표법 제90조는 법의 형평의 원리 관점에서 중요한 규정입니다. 권리자의 전횡을 막으면서 만인의 선량한 상표 사용을 어느 정도 보호할 수 있습니다. 단, 부정경쟁의 목적은 없어야 합니다. 사례 18을 참고하시기 바랍니다.

23강 상표의 유사

전술한 바와 같이, 상표권을 구성하는 두 가지 표현은 **동일성에서 벗어나 유사성까지 인정**돼야 합니다. 'A = A'라는 명제는 당연해서 이론의 여지가 없습니다. 'A≠B'라는 명제도 자명합니다. 그러나 'A1≒A2'은 자명하지 않습니다. 홍길동은 유사하지 않다고 판단하는 반면, 임꺽정은 유사하다고 판단할 수 있습니다. **판단자의 주관**이 개입할 수 있기 때문입니다. 그래서 판례와 법리가 필요합니다. 여기에서는 대략적으로만 안내합니다. 만약 상표권 분쟁이 발생할 우려가 있고 유사 판단이 쟁점이 될 것으로 전망된다면, 경험이 많고 논증을 잘하는 실무 전문가와 상담하는 것이 좋습니다. 판단자의 주관은 심리적인 확증편향으로 둘러싸여 있기 때문에 그런 판단자를 설득하려면 상당한 수준의 논리와 상상력이 필요하기 때문입니다. 대체적으로 다음과 같습니다.

(1) 상표의 유사 여부는 그 **외관, 호칭 및 관념**을 객관적, 전체적, 이격적으로 관찰하여 그 지정상품의 거래에서 일반 수요자들이 상표에 대하여 느끼는 **직관적 인식을 기준으로** 그 상품의 출처에 관하여 **오인·혼동을 일으키게 할 우려**가 있는지에 따라 판단하여야 한다(대법원 1992. 2. 25. 선고 91후691 판결 등 참조).

(2) 상표의 유사 여부는 동종의 상품에 사용되는 2개의 상표를 그 외관, 칭호, 관념의 3가지 면에서 객관적, 전체적, 이격적으로 관찰하여 (중략) 서로 다른 부분이 있어도 **그 칭호나 관념이 유사하여 일반 수요자가 오인·혼동하기 쉬운 경우**에는 유사상표라고 보아야 한다(대법원 1994. 5. 13. 선고 93후1612 판결).

(3) 대비되는 상표 사이에 외관, 칭호, 관념 중에서 어느 하나가 유사한 부분이 있다고 하더라도 그 부분만으로 분리인식될 가능성이 희박하거나 전체적으로 관찰할 때 **명확히 출처의 혼동을 피할 수 있는 경우에는** 유사상표라고 할 수 없다(대법원 1996. 7. 30. 선고 95후2084 판결, 대법원 2006. 8. 25. 선고 2005후2908 판결, 대법원 2008. 9. 11. 선고 2008후1739 판결 등 참조).

(4) 둘 이상의 문자 또는 도형의 조합으로 이루어진 **결합상표**는 그 구성 부분 **전체의** 외관, 호칭, 관념을 기준으로 상표의 유사 여부를 판단하는 것이 **원칙이다**(대법원 2017. 2. 9. 선고 2015후1690 판결 등 참조).

(5) **결합상표 중에서** 일반 수요자에게 그 상표에 관한 인상을 심어주거나 기억·연상을 하게 함으로써 **그 부분만으로 독립하여** 상품의 출처표시기능을 수행하는 부분, 즉 **요부가 있는 경우** 적절한 전체관찰의 결론을 유도하기 위해서는 그 요부를 가지고 상표의 유사 여부를 대비·판단하는 것이 필요하다. 그리고 상표의 구성 부분이 요부인지 여부는 그 부분이 주지·저명하거나 일반 수요자에게 강한 인상을 주는 부분인지, 전체 상표에서 높은 비중을 차지하는 부분인지 등의 요소를 따져 보되, 여기에 다른 구성 부분과 비교한 상대적인 식별력 수준이나 그와의 결합상태와 정도, 지정상품과의 관계, 거래실정 등까지 종합적으로 고려하여 판단하여야 한다(위 대법원 2015후1690 판결 등 다수).

(6) **결합상표 중** 일부 구성 부분이 요부로 기능할 수 있는 식별력이 없거나 미약한지 여부를 판단할 때는 해당 구성 부분을 포함하는 상표

가 그 지정상품과 동일·유사한 상품에 관하여 다수 등록되어 있거나 출원공고되어 있는 사정도 고려할 수 있으므로, 등록 또는 출원공고된 상표의 수나 출원인 또는 상표권자의 수, 해당 구성 부분의 본질적인 식별력의 정도 및 지정상품과의 관계, 공익상 특정인에게 독점시키는 것이 적당하지 않다고 보이는 사정의 유무 등을 종합적으로 고려하여 판단하여야 한다(대법원 2017. 3. 9. 선고 2015후932 판결 등 참조).

(7) 그리고 그 판단에서는 자타상품을 구별할 수 있게 하는 식별력의 유무와 강약이 주요한 고려요소가 된다 할 것인데, 상표의 식별력은 그 상표가 가지고 있는 관념, 상품과의 관계, 당해 상품이 거래되는 시장의 성질, 거래 실태 및 거래 방법, 상품의 속성, 수요자의 구성, 상표 사용의 정도 등에 따라 달라질 수 있는 **상대적·유동적인 것이므로**, 이는 상표의 유사 여부와 동일한 시점을 기준으로 그 유무와 강약을 판단하여야 한다. 따라서 상표권의 권리범위확인심판 및 그 심결취소청구 사건에서 등록상표와 확인대상표장의 유사 여부를 판단하기 위한 요소가 되는 등록상표의 식별력은 **상표의 유사 여부를 판단하는 기준시인 심결 시를 기준으로 판단**하여야 한다. 그러므로 등록상표의 전부 또는 일부 구성이 등록결정 당시에는 식별력이 없거나 미약하였다고 하더라도 그 등록상표를 전체로서 또는 일부 구성 부분을 분리하여 사용함으로써 권리범위확인심판의 심결 시점에 이르러서는 수요자 사이에 누구의 상품을 표시하는 것인지 현저하게 인식될 정도가 되어 중심적 식별력을 가지게 된 경우에는, 이를 기초로 상표의 유사 여부를 판단하여야 한다(대법원 2014. 3. 20. 선고 2011후3698 전원합의체 판결).

이제 실제 케이스의 유사 판단 결과를 살펴봅니다. 무릇 케이스에서 판단 결과는 당사자들이 제출한 주장과 논리를 한계로 한다는 점을 독자 여러분께서는 유의해야 합니다. 만약 당사자가 다른 주장을 했더라면 결과가 달라졌을지도 모릅니다. 그러므로 실제 케이스의 유사 판단의 결과는 확고한 정답이라기보다는 경향적이고 참고적으로만 이해하시기 바랍니다.

표 21에 수록된 20건의 사례에서 우리 법원은 비교되는 두 상표가 유사하다고 판단했습니다. 주로 상표의 호칭이나 관념이 유사해서 상품 출처로서 혼동 가능성이 있다고 본 것입니다.

[표 21] 양 상표가 유사하다고 판단한 판례 케이스

상표 1	상표 2	지정상품	판례번호
단티싸게	단티	의류	대법원 2017후1984
자생초	자생	한방의료업	대법원 2015후1690
디베스	DIVES	소파	특허법원 2015허4620
SAVOY	SAVOIE	핸드백	특허법원 2014허9383
Excitex 엑시텍스	AXITEC	건축재료	특허법원 2015허8189
NANDA	난다	NANTA	난타	의류	특허법원 2009허3725
넥숀	NEXEON	컴퓨터 통신업	특허법원 2007허4410
SOUL	Soul Touch	비누	특허법원 2007허1671
KIRA	KIRARA	골프채	특허법원 2011허1616
VOLUMEA	VOLUME	화장품	특허법원 2010허3103
하겐데스	Haagen-Dazs	아이스크림 등	특허법원 2010허1718
TATE	TAT	신발	특허법원 2010허1060
산들애	산들네	곡물	특허법원 2008허13855
참손	참존	김치 등	특허법원 2001허3927
CORSES	CORSET	화장품	대법원 2008후4684
JOVIA	조비어	약제	특허법원 2000허7366
ssaka	SAGA	의류	대법원 2001후614

BOBOLI	BOB LEE	가방	대법원 2000후822
LANGBANG	LANVIN	의류	특허법원 2005허5112
FANCL	판켈	화장품	특허법원2002허62

표 21의 상표들은 대체로 1개의 단어처럼 보이는 상표입니다. 그러나 두 단어를 결합한 상표를 사용할 수도 있습니다. 표 22에 수록된 10건의 사례들은 결합상표에 대한 것이며, 우리 법원은 비교되는 두 상표가 유사하다고 판단했습니다. 시장에서 상표를 만나는 소비자들은 상표를 있는 그대로 전체로서 보지 않는 경우도 있기 때문입니다. 분리해서 약칭하기도 하고 순서를 바꿔보기도 하고 다른 상표와 비교해보기도 하는 습관이 만약 소비자들에게 자연스럽다면, 법원은 그런 자연스러움에 따라 구체적인 판단을 합니다.

[표 22] 결합상표가 유사하다고 판단한 판례 케이스

상표 1	상표 2	지정상품	판례번호
GRAVITYMASTER	GRAVITY (+도형)	귀금속제 기념컵	특허법원 2017허8299
EVERCOCO	COCO	향수 등	특허법원 2017허8121
BOSSART	BOSS	시계	특허법원 2012허7130
WALK DRY	Drywalk (+도형)	신발	특허법원 2008허1395
THEZARA	ZARA	호텔업	특허법원 2017허2109
판다박스	PANDA EXPRESS	레스토랑	특허법원 2017허6286
rookie holic	ROOKIS 루키스 (+도형)	의류	특허법원 2015허314
BLINK LASH CARE	Blinc	화장품	특허법원 2016허267
TRES-TEX	FASHION TRESS	의류	특허법원 2009허3954
배리엔젤 l ValleyAngel	엔젤	악기	특허법원 2014허4005

표 21과 표 22에 수록된 사례만 있다면 상표 유사 판단이 어렵지 않을지도 모르겠습니다. 그러나 실제 실무에서 상표 유사 판단은 **갑론을박의 세계**입니다. 표 23에 수록된 20건의 사례에서 비교되는 상표들은 서로 유사하지 않습니다. 본래 유사하지 않기 때문에 유사하지 않은 것이 아니라, 법원이 서로 제출된 주장과 증거에 의해 유사하지 않다고 판단했기 때문에 유사하지 않은 것입니다. 이 경우 판례는 대체로 상표의 외관, 칭호, 관념을 각각 비교해서 모두 유사하지 않다는 소결론을 도출하고, 그 소결론을 전제로 출처의 오인 혼동이 없다는 결론에 이릅니다.

[표 23] 양 상표가 유사하지 않다고 판단한 판례 케이스

상표 1	상표 2	지정상품	판례번호
몬스터길들이기	MONSTER ENERGY	음료	특허법원 2017허5931 'MONSTER' 부분은 다수 등록되어 있어 식별력이 미약하다
굿닥	GUDOC	광고대행업	특허법원 2017허8176
BOSSERT	BOSS	의류	특허법원 2015허6275
글리아타민	GLIATILIN	약제	대법원 2017후2215
GLIATAMIN	GLIATILIN	약제	대법원 2017후2208
대경	대경인재개발원(+도형)	교육훈련업	특허법원 2017허2031
DTS	DDS	의료기기	특허법원 2014허6469
봉구네	봉구비어	식당업	특허법원 2015허3535
아리파이 l Aripy	아빌리파이 ABILIFY	약제	특허법원 2015허6800
자연속애(+도형)	자연애	곡물 등	특허법원 2009허7505
좋은엄마되기프로젝트	PROJECT	곡물가공식품	특허법원 2009허5257
독야청청	청청	비누	특허법원 2002허7032
cerdin	CARDIN	나이트가운 등	특허법원 2007허5925

JOMA	SOMA	의류	대법원 2005후1875
BSE	BOSE	레코드플레이어	특허법원 2004허4495
ZEUS	ZEISS	광디스크	대법원 2004후2093
NIKEA	Nivea	화장품	특허법원 2002허7841
CELERON	CERON	컴퓨터	대법원 2001후1341
탑신	톱신엠	약제	특허법원 2000허3593
PRAGRAN	PROGRAF	약제	특허법원 2003허168

표 23의 사례와 달리, 표 24에 수록된 15건의 사례에서 상표 1들은 저마다 상표 2와 공통된 부분이 있고 그래서 어딘가 유사한 것처럼 보입니다. 그러나 판례는 전체적으로 비교해 봤을 때 소비자들이 그 정도의 비슷함만으로는 양 상표를 구별하는 데 어려움이 없다고 판단했습니다.

[표 24] 결합상표가 유사하지 않다고 판단한 판례 케이스

상표 1	상표 2	지정상품	판례번호
DRAGONFLY OPTIS	OPTIX	카데타 등	대법원 2016후1109
AQVA AMARA	AMALA	화장품	특허법원 2017허2451
MUDDYFOX	FOX	자전거	특허법원 2017허5368
SM7 NOVA	NOVA 노바	승용차	특허법원 2016허6418
LUNA HAIR	누나헤어 (+도형)	미용실업	특허법원 2016허2423
오빠가 튀긴 닭 (+도형)	오빠닭(+도형)	식당업	특허법원 2015허1638
Cherry Spoon	SPOON	의류 판매대행업	특허법원 2014허2412
ROCKETBOY	Rocket	신발	특허법원 2009허8805
Roro Piana (+도형)	ROLO	의류 도매업	특허법원 2009허5820
톡스앤필	toxnfill MU (+도형)	필톡스Filltox	의료장비임대업	특허법원 2017허8053
ORIGIN	ORIGIN	온라인게임 서비스업	특허법원 2017허3270

OLAY NATURE SCIENCE	NaturalScience	화장품	특허법원 2006허11671
Macronix NBit	ENBIT	컴퓨터	특허법원 2006허8255
옹기장이항아리칼국수	항아리	식당업	특허법원 2006허2578
내림솜씨	솜씨	김치	특허법원 2003허5163

10

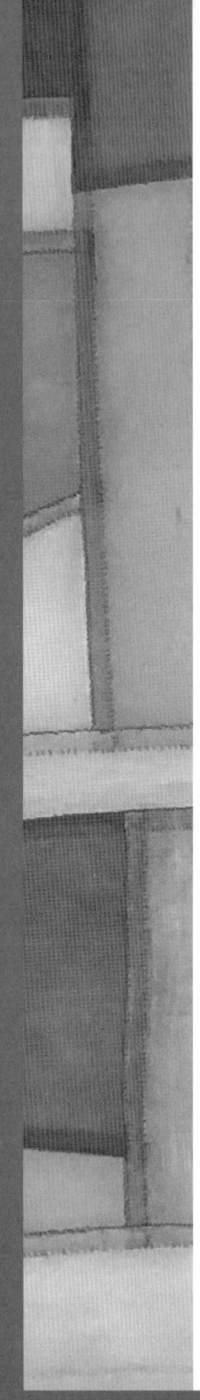

허권,

　　어떤 전략이
　　　　　　필
　　　　　　요
　　　　　　한가?

24강 특허권자의 전략

특허권자는 권리자입니다. 그러므로 자기 권리가 침해당하는 경우 특허권자는 국가에 보호를 요청할 수 있습니다. 독자 여러분은 현대 사법 시스템이 권리자의 **자기 구제**를 배제하고 있음을 유의해야 합니다. 초급 실무자들이 오해하는 것처럼, 특허권자 스스로 자기 권리를 침해한 자(이를 '상대방'이라 약칭합니다)에게 모종의 조치를 취해서는 안 됩니다. 예컨대 상대방의 거래업체에게 특허권 침해를 운운하며 함부로 경고하는 행위는 일종의 자기 구제로서 불법행위로 간주될 수 있습니다. 권리자는 법이 보호해 주는 형식에 맞게 권리를 행사해야 합니다. 그런 형식이 바로 재판이고, 법원에 소를 제기함으로써 권리행사를 하는 것입니다. 대략 세 가지 형식의 재판이 있습니다. 먼저 **형사고소**입니다. 고의로 특허권을 침해한 상대방을 고소하는 방법(7년 이하의 징역 또는 1억 원 이하의 벌금, 특허법 제225조)입니다. 일반적으로 타인의 소유권에 대한 침해는 형사 처벌을 동반합니다. 그 소유 자체가 필연적이고 단정적이며 특별한 사정이 없는 한 영구적으로 지속되기 때문에 '도둑'에 대한 형사 처벌은 사회적 도덕감정에 부합해 보입니다. 그러나 지식재산권은 보통의 소유권과 달리 우연히 발생하기도 하고 제한적이며 소유권의 범위를 단정하기도 어렵습니다. 그러므로 특허침해를 했다고 인신구속을 동반하는 형사적 조치를 한다는 것은 어딘지 이상합니다(사견: 이런 이상한 법률 규정은 과거 일본 특허법을 수입하는 과정에서 생긴 것으로 보이지만, 이제는 법을 개정하여 미국처럼 형사적 구제를 폐지할 필요가 있음). 형사고소는 상대방을 효과적으로 괴롭히는 방법이기는 해도, 고의의 입증이 어려울 뿐더러 협상 가능성을 없애버리는 극단적인 방법이기 때문에 그다지 바람직한 방법은 아닙니다. 둘째, 특허침해금지를 청구하는 소를 관할 법원에 제기하는 방법입니다. 민사재판의 전형입니다. 이를 **본안소송**이라고 합니다. 상대방에게 특별한 행위를 하도록 혹은 하지 않도록 명령하는 법원의 판결을 구하는 소송이며, 손해배상청구를 함께 제기할 수 있습니다. 셋째, **가처분 소송**을 하는 것입니다. 본안소송에서는 확정판결을 얻기까지 시간이 많이 지체되고, 그러는 사이 특허권자의 피해는 누적되며 상대방은 위험을 효과적으로 분산시킬 수 있습니다. 가처분 소송에 대해서는 사례 27을 참고하시기 바랍니다. 특허소송은 가처분 소송이고, 가처분 소송이어야 합니다. 따라서 특허권자의 소송전략은 가처분 소송이 집중돼야 합니다. 법적 조치를 취하기 전에 적용할 법리와 판례, 증거 수집, 주장을 뒷받침할 논리 개발, 상대방의 예상 가능한 시나리오 등을 충분한 수준으로 준비한 다음에 가처분 소송을 제기하는 것입니다. 준비가 다소 부족하더라도 침해한 사실은 맞으니 일단 가처분 소송을 제기한 다음에 상대방의 태도를 보면서 대응하겠다는 나이브한 생각으로는 함부로 권리행사의 의지를 표현해서는 안 됩니다. 한편 재판은 아니지만 재판과 비슷한 효과를 거두는 행정적인 조치들이 있습니다. 특허청 산하 특허심판원을 통해 특허침해에 해당한다는 전문 행정기관의 결정(심결)을 구하는 행정심판이 있고, 무역위원회에 특허침해 제품의 수입 통관을 막아달라는 결정을 구하는 절차를 이용할 수도 있습니다.

특허권자는 권리행사를 하기에 앞서 '우리가 과연 승소할 수 있는가?'를 점검해야 합니다. 법적분쟁은 신중할수록 좋고, 향후 기획대로 일이 진행되지 못하는 상황까지 대비한다는 차원에서 경험지식이 풍부한 외부 전문가의 도움을 받는 것이 필수적이지만, 그런 전문가와의 소통과 내부 전략 수립을 위해서라도 다음과 같은 기본 법리를 알고 있어야 합니다. 다행히 우리는 제9부의 특허문서론을 통해 어느 정도의 지식을 보유하고 있습니다.

첫째, 자신의 특허를 알아야 합니다. 권리자가 자기 권리의 범위를 모르면 어떤 전략도 무용합니다. 특허권은 특허문서의 표현에서 나옵니다. 그러나 특허문서의 표현에 담긴 포괄적인 원리와 추상적인 생각에 의해 특허가 정해지는 것이 아니라, 〈**특허청구범위**청구항〉에 글로 기재된 사항에 의해 특허라는 권리가 정해집니다. 따라서 특허문서의 나머지 부분(발명의 내용이나 도면)에 어떻게 기재되어 있느냐가 중요한 게 아니라 특허청구범위에 어떻게 글로 표현되어 있느냐를 살펴보면서 자기 권리의 범위를 획정합니다.

둘째, 특허침해판단의 법리 중에서 **필수구성 포함의 원리**를 이해합니다. 특허청구범위에는 여러 가지 사항에 기재됩니다. 특허청구범위에 A 사항, B 사항, C사항이 기재되어 있는 경우를 생각해 볼 수 있습니다. 사례 52를 통해 이해해 보겠습니다.

사례 52
특허권자 **성춘향**은 결제단말기 X에 대한 특허를 보유하고 있다. 성춘향의 특허 청구항에는 <A+B+C를 포함하는 결제단말기 X>라고 기재되어 있다. **홍길동**은

A+B+C+D를 포함하는 결제단말기 Y를 팔고 있다. **임꺽정**은 A+B를 포함하는 결제단말기 Z를 시판하고 있다. **장길산**은 A+B'+C를 포함하는 결제단말기 Q를 제조하고 있다. 성춘향은 이들에게 특허권을 행사할 때 과연 승소할 수 있을까?

홍길동은 특허침해에 해당합니다. 비록 D가 추가되어 있지만, 특허권의 A, B, C 사항을 **모두 포함**하고 있기 때문입니다. 임꺽정의 제품은 특허침해를 벗어납니다. 임꺽정의 결제단말기 Z에는 성춘향 특허권의 C 사항이 없기 때문입니다. 나라마다 법리가 상이합니다만, 우리나라에서는 미국의 법리를 수용하여 청구항에 기재된 구성을 모두 포함해야만 그 제품이 특허침해를 구성할 수 있습니다. 장길산의 제품은 신중해야 합니다. 비록 B에서 B'로 교체되어 있지만, 이런 교체를 생각해 내는 것이 어렵지 않고 거의 동등한 수준의 효과가 나오는 것이라면 특허침해에 해당할 수 있습니다. 만약 그런 교체가 예상 밖이고 쉽게 생각할 수 없다거나 또는 성춘향이 특허를 받는 과정에서 B'를 제외한 의사가 있었더라면 장길산의 결제단말기는 성춘향의 결제단말기 특허를 침해하지 않게 됩니다. **균등론**이라는 법리가 나옵니다. B와 B'의 교체가 균등한 범위 내에 있다면 특허침해요, 균등한 범위가 아니라면 특허침해가 아니게 되는 법리인데, 실제 이런 법리의 적용 여부는 특허를 받는 과정 전체를 살펴보면서 특허문서를 확인해야 하기 때문에 항상 전문가와 협의해야 합니다.

셋째, 법의 일반원리로서 **금반언의 원리**. 법은 모순된 행동에 대한 보호를 거부합니다. 심사를 받는 과정에서 혹은 여타의 다른 사정에 의해 특허권자가 특허를 받기 위해 B'를 의도적으로 제외했음이 확인됐다면, 특허를 받은 이후에 특허권을 행사하면서 B'도 자기 특허에 포함된다고 주장할 수는 없다는 것입니다. 만약 이런 일이 있었다면, 사례 52에서 장길산의 제품은 특허침해에서 자유로워집니다. 따라서 특허권자는 권리 행사를 하기 전에 자신의 특허가 탄생되기까지의 일련의 과정을 모두 점검할 줄 알아야 합니다.

넷째, **공지기술의 제외**. 특허는 새로운 생각을 표현한 것에 대한 권리입니다. 즉, 신규한 발명에 대한 권리가 특허입니다. 만약 해당 특허가 특허출원일 이전에 이미 공지된 기술과 **동일하다면** 퍼블릭 도메인이 되었어야 할 생각이 누군가에게 독점된 것이고, 이는 매우 중대하고 명백한 무효 사유가 됩니다. 이러한 특허는 당연무효인 권리여서 특허권자는 권리행사를 할 수 없습니다. 만약 해당 특허가 특허출원일 이전에 이미 공지된 기술과 **유사하다면** 상대방은 '진보성'이 없다고 하여 특허 무효심판을 청구할 수 있습니다. 이 경우 특허침해냐 아니냐의 쟁점이 이 특허가 무효냐 아니냐의 쟁점으로 바뀔 수 있고, 이런 쟁점의 변화가 자칫 일을 그르칠 수 있음을 유의해야 합니다. 그런데 문제는 특허권자가 사전에 선행문헌들을 조사해서 그 가능성을 어느 정도 가늠해 볼 수는 있어도 완벽하게 예측할 수는 없다는 점입니다. 무릇 상대방이 있는 싸움에서는 공방을 주고받을 수밖에 없고, 이것이 특허권 행사의 피곤함이라는 것을 특허권자는 인식하고 있어야 합니다.

다섯째, **자유기술의 항변**. 특허권이 신청된 날(특허출원일) 이전에 공개된 기술로부터 당업자가 쉽게 생각해 내는 기술을 사용한다면, 해당 특허와는 관련이 없이, 자유 기술을 사용하는 것이므로 특허침해에 해당하지 않습니다. 이론적으로 볼 때 자유기술의 항변은 상대방에게 매우 유리한 법리입니다. 하지만 상대방이 자유롭게 휘두를 수 있는 전가의 보도는 아닙니다. 실제 케이스에서 다른 주장이나 증거를 제시하지 못한 채 자유기술의 항변만 한다면 재판부를 설득하기 어렵습니다. 특허침해를 주장하는 원고의 주장보다 피고의 일반론적인 주장을 경청할 이유가 적기 때문입니다. 이 재판은 특허침해 여부를 심리하고 판단하는 재판이지, 상대방의 제품이 퍼블릭 도메인에서 쉽게 만들 수 있는지 여부를 심리하고 판단하는 재판이 아님을 유의해야 합니다. 그러므로 자유기술의 항변이 있는 경우에는 특허권을 무효심판을 통해 공격할 수 있을 정도의 주장과 증거가 병행돼야 합니다.

어쨌든 특허권자는 위와 같은 원리를 잘 알고 있어야 제대로 된 전략을 수립할 수 있습니다. 그러나 지금까지의 설명은 당면한 특허침해를 둘러싼 특허권자의 미시적인 전략에 관한 것입니다. 당면한 특허침해가 아니라 시장의 큰 흐름에서 특허를 이용하여 경쟁자를 견제하고 자신의 경쟁력을 높여가는 **거시적인 전략**을 우리가 생각해 볼 수도 있습니다. 한때 넓은 특허범위의 특허권이 찬미된 적이 있었습니다. 회피할 수 없는 특허범위의 특허야말로 특허제도의 승자로서 그런 특허를 취득하는 것이 필연적인 좌표로 인식되기도 했습니다. 그러나 그럴

싼한 이런 독단론은 환상에 불과합니다. 우선 특허는 심사를 통과해야 하기 때문에 특허범위를 무한정 늘릴 수 없습니다. 또한 특허범위가 넓으면 무효 공격에 취약해짐에도 특허권자로 하여금 그런 취약성을 간과하게 만드는 착시현상을 일으킵니다. 이런 문제점을 알고 있는 실무자들은 특허범위를 복잡하고 모호한 언어로 표현하고 특허문서 자체를 난해하게 치장함으로써 권리를 은폐합니다. 그러면 나중에 그 특허권의 경계를 해석함에 있어 서로 다른 견해들이 충돌하게 마련입니다. 이런 모든 것이 불필요한 분쟁의 원인이 됩니다. 오늘날 특허제도는 기업이 시장을 독점하기 위해 존재하는 제도로 인식되기는 어렵습니다. 그러기에는 특허가 너무 많습니다. 실증적인 관점에서 보면 특허가 아무리 많은 기업도 시장에서 실패하면 몰락을 피할 수 없고, 특허가 적은 기업이라 해도 시장에서 혁신적인 제품을 내놓음으로써 커다란 성공을 거둘 수 있습니다. 시장에서의 성공은 매력적인 상품 때문이지 특허 덕분이 아닙니다. 이런 관점에서 거시적인 특허전략을 재구성할 수 있습니다. 함부로 타인의 특허권을 침해하면 치명적인 위험에 빠질 수 있기 때문에 시장 주체들은 경쟁사의 특허권을 무시하지는 못합니다. 그래서 경쟁자의 특허가 존재한다면 **회피설계**를 하게 마련입니다. 특허권자가 무작정 넓은 특허범위로 특허권을 취득하려고 노력하기보다는 자신의 제품을 보호할 수 있는 수준의 적정한 특허범위로 권리를 취득함과 동시에, **회피설계 도피처**를 상정하여 경쟁자로 하여금 그 도피처로 회피설계하도록 유도하는 전략이 바람직합니다. 물론 그 도피처는 특허권자의 제품보다 경쟁력이 떨어지는 제품을 만드는 영역이어야 합니다. 그다음 특허범위를 명백하고 자명한 언어로 표현합니다. 특허에 대해 조금이라도 지식이 있는 자라면 누구라도 쉽게 그 특허범위를 판단할 수 있다면, 경쟁자로 하여금 열등한 회피설계로 유도하는 데 유리하며, 해석을 둘러싼 쓸데없는 분쟁을 예방할 수 있고, 침해 시 법원이 가처분 결정을 내리는 데 보탬이 되며, 결과적으로 협상으로 일을 해결하는 데에도 유리합니다.

25강 상대방의 전략

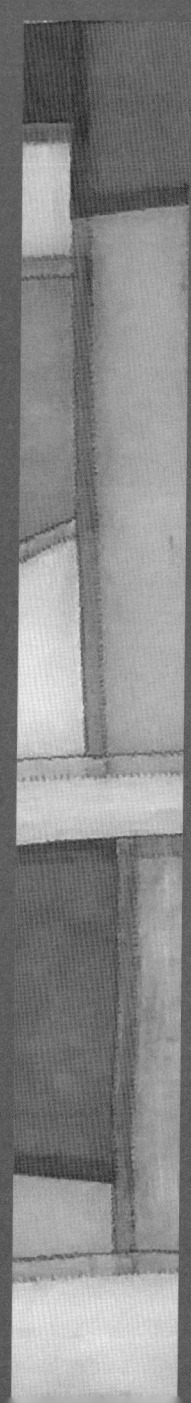

사건에서 특허침해의 상대방은 불리한 지위에 있습니다. 이 불리한 지위를 제대로 타개하지 못하면 시장활동을 봉쇄당할 위험에 직면하기 때문에 상대방은 당면한 사건에서 특허권자보다 더 많은 생각을 하고 더 큰 역량을 사용하면서 대응해야 합니다. 특허권자의 주장을 탄핵하기 위해 특허권을 정확하고 풍성하게 분석해야 하는데, 이는 지난 24강의 법리에서 설명하였습니다. 특허권자에게 적용되는 법리는 상대방에게도 마찬가지이기 때문에 동일한 법리 중에서 자기에게 유리한 법리를 선택하여 특허권의 약점을 찾게 됩니다. 그런 다음 방어 무기를 찾아 대응합니다.

특허권자는 제소하기 전에 특허침해를 경고하는 서면을 상대방에게 보냅니다. 이에 관한 실무는 26강에서 다시 한 번 다룹니다. 이성보다 감정을 앞세우는 사람들이 있고, 권리자는 공격적이고 거친 표현으로 경고해도 된다고 생각하는 사람들이 있기 때문에, 기분 나쁜 서면을 받아볼 수도 있습니다. 그래서 상대방도 특허권자에 맞서 유사한 표현으로 답변하는 경우가 있는데 전혀 바람직하지 않습니다. 특허권자가 어떤 언어로 자신의 생각을 표현하든 상대방은 자신이 불리한 지위에 있음을 잊지 말아야 합니다. 그러므로 상대방은 처음부터 **사건을 통제할 수 있도록** 노력해야 합니다. 감정적인 표현을 버리고 이성적인 언어를 사용하며, 함부로 과장하기보다는 차라리 침묵하여 언어의 낭비를 줄이는 게 좋습니다. 단순한 해명만으로 사건을 해결할 수도 있으므로 그런 게 있다면 그걸 표현해야 합니다. 이 단계에서 상대방은 특허권자를 공격하지 않습니다. 자명한 약점을 발견했다면 그걸 환기시켜 주는 것으로 충분합니다. 특허권자 중에는 경고하기만 하고 실제로는 제소하지 않는 경우도 있고, 소송이 특허권자에게 항상 유리한 것은 아니기 때문에(상대방에게도 거의 대부분 특허소송은 유리하지 않습니다), 자기에게 불리한 진술을 함부로 표현하지 않으면서도 소송으로 비화되지 않도록 **답변서**를 작성하는 것이 바람직합니다.

특허권을 면밀히 분석한 결과 도저히 특허침해 판단을 피할 수 없다면, 즉 패소할 것이 확실하다면 두 가지 방법 외에는 없습니다. 첫째, **협상**입니다. 아직 협상 문화가 우리나라에 제대로 정착하지는 않은 것처럼 보이지만, 사건의 중간 지대에 있는 대리인들이 좀 더 전향적이고 적극적인 자세를 갖는다면 충분히 가능합니다. 둘째, 조속히 출구전략을 실행하여 **소의 이익**을 줄이는 것입니다. 이른바 침해제품은 적절히 설계를 변경해야 하며, 재빠르게 재고를 소진하면서 특허권자가 굳이 가처분 신청을 할 필요와 이익을 느끼지 못하도록 만들어야 합니다.

법리가 상대방에게 유리할 수도 있습니다. 혹은 유불리가 애매하여 판단의 중립 지대에 사건이 위치할 수도 있습니다. 그럼에도 사건이 필연적으로 진행될 수밖에 없다면, 상대방은 경험지식이 풍부한 외부 전문가와 협업하여 적극적인 조치를 취하게 되지만, 특허권의 약점을 분명하게 드러내는 증거를 수집하고, 그 증거가 어떤 의미를 갖는지 재판부가 이해하고 판단할 수 있는 가장 **자명한 언어로** 표현해 둬야 합니다. 무효 증거가 있다면 특허심판원에 특허무효심판을 청구합니다.

무효심판을 청구했다는 사실이 중요한 게 아니라 실제로 무효를 시키겠다는 거센 공격이어야 합니다. 그래야만 특허권자가 자기 특허를 방어하기 위해 **권리행사에 불리한 진술**을 하게 됩니다. 상대방을 향한 특허권자의 공격과 상대방으로부터의 반격에 대한 특허권자의 방어에 모순을 만들고, 그 모순이 일으킨 빈틈으로 사건을 이끌어가면 상대방은 사건을 통제할 수 있습니다. 이런 모순을 만들기 위해 상대방은 자신의 제품이 특허권의 보호범위에 속하지 않음에 대한 공적인 확인을 구하는 권리범위확인심판을 특허심판원에 청구할 수도 있습니다. 특허권자가 가처분 소송을 제기한 경우, 상대방은 무효심판을 청구했다는 사실만으로 이 가처분 소송에 대응할 수 없음에 유의해야 합니다. 무효심판에서 자신이 제출한 주장과 증거를 가처분 소송에서 다시 제출해야 하며, 그 경우 더욱 자명한 언어로 맞서야 합니다. 만약 가처분 소송에서 패소한다면, 특허권자는 아주 만족적으로 이 사건을 이기게 되기 때문입니다. 침해로 판단돼서 '지금' 시장에서 제품을 판매하지 못한다면, 몇 년 걸려 설사 사건의 결과를 뒤집는다 해도 상대방은 시장을 이전 수준으로 회복하기 어렵습니다.

위와 같은 내용이 특허침해에 맞선 상대방이 할 수 있는 일의 대강입니다. 다시 한 번 강조하지만, 특허침해 사건에서 상대방은 불리한 지위에 있습니다. 그러므로 사건이 발생하기 전에 사전에 경쟁자의 위험한 특허를 찾아내어 분석해 두는 것이 필요합니다. 21강에서 설명한 것처럼, 특별한 사정이 없는 한, 모든 특허문서는 공개되고, 그러므로 검색으로 찾아낼 수 있습니다. 관심만 있다면 경쟁자의 특허를 사전에 분석할 수 있습니다. 위험한 특허를 분석해서 위험하지 않은 제품을 설계하는 행동을 일컬어 **회피설계**라 합니다. 단순히 특허를 회피하기 위한 설계여서는 안 됩니다. 신제품을 시장에 출시하려는 목적을 헷갈리면 안 됩니다. 잘 분석한 결과 특허침해는 해당하지 않은 제품이 됐지만, 시장에서 소구력이 없는 제품으로 변질됐다면, 이런 회피설계에 무슨 의미가 있겠습니까?

26강 싸우지 않고 해결하기

권리 침해 문제가 발생하면 재판을 통해 해결합니다. 이것이 현대 사회의 상식이자 교양입니다. 자력구제는 불법행위입니다. 그러나 〈재판을 통해 해결〉이라는 관념에서 어떤 단어에 더 큰 가중치를 두느냐에 따라 상식과 교양이 달라집니다. 만약 '**재판**'에 가중치를 둔다면 별 수 없습니다. 소송을 준비해야 합니다. 그러나 '**해결**'에 더 큰 관심을 **둔다면** 재판이 아닌 다른 길을 선택할 수 있습니다. 이 두 가지 갈림길에서 재판을 선택한다면 돈을 준비해야 합니다. 변호사 시장에서 신뢰할 수 있고 능력있는 변호사를 선임해야 합니다. 그러나 변호사 수임비용만 준비하면 될까요? 그렇지 않습니다. 준비하고 고려해야 할 것이 많습니다.

소송은 당사자의 공방으로 진행됩니다. 우리만 열심히 싸우는 것이 아니라, **상대방도 정성껏 싸웁니다.** 그러므로 이 분쟁은 자연스럽게 번집니다. 침해를 했느냐는 재판에 그 권리가 유효하느냐라는 쟁송이 더해질 수 있습니다. 권리 X에 대한 분쟁이 권리 Y에 대한 분쟁으로 번질 수도 있습니다. 재판은 3심까지 있습니다. 그러므로 심급재판까지 고려해야 합니다. 슬기로운 사람은 전체 소송비용이 처음 변호사 수임비용의 몇 배에 이를 수 있다는 점까지 생각합니다. 승소해서 얻는 배상금으로 소송비용을 메울 수 있다고 기대하는 사람들이 있기도 하지만, 실제로 손해배상금이 재판에 소요된 비용을 상회하는 경우는 많지 않습니다. 근래 특허침해 손해배상액을 산정할 때 손해액의 3배에 이르는 금액까지 산정되도록 하는 징벌적 손해배상제도가 특허법에 도입되기는 했지만, 손해액 산정에 대한 우리나라 법원의 일관되게 소극적인 문화를 바꿀 수 있을지는 의문입니다. 한편 소송은, **법무조직이 완비된 대기업이 아니라면**, 인력을 낭비합니다. 설령 변호사를 선임해서 소송을 하더라도 기업은 선임한 변호사와 긴밀히 소통해야 하는데, 멍청한 사람에게 소송을 맡기기보다는 명철한 사람에게 분쟁을 맡기게 마련입니다. 그런데 그이는 조직 내에서 맡고 있는 다른 업무가 있습니다. 의도하지 않게 다른 노동과 책임이 추가된 것이지만, 그렇다고 추가된 노동과 책임에 대한 대가는 없습니다. 재판은 시간의 함수입니다. 소송이 끝날 때까지 적지 않은 시간이 걸립니다. 그러다가 담당자가 퇴사하는 일이 발생하거나 담당자가 교체되는 경우가 생기고, 그러다 보면 "어째서 이 소송을 하고 있는 거지?", "소송의 쟁점이 뭐였지?"라는 의문이 생깁니다. 재판만 시간의 함수가 아닙니다. **지식재산 자체가 시간의 함수**입니다. 분야마다 다르지만, 시장도 동적으로 변합니다. 한때 소비자들이 열광했던 제품도 시간이 흘러 관심사 바깥으로 잊히곤 합니다. 그 결과 과거 중요하게 여겨졌던 지식재산 자체가 이제 와 그다지 중요하지 않은 지식재산으로 변모해 버렸을 수도 있습니다. 그러므로 이런 사항까지 통찰한 다음에, 앞서 언급한 두 가지 갈림길에서 어느 쪽으로 갈 것인지를 선택해야 합니다.

문제를 해결하는 해결책으로는 복잡한 방법보다는 단순한 솔루션이 좋습니다. 비용이 많이 드는 방법보다는 저렴한 해결책이 좋습니다. 시간이 많이 소요되는 길보다는 빠르게 사태를 해결하는 아이디어가 바람직합니다. 이런 생각까지 이르고 보니, 〈권리 침해 문제가 발생하면 재판을 통해 해결한다〉는 명제는 건전한 명제가 아니었습니다. 상황에 따라 올바른 처세법에 불과합니다. 실정법만이 법률이라고 생각하는 착오와 비슷한 오류입니다.

그러므로 〈재판을 통해 해결〉이라는 관념에서 '재판'이 아닌 '해결'에 가중치를 두기로 합니다. 그러면 싸우지 않고 문제를 해결하는 방법을 생각하게 됩니다. **대화**입니다. 당사자가 직접 만나서 대화할 필요까지는 없습니다. 일단 문서로 대화합니다. 또한 '의사표현의 대리'를 통해 대화합니다. 실무적으로는 〈내용증명 문서〉로 사건을 해결합니다. 이때 주의할 것은, '경고'가 아니라 '대화'라는 점입니다. 협박조로 작성된 경고장을 남발하면 불법행위에 해당합니다. 전문가에게 사건을 의뢰하되, 가급적 간단하고 쉽게 끝내도록 요청해야 합니다. 전문가는 소송을 통해 큰 수익을 얻고자 욕망하기 때문에, 아직까지는 내용증명 문서로 상대방을 잘 설득해서 사건을 원만히 해결하기보다는 상대방을 자극해서 분쟁을 일으키는 경향이 있습니다. 하지만 의뢰인의 의사가 명백하고, 전문가가 능력이 뛰어나다면 가능한 솔루션입니다.

분쟁의 사전 단계에서 사건을 해결하는 방법의 개요는 이러합니다. 분쟁은 사람들이 하는 일입니다. 사람들은 누구나 감정과 이성이 있습니다. **상대방의 감정을 자극하지 않고 이성에 호소합니다.** 합리적인 이성을 통해 분쟁 상대방의 감정을 오히려 긍정적으로 견인합니다. 상대방은 바보가 아닙니다. 감정이 배제되는 상황만 조성되면 상대방은 유불리를 냉정하게 계산하게 됩니다. 그러면 재판까지 가지 않고도 사건을 해결할 수 있습니다. 재판까지 가서 문제를 해결하는 방법의 단점을 상대방도 생각할 수 있기 때문입니다.

형식은 문서입니다. 문서에 당사자의 '생각'을 '표현'합니다. 이 문서에 표현되는 생각은, 상대방의 불법행위를 고발한다는 생각이 아닙니다. 〈사건을 해결하고 싶다는 생각〉입니다. 그리고 그 생각을 두세 쪽 분량의 문서로 표현하면 됩니다. 섬세한 언어를 사용하되 전략적이며 심리적으로 표현해야 합니다. 지식재산 침해에 관련된 사실을 담되 사실에 감정을 섞지 않습니다. 함부로 침해를 단정해서 협박한다면 그런 문서를 보내는 행위 자체가 불법행위에 해당함을 유념하십시오.[13] 문서의 독자는 당사자만이 아닌 제3자도 포함됩니다. 그 제3자는 아직 베일 속에 있습니다. 재판관일 수도 있고, 업계의 큰손일 수도 있으며, 언론일 수도 있고, 상대방 또는 우리의 거래처일 수도 있습니다. 그런 제3자가 이 문서를 읽는다면, 적어도 우리 생각을 이해할 수 있을 정도의 표현이어야 합니다. 그 제3자로 하여금 우리에게 공감하도록 심리적 편향을 만드는 표현이라면 더욱 좋습니다. 따라서 사건의 개요는 매우 쉽게 파악될 수 있어야 하며, 논리적이고 선명해야 합니다. 문서에 요구가 담길 수도 있습니다. 이 문서는 사건을 해결하려는 목표를 달성해야 하므로, 특별한 사정이 있지 않는 한, 요구가 담기는 것이 자연스럽기도 합니다. 이때 상대방의 역량과 상황을 초월하는 요구는 그 자체가 감정을 자극하는 것임을 유의하십시오. 상대방의 입장에서 요

---

[13] 대전지법 2009. 12. 4. 선고 2008 가합 7844 판결, 서울중앙지방법원 2015. 5. 1. 선고 2014 가합 55194 판결, 특허법원 2021. 9. 14. 선고 2020나2004 판결.

구를 검열하면 되기 때문에 요구의 수준을 정하는 일은 그다지 어렵지 않습니다.

문서의 구성은 다음과 같습니다.

- 제목
- 당사자 표시
- 시작 인사말
- 상황
- 요구
- 종결 인사말.

제목

적절한 제목을 사용합니다. 옛날에는 '특허침해경고장'이라는 단정적이고 공격적인 표현을 썼습니다. 오늘날 정서에는 적합하지는 않은 것 같습니다. '특허침해에 관련한 협조 공문'이라는 순화된 표현이 좋고, 간단하게 '협조문'도 좋으며, '특허이슈에 관해 확인을 구합니다'라는 문장 형식의 제목도 좋습니다.

당사자 표시

문서를 작성한 당사자를 표시합니다. 이름, 연락처, 주소를 적습니다. 대리인이 작성했다면 대리인의 이름을 적습니다.

시작 인사말

인사를 싫어하는 사람이 없습니다. 인사 표현 때문에 사실관계와 법리가 바뀌지 않으므로 얼마든지 상대방이 듣기 좋게 인사해도 좋습니다. 옛날에는 "귀사의 일익 번창을 기원합니다." 같은 식으로 표현했는데, 일본에서 유래된 이런 문장은 감정이 전혀 들어가 있지 않기 때문에, 불리하지도 않지만 유리하지도 않습니다. 기왕이면 계절 인사를 하거나 상대방을 축복하거나 또는 당시의 시장 상황을 적절하게 활용해서 인사하면 됩니다. "화창한 봄날 같은 발전을 기원합니다.", "오랫동안 인류를 괴롭혔던 코로나 대유행의 위기가 이제 저물고 있습니다. 큰 피해를 입지는 않으셨는지요?", "무더운 여름도 끝나 어느덧 가을 하늘이 청명합니다. 하시는 일마다 올바르면서 큰 성과가 있기를 기원합니다." 등으로 인사말을 작성합니다.

상황

문서의 핵심 부분입니다. 법적인 기능만을 고려하자면 한두 문장으로 적으면 그만입니다. 권리를 표시하고, 사실관계에 대한 진술만으로 족합니다. 예를 들어, "저희는 특허 제1234567호를 보유한 정당한 특허권자인데, 귀사의 OOO 제품이 우리 특허를 침해하는 것 같습니다."라는 문장이면 충분합니다. '침해한다'라는 단정적인 표현보다는 '침해하는 것 같다'라는 유보적 표현이 좋습니다. 그런데 **우리의 목표는 사건을 해결하는 것**입니다. 따라서 권리침해를 주장하든 혹은 권리침해에 대항하든, 상대방이 우리의 사정과 상황을 납득할 수 있도록 조금 더 구체적으로 상황을 작성합니다. 상대방을 공격하기 위함이 아니라 상대방이 문서 작성자를 납득하도록 하기 위한 수사법을 사용합니다.

요구

요구가 없어도 괜찮습니다. 그러나 대체로 요구를 하게 되는데, 권리침해에 관련해서는 상대방의 입장으로 봤을 때 그 요구가 과연 합당한지를 검토해야 합니다. 대부분의 불법행위는 과다한 요구를 함으로써 발생합니다. 예를 들어, 즉시 판매를 중단하라, 침해 제품을 소각하고 그 사진을 보내라, 현재까지 침해 제품의 판매량과 재고량을 알려 달라, 다시는 침해하지 않겠다는 각서를 써라, 등등의 과다한 요구 표현이 실제 실무에 많이 사용되어 왔습니다. 이런 주장은 재판 절차에서 해야 합니다. 그렇지 않고 당사자 사이의 문서에서 하면 사법체계가 금지하는 자력구제에 해당하므로 불법행위입니다. 당연하게도 상대방의 감정은 크게 훼손될 수밖에 없고 사건은 간단하게 해결될 수 없습니다. **상대방의 역량과 상황을 고려하여** 적정한 요구만 표현하는 것이 좋습니다. 상황에 따라 상대방의 답변만을 요구해도 좋습니다.

종결 인사말

적당한 인사말로 종결합니다. 권리침해를 주장하는 경우와, 권리침해에 대항하는 경우의 인사말이 다를 수 있습니다.

사례 53

특허권자 **홍길동**은 욕실이나 주방에서 사용하는 <탈부착형 홀더>에 대한 특허 1234567호를 취득했다. **장길산**은 홍길동의 특허와 유사한 제품을 제조하여 여러 판매처를 통해 판매하고 있었다. 장길산 제품의 판매처 중에는 홈쇼핑방송 등의 플랫폼을 운영하고 있는 (주)**임꺽정**이 있었다. 홍길동은 <특허권 침해중지 요구에 관한 건>이라는 제목의 내용증명문서를 (주)임꺽정에게 보내면서, "따라서 선등록된 특허를 무단으로 실시하는 행위(침해행위)가 계속 된다면 특허법 제126조 내지 제128조와 동법 제131조 및 제132조의 규정에 의해 특허권을 침해하는 행위가 될 것이므로 귀사는 본인으로부터 특허법 제225조에 의해 침해죄가 성립되어 5년 이하의 징역 또는 5천만 원 이하의 벌금에 처하게 되며 민법 제750조 규정에 의해 고의 또는 과실로 인한 위법행위로 타인에게 손해를 가한 자는 그 손해를 배상할 책임이 있어 형사적 처벌은 물론이고 민사상의 책임을 면할 수 없게 될 것입니다.", "이에 본인의 귀사의 특허권 침해행위에 대하여 위 관계법규에 의거, 즉각 민형사상의 책임을 추궁하는 법적조치를 취할 수 있으나, 이러한 법적절차를 취하기에 앞서 다음과 같은 사항의 이행을 요구하오니, 본 서신을 접수하는 즉시 다음 사항을 성실히 이해하여 주시기 바랍니다. ① 이 건 발명과 동일, 유사한 제품의 판매 행위를 즉각 중지하시고 기판매된 제품 및 유통 중인 제품의 전량을 회수하여 주시기 바랍니다. ② 향후 이 건 특허와 동일 또는 유사한 제품에 대하여 판매를 하지 않겠다는 서면 각서를 2022. 6. 30.까지 보내주시기 바랍니다. ③ 위 요구사항의 이행결과에 대한 보고 각서를 상기 기간 내에 본인에 송달하여 주시고, 동종업계에 종사하는 입장에서 상호간 협조하여 불미스러운 사태가 발생되지 않기를 바라오며 귀사의 현명한 판단을 기대하는 바입니다." 이런 문서를 받은 (주)임꺽정은 변리사 정우성에게 사건을 의뢰하여 대응하기로 한다.

사건을 맡은 변리사는 문서 작업에 착수하기 전에 분석을 합니다. 홍길동의 특허를 분석함은 물론이고, 장길산이 제출한 문서도 분석합니다. 직접 장길산 제품의 샘플을 입수하여 특허와 비교하는 것도 좋은 방법입니다. 그런 다음 (주)임꺽정을 위해서는 회사가 중요하게 여기는 준법경영 문화에 부합하도록 대응방안을 수립합니다. 독자 여러분께서는 위법한 행위를 하지 않는 것으로 수동적으로만 준법 경영을 이해해서는 안 됩니다. 때때로 법의 정신에 맞게 적극적으로 행위할 때도 있고, 회사를 상대로 한 위법부당한 주장에 대해서는 법의 규정에 맞게 대응하는 것도 준법경영 정신에 포함될 수 있습니다. 사례 53에서 홍길동의 주장과 그 주장을 하는 방식은 우리 법원이 불법행위로 보는 전형을 보여줍니다. 하지만 법리적인 분석 다음에는 심리적인 분석이 따라야 합니다. 사례 53에 대응하여 변리사가 작성한 답변서는 다음과 같습니다. 권리자로서 기세등등한 홍길동의 감정을 해치지 않되, 임꺽정의 선량함을 해명하면서 공격의 방향은 임꺽정이 아닌 장길산으로 향하도록 합니다. 그러면 대체로 법적 분쟁으로 비화하지는 않습니다.

답변서

수신인: (주)홍길동(대표이사 홍길동)
         경기도 성남시 분당구 경기 1 길 3

발신인: 변리사 정우성
         특허법인 임앤정(02-568-9127)
         서울시 종로구 율곡로 2 길 7 서머셋팰리스 303 호

         (주)임꺽정을 대리하여
         (서울시 강남구 역삼동 서울 1 길 34 꺽정빌딩 10 층)

판단하기 어려운 사정이 있습니다

1. 더위와 습기가 사람들의 기분을 해치는 한여름입니다. 귀사의 안녕과 귀사 임직원 일동의 건강을 기원하면서, 지난 2022. 5. 15.자 '특허권 침해중지 요구에 관한 건'이라는 제목의 문서에 답을 드립니다. 이하에서 '저희'라는 표현은 위임인인 (주)임꺽정을 지칭합니다.

2. 귀사가 저희에게 보내주신 공문은 경청하는 마음으로 자세히 살펴봤습니다. 귀사의 대표이사께서는 2021. 5. 6.에 특허출원하고 우선심사를 거쳐 2021. 10. 7.에 특허등록된 특허 제 10-1234567 호 〈탈부착형 홀더〉의 정당한 권리자라는 사실을 확인하였으며, 심사과정에서 특허청 심사관이 지적한 의견제출통지서와 특허권자가 제출한 서면, 그리고 특허공보까지 모두 살펴보았습니다. 귀사 주장의 취지는 잘 이해했습니다만, 귀사가 주장하시는 법적인 관점과 저희가 규범으로 아는 법이 아래와 같이 상이하므로 그 차이점에 관해 귀사의 넓은 이해를 먼저 구하고자 합니다.

3. 귀사도 잘 아시다시피 플랫폼 운영자로서 저희는 많은 협력업체와 관계를 맺고 있으며, 그 관계를 준법정신으로 유지하고 있습니다. 그런데 특허 등 지식재산법 관련 침해 이슈가 종종 발생하고, 그때마다 누구의 주장이 맞는지 판단하기 어려울 때가 생깁니다. 침해 주장이 있다는 사실만으로는 '주장을 당한' 협력업체의 제품을 중단하기 어렵습니다. 저희는 좀더 실체적인 내용을 파악하기 위해 노력해야 하는 입장이라는 점을 감안해 주시기 바랍니다. **이와 관련해서 우리 법원은** 지식재산권에 대한 침해 이슈가 있는 경우, 당사자끼리 법이 정한 사법적 구제절차에서 다투지 않고 당사자의 거래업체(이 사건에서는 저희를 지칭합니다)를 상대로 특허침해의 경고를 하는 행위를 정당한 권리행사를 벗어난 불법행위로 판결했습니다(특허법원 2018. 10. 26. 선고 2017 나 2424 판결, 대전지방법원 2008 가합 7844 판결, 서울중앙지방법원 2014 가합 551954 판결, 서울고등법원 2016 나 2060356 판결 등). 준법경영이 중요한 시대에 살아가는 저희로서는 이런 판례의 가르침을 어기기 어렵다는 점도 혜량해 주시기 바랍니다.

4. 우리 법원이 상대방의 거래업체를 상대로 침해경고를 하는 것을 불법행위라고 일관되게 판시했다고 해서, 귀사의 주장을 저희가 경시하지는 않습니다. 앞서 말씀드린 바와 같이 귀사의 주장을 경청한 만큼 이번에는 당사자의 해명을 저희가 듣지 않을 수 없어 (주)장길산의 의견을 요청하니, (주)장길산은 특허법인 한국에서 분석하고 작성한 감정서를 저희에게 보내왔습니다. 특허침해에 해당하지 않는다는 결론을 내린 그 감정서에 적힌 주장과 근거와 증거들을 살펴본 결과, 상당히 합리적이었습니다. 그 서면에는 귀사의 출원일 이전에 공개된 증거 자료가 첨부되어 있었고, 그 제품과 귀사 특허가 실질적으로 같아서 결국 '무효인 권리'라는 것이며, 장길산 제품은 귀사의 출원일 이전에 공개된 제품과 유사해서 누구나 사용할

수 있는 '자유기술'에 해당한다는 유명한 법리가 적혀 있었습니다. 당사자끼리, 즉 귀사와 (주)장길산 사이에 특허권을 둘러싼 법적인 분쟁이 아직 발생하지 않은 상태이므로, 분쟁의 당사자이신 귀사에게 상대방 당사자인 (주)장길산으로부터 입수한 정보를 드리지 못하는 점 양해해 주시기 바랍니다.

5. 당사자 한쪽의 주장을 경청했고 그 주장에 타당한 점이 있으나, 다른 쪽의 주장을 들어 보니 그쪽의 주장도 역시 타당한, 이런 이율배반의 상황에서는 귀사의 주장만으로 귀사가 원하는 조치를 취하기 어렵습니다. 다만, 법원의 판결이 아니더라도 **특허심판원의 심결 등본을 제시해 주신다면 저희가 그걸 믿고 신속히 조치를 취하겠습니다.** 현재로서는 분쟁보다는 당사자 사이에서 협의와 조정을 해 보심이 어떨까 합니다.

위와 같이 저희의 답변을 드립니다.
혹시 궁금하신 사항이 있거나 의견이 있으시면 아래의 변리사에게 연락해 주시기 바랍니다. 감사합니다.

2022. 7. 8.

(주)임꺽정을 대리하여

변리사 정우성
특허법원 임앤정(02-568-9127)

에필로그

여기까지 읽어 주신 독자 여러분에게 진심으로 감사한 마음을 전합니다. 새로운 지식과 통찰을 얻으셨는지요? 이 책은 〈지식재산법〉 대학 강의록을 정리하는 작업에서 시작했지만, 한 권의 책으로 생각을 표현하면서 마치 지난 20년 동안의 변리사 인생을 정리하는 듯한 기분이 들었습니다. 그래서 무척 재미있었습니다. 독자 여러분도 재미있었기를 희망합니다. 저는 한낱 실무자에 불과하고, 사람들의 경험지식에는 항상 오류가 있게 마련이어서 잘못되거나 모순되거나 모호한 내용이 있을지도 모르겠습니다. 생각과 표현의 세계에서는, 정답이 없어도, 좋은 생각과 좋은 표현이 모범을 만들어낼 수는 있습니다. 이 책이 그런 역할을 조금이나마 했기를 바랍니다. 특허에 대한 가치 평가, 연구자들의 활동, 발명보상금의 문제 등은 충분히 다뤄볼 만한 주제이지만 이 책의 다른 주제들과 위상이 맞지 않아 포함되지 않았다는 점이 다소 아쉽습니다. 감사합니다.

독서가를 위해

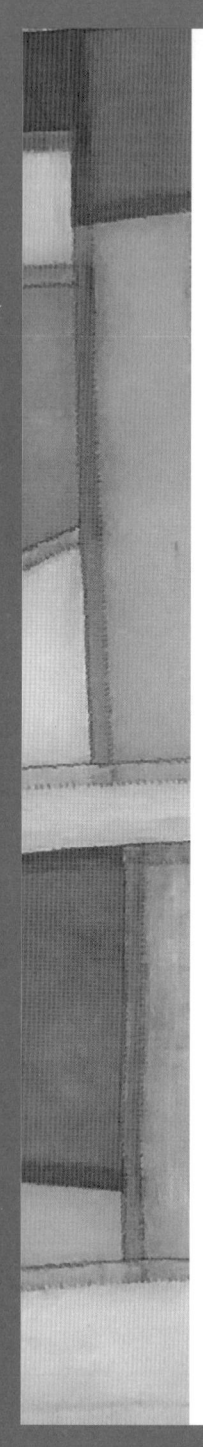

이소노미아 도서는
후회하지 않습니다

그라시재라 서남 전라도 서사시	조정 | 2022-06-15 | 244쪽 | 16,500원
	2022년 한국 문학계에 충격을 몰고온 그 시집. 제22회 노작문학상 수상!
여성의 종속	존 스튜어트 밀 | 2022-05-15 | 정미화 옮김 | 281쪽 | 15,000원
	이제 와 돌이켜 보면, 여성들이 어떻게 여기까지 올 수 있었는지.
철학단편선 생각하는 사람을 빛나게 도와주는 할아버지들	키르케고르, 임마누엘 칸트, 파르메니데스 | 2022-04-15 서미나 옮김 | 158쪽 | 10,000원
	생각을 풍성하게 만들어 주는 지혜의 책.
엥케이리디온 내 맘대로 되지 않는 세상에서 살아남고 싶을 때	에픽테토스 | 2022-03-15 | 신혜연 옮김 | 172쪽 | 12,000원
	외투 주머니 속에 넣고 다니며 매일 한 문장씩 읽고 싶은 삶의 지혜.
바다의 발견	김영춘 | 2022-02-15 | 268쪽 | 15,000원
	아, 대한민국은 해양국가였지. 잊고 있던 당연한 사실을 일깨우는 죽비 같은 책.
공리주의	존 스튜어트 밀 | 2022-01-12 | 정미화 옮김 | 212쪽 | 12,000원
	인문 고전 번역의 새로운 모범을 찾는다면, 그리고 지적인 자극이 필요하다면.
아오지까지	조경일 | 2021-12-15 | 204쪽 | 13,000원
	소설보다 더 소설 같고 영화보다 더 영화 같은 체험담. 세 번 탈북한 소년의 나라는?

웃음	앙리 베르그송 | 2021-11-15 | 신혜연 옮김 | 260쪽 | 12,000원 재능 과다의 철학자가 펼쳐 내는, 아, 이 깊고 풍요로운 웃음의 세계란.
수상록	정세균 | 2021-04-15 | 310쪽 | 15,000원 올바름에 관한 탁월한 에세이. 한국 정치에 이런 깊이와 따뜻함이 있었다니.
고통에 대하여	김영춘 | 2020-12-22 | 372쪽 | 18,000원 너무 재미있고 감동적이라 첫 장을 펼치면 끝까지 읽게 되는 숨가쁜 책.
휴머니타리안 솔페리노의 회상	앙리 뒤낭 | 2020-11-05 | 편집부 옮김 | 272쪽 | 15,000원 인류사를 바꾼 기념비적인 책을 찾는다면.
굿머니	김효진 | 2020-11-02 | 260쪽 | 15,000원 내가 기부하는 돈이 이렇게 흘러가는구나. 이렇게 따뜻하고 인간적인 돈이라니.
스물여섯 캐나다 영주	그레이스 리 | 2020-09-25 | 176쪽 | 12,000원 인생의 플랜 B는 언제나 우리 곁에 있다. 그 사실을 알아가는 젊은 에세이
무너져 내리다	스콧 피츠제럴드 | 2020-05-25 | 김보영 옮김 | 332쪽 | 15,000원 이런 신비한 책은 본 적이 없다. 그래서 사람들이 피츠제럴드, 피츠제럴드 하는구나.

소나티네	나쓰메 소세키 | 2019-04-30 | 김석희 옮김 | 304쪽 | 15,000 원
	이것이 나쓰메 소세키. 일본문학의 정수를 체험하고 싶은 독자에게는 선물 같은 책.
최면술사	마크 트웨인 | 2019-03-25 | 신혜연 옮김 | 216쪽 | 13,000 원
	읽는 내내 키득거리게 만드는 유쾌한 책. 지루할 틈이 없다.
굿윌, 도덕 형이상학의 기초	임마누엘 칸트 | 2018-09-04 | 정미현 외 2인 | 236쪽 | 13,000원
	도덕철학사에서 가장 중요한 한 권의 책. 독서를 통해 직접 칸트를 이해하고 싶다면.
WHY	버지니아 울프 | 2018-09-04 | 정미현 옮김 | 184쪽 | 12,000원
	버지니아 울프를 제대로 알고 싶다면, 그녀가 던지는 '왜'라는 질문에 먼저 입문하기를.